LE
TOUR DU MONDE

EN

QUATRE-VINGTS JOURS

PAR

JULES VERNE

AUTEUR DES VOYAGES EXTRAORDINAIRES

Couronnés par l'Académie française

BIBLIOTHÈQUE

D'ÉDUCATION ET DE RÉCRÉATION

J. HETZEL ET Cᵒ, 18, RUE JACOB

PARIS

LE

TOUR DU MONDE

EN QUATRE-VINGTS JOURS

LE

TOUR DU MONDE

EN

QUATRE-VINGTS JOURS

PAR

JULES VERNE

Auteur des Voyages extraordinaires.
couronnés par l'Académie française.

SOIXANTE-TROISIÈME ÉDITION

BIBLIOTHÈQUE
D'ÉDUCATION ET DE RÉCRÉATION
J. HETZEL ET Cie, 18, RUE JACOB
PARIS

LE TOUR DU MONDE

EN

QUATRE-VINGTS JOURS

I

DANS LEQUEL PHILEAS FOGG ET PASSEPARTOUT S'ACCEPTENT RÉCIPROQUEMENT, L'UN COMME MAÎTRE, L'AUTRE COMME DOMESTIQUE.

En l'année 1872, la maison portant le numéro 7 de Saville-row, Burlington Gardens, — maison dans laquelle Shéridan mourut en 1814, — était habitée par Phileas Fogg, esq., l'un des membres le plus singuliers et les plus remarqués du Reform-Club de Londres, bien qu'il semblât prendre à tâche de ne rien faire qui pût attirer l'attention.

A l'un des plus grands orateurs qui honorent l'Angleterre, succédait donc ce Phileas Fogg, personnage enigmatique, dont on ne savait rien, sinon que c'était un fort galant homme et l'un des plus beaux gentlemen de la haute société anglaise.

1

On disait qu'il ressemblait à Byron, — par la tête, car il était irréprochable quant aux pieds, — mais un Byron à moustaches et à favoris, un Byron impassible, qui aurait vécu mille ans sans vieillir.

Anglais, à coup sûr, Phileas Fogg n'était peut-être pas Londonner. On ne l'avait jamais vu ni à la Bourse, ni à la Banque, ni dans aucun des comptoirs de la Cité. Ni les bassins ni les docks de Londres n'avaient jamais reçu un navire ayant pour armateur Phileas Fogg. Ce gentleman ne figurait dans aucun comité d'administration. Son nom n'avait jamais retenti dans un collége d'avocats, ni au Temple, ni à Lincoln's-inn, ni à Gray's inn. Jamais il ne plaida ni à la Cour du chancelier, ni au Banc de la Reine, ni à l'Echiquier, ni en Cour ecclésiastique. Il n'était ni industriel, ni négociant, ni marchand, ni agriculteur. Il ne faisait partie ni de l'*Institution Royale de la Grande-Bretagne*, ni de l'*Institution de Londres*, ni de l'*Institution des Artisans*, ni de l'*Institution Russell*, ni de l'*Institution littéraire de l'Ouest*, ni de l'*Institution du Droit*, ni de cette *Institution des Arts et des Sciences réunis*, qui est placée sous le patronage direct de Sa Gracieuse Majesté. Il n'appartenait enfin à aucune des nombreuses sociétés qui pullulent dans la capitale de l'Angleterre, depuis la *Société de l'Armonica* jusqu'à la *Société entomologique*, fondée principalement ans le but de détruire les insectes nuisibles.

Phileas Fogg était membre du Reform-Club, et voilà tout.

A qui s'étonnerait de ce qu'un gentleman aussi mys-

térieux comptât parmi les membres de cette honorable
association, on répondra qu'il passa sur la recommandation de MM. Baring frères, chez lesquels il avait un
crédit ouvert. De là une certaine « surface », due à ce
que ses chèques étaient régulièrement payés à vue par
le débit de son compte courant, invariablement crédi-
teur.

Ce Phileas Fogg était-il riche? Incontestablement.
Mais comment il avait fait fortune, c'est ce que les
mieux informés ne pouvaient dire, et Mr. Fogg était le
dernier auquel il convînt de s'adresser pour l'apprendre.
En tout cas, il n'était prodigue de rien, mais non avare,
Car partout où il manquait un appoint pour une chose
noble, utile ou généreuse, il l'apportait silencieusement
et même anonymement.

En somme, rien de moins communicatif que ce gentleman. Il parlait aussi peu que possible, et semblait
d'autant plus mystérieux qu'il était silencieux. Cependant sa vie était à jour, mais ce qu'il faisait était si
mathématiquement toujours la même chose, que l'imagination, mécontente, cherchait au delà.

Avait-il voyagé? C'était probable, car personne ne
possédait mieux que lui la carte du monde. Il n'était
endroit si reculé dont il ne parût avoir une connaissance
spéciale. Quelquefois, mais en peu de mots, brefs et
clairs, il redressait les mille propos qui circulaient dans
le club au sujet des voyageurs perdus ou égarés ; il indiquait les vraies probabilités, et ses paroles s'étaient trou-
vées souvent comme inspirées par une seconde vue, tant

l'évènement finissait toujours par les justifier. C'était un homme qui avait dû voyager partout, — en esprit, tout au moins.

Ce qui était certain toutefois, c'est que, depuis de longues années, Phileas Fogg n'avait pas quitté Londres. Ceux qui avaient l'honneur de le connaître un peu plus que les autres attestaient que, — si ce n'est sur ce chemin direct qu'il parcourait chaque jour pour venir de sa maison au club, — personne ne pouvait prétendre l'avoir jamais vu ailleurs. Son seul passe-temps était de lire les journaux et de jouer au whist. A ce jeu du silence, si bien approprié à sa nature, il gagnait souvent, mais ses gains n'entraient jamais dans sa bourse et figuraient pour une somme importante à son budget de charité. D'ailleurs, il faut le remarquer, Mr. Fogg jouait évidemment pour jouer, non pour gagner. Le jeu était pour lui un combat, une lutte contre une difficulté, mais une lutte sans mouvement, sans déplacement, sans fatigue, et cela allait à son caractère.

On ne connaissait à Phileas Fogg ni femme ni enfants, — ce qui peut arriver aux gens les plus honnêtes, — ni parents ni amis, — ce qui est plus rare en vérité. Phileas Fogg vivait seul dans sa maison de Saville-row, où personne ne pénétrait. De son intérieur, jamais il n'était question. Un seul domestique suffisait à le servir. Déjeunant, dînant au club à des heures chronométriquement déterminées, dans la même salle, à la même table, ne traitant point ses collègues, n'invitant aucun étranger, il ne rentrait chez lui que pour se coucher, à minuit précis, sans jamais user de ces chambres confortables que le Reform-Club tient à la disposition des membres du cercle. Sur vingt-quatre heures, il en passait dix à son domicile, soit qu'il dormit, soit qu'il s'occupât de sa toilette. S'il se promenait, c'était invariablement, d'un pas égal, dans la salle d'entrée parquetée en marqueterie, ou sur la galerie circulaire, au-dessus de laquelle s'arrondit un dôme à vitraux bleus, que supportent vingt colonnes ioniques en porphyre rouge. S'il dinait ou déjeunait, c'étaient les cuisines, le garde-manger, l'office, la poissonnerie, la laiterie du club, qui fournissaient à sa table leurs succulentes réserves; c'étaient les domestiques du club, graves personnages en habit noir, chaussés de souliers à semelles de molleton, qui le servaient dans une porcelaine spéciale et sur un admirable linge en toile de Saxe; c'étaient les cristaux à moule perdu du club qui contenaient son sherry, son porto ou son claret mélangé de cannelle, de capillaire et de cinnamome; c'était enfin la glace du club — glace venue à grands frais des lacs d'Amérique — qui entretenait ses boissons dans un satisfaisant état de fraîcheur.

Si vivre dans ces conditions, c'est être un excentrique, il faut convenir que l'excentricité a du bon !

La maison de Saville-row, sans être somptueuse, se recommandait par un extrême confort. D'ailleurs, avec les habitudes invariables du locataire, le service s'y réduisait à peu. Toutefois, Phileas Fogg exigeait de son unique domestique une ponctualité, une régularité

extraordinaires. Ce jour-là même, 2 octobre, Phileas Fogg
avait donné son congé à James Forster, — ce garçon
s'étant rendu coupable de lui avoir apporté pour sa barbe
de l'eau à quatre-vingt-quatre degrés Farenheit au lieu
de quatre-vingt-six, — et il attendait son successeur, qui
devait se présenter entre onze heures et onze heures et
demie.

Phileas Fogg, carrément assis dans son fauteuil, les
deux pieds rapprochés comme ceux d'un soldat à la
parade, les mains appuyées sur les genoux, le corps droit,
la tête haute, regardait marcher l'aiguille de la pendule, —
appareil compliqué qui indiquait les heures, les minutes,
les secondes, les jours, les quantièmes et l'année. A
onze heures et demie sonnant, Mr. Fogg devait, suivant
sa quotidienne habitude, quitter la maison et se rendre
au Reform-Club.

En ce moment, on frappa à la porte du petit salon
dans lequel se tenait Phileas Fogg.

James Forster, le congédié, apparut.

« Le nouveau domestique, » dit-il.

Un garçon âgé d'une trentaine d'années se montra et
salua.

« Vous êtes Français et vous vous nommez John ? lui
demanda Phileas Fogg.

— Jean, n'en déplaise à monsieur, répondit le nouveau venu, Jean Passepartout, un surnom qui m'est
resté, et que justifiait mon aptitude naturelle à me tirer
d'affaire. Je crois être un honnête garçon, monsieur,
mais, pour être franc, j'ai fait plusieurs métiers. J'ai été

chanteur ambulant, écuyer dans un cirque, faisant de la voltige comme Léotard, et dansant sur la corde comme Blondin; puis je suis devenu professeur de gymnastique, afin de rendre mes talents plus utiles, et, en dernier lieu, j'étais sergent de pompiers, à Paris. J'ai même dans mon dossier des incendies remarquables. Mais voilà cinq ans que j'ai quitté la France et que, voulant goûter de la vie de famille, je suis valet de chambre en Angleterre. Or, me trouvant sans place et ayant appris que monsieur Phileas Fogg était l'homme le plus exact et le plus sédentaire du Royaume-Uni, je me suis présenté chez monsieur avec l'espérance d'y vivre tranquille et d'oublier jusqu'à ce nom de Passepartout...

— Passepartout me convient, répondit le gentleman. Vous m'êtes recommandé. J'ai de bons renseignements sur votre compte. Vous connaissez mes conditions ?

— Oui, monsieur.

— Bien. Quelle heure avez-vous ?

— Onze heures vingt-deux, répondit Passepartout, en tirant des profondeurs de son gousset une énorme montre d'argent.

— Vous retardez, dit Mr. Fogg.

— Que monsieur me pardonne, mais c'est impossible.

— Vous retardez de quatre minutes. N'importe. Il suffit de constater l'écart. Donc, à partir de ce moment, onze heures vingt-neuf du matin, ce mercredi 2 octobre 1872, vous êtes à mon service. »

Cela dit, Phileas Fogg se leva, prit son chapeau de

la main gauche, le plaça sur sa tête avec un mouvement d'automate et disparut sans ajouter une parole.

Passepartout entendit la porte de la rue se fermer
une première fois : c'était son nouveau maître qui sortait ; puis une seconde fois : c'était son prédécesseur,
James Forster, qui s'en allait à son tour.

Passepartout demeura seul dans la maison de Saville-
row.

II

OU PASSEPARTOUT EST CONVAINCU QU'IL A ENFIN TROUVÉ SON IDÉAL.

« Sur ma foi, se dit Passepartout, un peu ahuri tout
d'abord, j'ai connu chez madame Tussaud des bonshommes aussi vivants que mon nouveau maître ! »

Il convient de dire ici que les « bonshommes » de
Mme Tussaud sont des figures de cire, fort visitées à
Londres, et auxquelles il ne manque vraiment que la
parole.

Pendant les quelques instants qu'il venait d'entrevoir
Phileas Fogg, Passepartout avait rapidement, mais soigneusement examiné son futur maître. C'était un homme
qui pouvait avoir quarante ans, de figure noble et belle,

haut de taille, que ne déparait pas un léger embonpoint, blond de cheveux et de favoris, front uni sans apparences de rides aux tempes, figure plutôt pâle que colorée, dents magnifiques. Il paraissait posséder au plus haut degré ce que les physionomistes appellent « le repos dans l'action », faculté commune à tous ceux qui font plus de besogne que de bruit. Calme, flegmatique, l'œil pur, la paupière immobile, c'était le type achevé de ces Anglais à sang-froid qui se rencontrent assez fréquemment dans le Royaume-Uni, et dont Angelica Kauffmann a merveilleusement rendu sous son pinceau l'attitude un peu académique. Vu dans les divers actes de son existence, ce gentleman donnait l'idée d'un être bien équilibré dans toutes ses parties, justement pondéré, aussi parfait qu'un chronomètre de Leroy ou de Earnshaw. C'est qu'en effet, Phileas Fogg était l'exactitude personnifiée, ce qui se voyait clairement à « l'expression de ses pieds et de ses mains », car chez l'homme, aussi bien que chez les animaux, les membres eux-mêmes sont des organes expressifs des passions.

Phileas Fogg était de ces gens mathématiquement exacts, qui, jamais pressés et toujours prêts, sont économes de leurs pas et de leurs mouvements. Il ne faisait pas une enjambée de trop, allant toujours par le plus court. Il ne perdait pas un regard au plafond. Il ne se permettait aucun geste superflu. On ne l'avait jamais vu ému ni troublé. C'était l'homme le moins hâté du monde, mais il arrivait toujours à temps.

1.

Toutefois, on comprendra qu'il vécût seul et pour ainsi dire en dehors de toute relation sociale. Il savait que dans la vie il faut faire la part des frottements, et comme les frottements retardent, il ne se frottait à personne.

Quant à Jean, dit Passepartout, un vrai Parisien de Paris, depuis cinq ans qu'il habitait l'Angleterre et y faisait à Londres le métier de valet de chambre, il avait cherché vainement un maître auquel il pût s'attacher.

Passepartout n'était point un de ces Frontins ou Mascarilles qui, les épaules hautes, le nez au vent, le regard assuré, l'œil sec, ne sont que d'impudents drôles. Non. Passepartout était un brave garçon, de physionomie aimable, aux lèvres un peu saillantes, toujours prêtes à goûter ou à caresser, un être doux et serviable, avec une de ces bonnes têtes rondes que l'on aime à voir sur les épaules d'un ami. Il avait les yeux bleus, le teint animé, la figure assez grasse pour qu'il pût lui-même voir les pommettes de ses joues, la poitrine large, la taille forte, une musculature vigoureuse, et il possédait une force herculéenne que les exercices de sa jeunesse avaient admirablement développée. Ses cheveux bruns étaient un peu rageurs. Si les sculpteurs de l'antiquité connaissaient dix-huit façons d'arranger la chevelure de Minerve, Passepartout n'en connaissait qu'une pour disposer la sienne : trois coups de démêloir, et il était coiffé.

De dire si le caractère expansif de ce garçon s'accorderait avec celui de Phileas Fogg, c'est ce que la pru-

dence la plus élémentaire ne permet pas. Passepartout
serait-il ce domestique foncièrement exact qu'il fallait à
son maître? On ne le verrait qu'à l'user. Après avoir eu,
on le sait, une jeunesse assez vagabonde, il aspirait au
repos. Ayant entendu vanter le méthodisme anglais et la
froideur proverbiale des gentlemen, il vint chercher fortune en Angleterre. Mais, jusqu'alors, le sort l'avait mal
servi. Il n'avait pu prendre racine nulle part. Il avait fait
dix maisons. Dans toutes, on était fantasque, inégal,
coureur d'aventures ou coureur de pays, — ce qui ne pouvait plus convenir à Passepartout. Son dernier maître, le
jeune lord Longsferry, membre du Parlement, après
avoir passé ses nuits dans les « oysters-rooms » d'Hay-
Market, rentrait trop souvent au logis sur les épaules
des policemen. Passepartout, voulant avant tout pouvoir respecter son maître, risqua quelques respectueuses
observations qui furent mal reçues, et il rompit. Il
apprit, sur les entrefaites, que Phileas Fogg, esq., cherchait un domestique. Il prit des renseignements sur
ce gentleman. Un personnage dont l'existence était si
régulière, qui ne découchait pas, qui ne voyageait pas,
qui ne s'absentait jamais, pas même un jour, ne pouvait
que lui convenir. Il se présenta et fut admis dans les circonstances que l'on sait.

Passepartout — onze heures et demie étant sonnées
— se trouvait donc seul dans la maison de Saville-row.
Aussitôt il en commença l'inspection. Il la parcourut de
la cave au grenier. Cette maison propre, rangée, sévère,
puritaine, bien organisée pour le service, lui plut. Elle

lui fit l'effet d'une belle coquille de colimaçon, mais d'une coquille éclairée et chauffée au gaz, car l'hydrogène carburée y suffisait à tous les besoins de lumière et de chaleur. Passepartout trouva sans peine, au second étage, la chambre qui lui était destinée. Elle lui convint. Des timbres électriques et des tuyaux acoustiques la mettaient en communication avec les appartements de l'entresol et du premier étage. Sur la cheminée, une pendule électrique correspondait avec la pendule de la chambre à coucher de Phileas Fogg, et les deux appareils battaient au même instant la même seconde.

« Cela me va, cela me va! » se dit Passepartout.

Il remarqua aussi, dans sa chambre, une notice affichée au-dessus de la pendule. C'était le programme du service quotidien. Il comprenait — depuis huit heures du matin, heure réglementaire à laquelle se levait Phileas Fogg, jusqu'à onze heures et demie, heure à laquelle il quittait sa maison pour aller déjeuner au Reform-Club — tous les détails du service, le thé et les rôties de huit heures vingt-trois, l'eau pour la barbe de neuf heures trente-sept, la coiffure de dix heures moins vingt, etc. Puis de onze heures et demie du matin à minuit, — heure à laquelle se couchait le méthodique gentleman, — tout était noté, prévu, régularisé. Passepartout se fit une joie de méditer ce programme et d'en graver les divers articles dans son esprit.

Quant à la garde-robe de monsieur, elle était fort bien montée et merveilleusement comprise. Chaque pantalon, habit ou gilet portait un numéro d'ordre reproduit sur un registre d'entrée et de sortie, indiquant la date à laquelle, suivant la saison, ces vêtements devaient être tour à tour portés. Même réglementation pour les chaussures.

En somme, dans cette maison de Saville-row, — qui devait être le temple du désordre à l'époque de l'illustre mais dissipé Shéridan, — ameublement confortable, annonçant une belle aisance. Pas de bibliothèque, pas de livres, qui eussent été sans utilité pour Mr. Fogg, puisque le Reform-Club mettait à sa disposition deux bibliothèques, l'une consacrée aux lettres, l'autre au droit et à la politique. Dans la chambre à coucher, un coffre-fort de moyenne grandeur, que sa construction défendait aussi bien de l'incendie que du vol. Point d'armes dans la maison, aucun ustensile de chasse ou de guerre. Tout y dénotait les habitudes les plus pacifiques.

Après avoir examiné cette demeure en détail, Passepartout se frotta les mains, sa large figure s'épanouit, et il répéta joyeusement :

« Cela me va ! voilà mon affaire ! Nous nous entendrons parfaitement, Mr. Fogg et moi ! Un homme casanier et régulier ! Une véritable mécanique ! Eh bien, je ne suis pas fâché de servir une mécanique ! »

III

OU S'ENGAGE UNE CONVERSATION QUI POURRA COUTER CHER
A PHILEAS FOGG.

Phileas Fogg avait quitté sa maison de Saville-row à
onze heures et demie, et, après avoir placé cinq cent
soixante-quinze fois son pied droit devant son pied
gauche et cinq cent soixante-seize fois son pied gauche
devant son pied droit, il arriva au Reform-Club, vaste
édifice, élevé dans Pall-Mall, qui n'a pas coûté moins de
trois millions à bâtir.

Phileas Fogg se rendit aussitôt à la salle à manger,
dont les neuf fenêtres s'ouvraient sur un beau jardin aux
arbres déjà dorés par l'automne. Là, il prit place à la
table habituelle où son couvert l'attendait. Son déjeuner
se composait d'un hors-d'œuvre, d'un poisson bouilli relevé d'une « reading sauce » de premier choix, d'un roast-
beef écarlate agrémenté de condiments « mushroom »,
d'un gâteau farci de tiges de rhubarbe et de groseilles
vertes, d'un morceau de chester, — le tout arrosé de quelques tasses de cet excellent thé, spécialement recueilli
pour l'office du Reform-Club.

A midi quarante-sept, ce gentleman se leva et se dirigea vers le grand salon, somptueuse pièce, ornée de

peintures richement encadrées. Là, un domestique lui remit le *Times* non coupé, dont Phileas Fogg opéra le laborieux dépliage avec une sûreté de main qui dénotait une grande habitude de cette difficile opération. La lecture de ce journal occupa Phileas Fogg jusqu'à trois heures quarante-cinq, et celle du *Standard* — qui lui succéda — dura jusqu'au dîner. Ce repas s'accomplit dans les mêmes conditions que le déjeuner, avec adjonction de « royal british sauce ».

A six heures moins vingt, le gentleman reparut dans le grand salon et s'absorba dans la lecture du *Morning-Chronicle*.

Une demi-heure plus tard, divers membres du Reform Club faisaient leur entrée et s'approchaient de la cheminée, où brûlait un feu de houille. C'étaient les partenaires habituels de Mr. Phileas Fogg, comme lui enragés joueurs de whist : l'ingénieur Andrew Stuart, les banquiers John Sullivan et Samuel Fallentin, le brasseur Thomas Flanagan, Gauthier Ralph, un des administrateurs de la Banque d'Angleterre, — personnages riches et considérés, même dans ce club qui compte parmi ses membres les sommités de l'industrie et de la finance.

« Eh bien, Ralph, demanda Thomas Flanagan, où en est cette affaire de vol ?

— Eh bien, répondit Andrew Stuart, la Banque en sera pour son argent.

— J'espère, au contraire, dit Gauthier Ralph, que nous mettrons la main sur l'auteur du vol. Des inspecteurs de police, gens fort habiles, ont été envoyés en Améri-

que et en Europe, dans tous les principaux ports d'embarquement et de débarquement, et il sera difficile à ce
monsieur de leur échapper.

— Mais on a donc le signalement du voleur ? demanda
Andrew Stuart.

— D'abord, ce n'est pas un voleur, répondit sérieuse-
ment Gauthier Ralp.

— Comment, ce n'est pas un voleur, cet individu qui
a soustrait cinquante-cinq mille livres en bank-notes
(1 million 375,000 francs)?

— Non, répondit Gauthier Ralph.

— C'est donc un industriel ? dit John Sullivan.

— Le *Morning-Chronicle* assure que c'est un gentleman. »

Celui qui fit cette réponse n'était autre que Phileas
Fogg, dont la tête émergeait alors du flot de papier
amassé autour de lui. En même temps, Phileas Fogg salua ses collègues, qui lui rendirent son salut.

Le fait dont il était question, que les divers journaux
du Royaume-Uni discutaient avec ardeur, s'était accompli trois jours auparavant, le 29 septembre. Une liasse de
bank-notes, formant l'énorme somme de cinquante-cinq
mille livres, avait été prise sur la tablette du caissier
principal de la Banque d'Angleterre.

A qui s'étonnait qu'un tel vol eût pu s'accomplir aussi
facilement, le sous-gouverneur Gauthier Ralph se bor-
nait à répondre qu'à ce moment même, le caissier s'occupait d'enregistrer une recette de trois shillings six
pence, et qu'on ne saurait avoir l'œil à tout.

Mais il convient de faire observer ici — ce qui rend le fait plus explicable — que cet admirable établissement de « Bank of England » paraît se soucier extrêmement de la dignité du public. Point de gardes, point d'invalides, point de grillages ! L'or, l'argent, les billets sont exposés librement et pour ainsi dire à la merci du premier venu. On ne saurait mettre en suspicion l'honorabilité d'un passant quelconque. Un des meilleurs observateurs des usages anglais raconte même ceci : Dans une des salles de la Banque où il se trouvait un jour, il eut la curiosité de voir de plus près un lingot d'or pesant sept à huit livres, qui se trouvait exposé sur la tablette du caissier ; il prit ce lingot, l'examina, le passa à son voisin, celui-ci à un autre, si bien que le lingot, de main en main, s'en alla jusqu'au fond d'un corridor obscur, et ne revint qu'une demi-heure après reprendre sa place, sans que le caissier eût seulement levé la tête.

Mais, le 29 septembre, les choses ne se passèrent pas tout à fait ainsi. La liasse de bank-notes ne revint pas, et quand la magnifique horloge, posée au-dessus du « drawing-office », sonna à cinq heures la fermeture des bureaux, la Banque d'Angleterre n'avait plus qu'à passer cinquante-cinq mille livres par le compte de profits et pertes.

Le vol bien et dûment reconnu, des agents, des « détectives », choisis parmi les plus habiles, furent envoyés dans les principaux ports, à Liverpool, à Glasgow, au Havre, à Suez, à Brindisi, à New-York, etc., avec promesse, en cas de succès, d'une prime de deux mille li-

vres (50,000 fr.) et cinq pour cent de la somme qui serait
retrouvée. En attendant les renseignements que devait
fournir l'enquête immédiatement commencée, ces inspecteurs avaient pour mission d'observer scrupuleusement tous les voyageurs en arrivée ou en partance.

Or, précisément, ainsi que le disait le *Morning-Chronicle*, on avait lieu de supposer que l'auteur du vol ne
faisait partie d'aucune des sociétés de voleurs d'Angleterre. Pendant cette journée du 29 septembre, un gentleman bien mis, de bonnes manières, l'air distingué,
avait été remarqué, qui allait et venait dans la salle des
payements, théâtre du vol. L'enquête avait permis de
refaire assez exactement le signalement de ce gentleman, signalement qui fut aussitôt adressé à tous les détectives du Royaume-Uni et du continent. Quelques
bons esprits — et Gauthier Ralph était du nombre — se
croyaient donc fondés à espérer que le voleur n'échap-
perait pas.

Comme on le pense, ce fait était à l'ordre du jour à
Londres et dans toute l'Angleterre. On discutait, on se
passionnait pour ou contre les probabilités du succès de
la police métropolitaine. On ne s'étonnera donc pas
d'entendre les membres du Reform-Club traiter la même
question, d'autant plus que l'un des sous-gouverneurs
de la Banque se trouvait parmi eux.

L'honorable Gauthier Ralph ne voulait pas douter du
résultat des recherches, estimant que la prime offerte
devrait singulièrement aiguiser le zèle et l'intelligence
des agents. Mais son collègue, Andrew Stuart, était loin

de partager cette confiance. La discussion continua donc entre les gentlemen, qui s'étaient assis à une table de whist, Stuart devant Flanagan, Fallentin devant Phileas Fogg. Pendant le jeu, les joueurs ne parlaient pas, mais entre les robbres, la conversation interrompue reprenait de plus belle.

« Je soutiens, dit Andrew Stuart, que les chances sont en faveur du voleur, qui ne peut manquer d'être un habile homme !

— Allons donc ! répondit Ralph, il n'y a plus un seul pays dans lequel il puisse se réfugier.

— Par exemple !

— Où voulez-vous qu'il aille ?

— Je n'en sais rien, répondit Andrew Stuart, mais, après tout, la terre est assez vaste.

— Elle l'était autrefois... » dit à mi-voix Phileas Fogg. Puis : « A vous de couper, monsieur, » ajouta-t-il en présentant les cartes à Thomas Flanagan.

La discussion fut suspendue pendant le robbre. Mais bientôt Andrew Stuart la reprenait, disant :

« Comment, autrefois ! Est-ce que la terre a diminué, par hasard ?

— Sans doute, répondit Gauthier Ralph. Je suis de l'avis de Mr. Fogg. La terre a diminué, puisqu'on la parcourt maintenant dix fois plus vite qu'il y a cent ans. Et c'est ce qui, dans le cas dont nous nous occupons, rendra les recherches plus rapides.

— Et rendra plus facile aussi la fuite du voleur !

— A vous de jouer, monsieur Stuart! » dit Phileas
Fogg.

Mais l'incrédule Stuart n'était pas convaincu, et,
partie achevée :

« Il faut avouer, monsieur Ralph, reprit-il, que vou
avez trouvé là une manière plaisante de dire que la terre
a diminué! Ainsi parce qu'on en fait maintenant le tour
en trois mois...

— En quatre-vingts jours seulement, dit Phileas
Fogg.

— En effet, messieurs, ajouta John Sullivan, quatre-
vingts jours, depuis que la section entre Rothal et Allahabad a été ouverte sur le « Great-Indian peninsular rail-
« way », et voici le calcul établi par le *Morning-Chronicle* :

De Londres à Suez par le Mont-Cenis et Brindisi, railways et paquebots.. ....   7 jours.

De Suez à Bombay, paquebot..........   13 —

De Bombay à Calcutta, railway.... ....   3 —

De Calcutta à Hong-Kong (Chine), paquebot...... ....   13 —

De Hong-Kong à Yokohama (Japon), paquebot....... ....   6 —

De Yokohama à San-Francisco, paquebot.   22 —

De San-Francisco à New-York, railroad...   7 —

De New-York à Londres, paquebot et railway..................... ....   9 —

                            Total.... 80 jours.

— Oui, quatre-vingts jours ! s'écria Andrew Stuart,

qui, par inattention, coupa une carte maîtresse, mais
non compris le mauvais temps, les vents contraires, les
naufrages, les déraillements, etc.

— Tout compris, répondit Phileas Fogg en continuant de jouer, car, cette fois, la discussion ne respec-
tait plus le whist.

— Même si les Indous ou les Indiens enlèvent les
rails! s'écria Andrew Stuart, s'ils arrêtent les trains,
pillent les fourgons, scalpent les voyageurs!

— Tout compris, » répondit Phileas Fogg, qui, abattant son jeu, ajouta : « Deux atouts maîtres. »

Andrew Stuart, à qui c'était le tour de « faire », ra-
massa les cartes en disant :

« Théoriquement, vous avez raison, monsieur Fogg,
mais dans la pratique...

— Dans la pratique aussi, monsieur Stuart.

— Je voudrais bien vous y voir.

— Il ne tient qu'à vous. Partons ensemble.

— Le ciel m'en préserve! s'écria Stuart, mais je pa-
rierais bien quatre mille livres (100,000 fr.) qu'un tel
voyage, fait dans ces conditions, est impossible.

— Très-possible, au contraire, répondit Mr. Fogg.

— Et bien, faites-le donc!

— Le tour du monde en quatre-vingts jours?

— Oui.

— Je le veux bien.

— Quand?

— Tout de suite. Seulement, je vous préviens que je
le ferai à vos frais.

— C'est de la folie ! s'écria Andrew Stuart, qui commençait à se vexer de l'insistance de son partenaire. Tenez ! jouons plutôt.

— Refaites alors, répondit Phileas Fogg, car il y a « mal donne. »

Andrew Stuart reprit les cartes d'une main fébrile ; puis, tout à coup, les posant sur la table :

« Eh bien, oui, monsieur Fogg, dit-il, oui, je parie quatre mille livres !...

— Mon cher Stuart, dit Fallentin, calmez-vous. Ce n'est pas sérieux.

— Quand je dis : je parie, répondit Andrew Stuart, c'est toujours sérieux.

— Soit ! » dit Mr. Fogg. Puis, se tournant vers ses collègues :

« J'ai vingt mille livres (500,000 fr.) déposées chez Baring frères. Je les risquerai volontiers...

— Vingt mille livres ! s'écria John Sullivan. Vingt mille livres qu'un retard imprévu peut vous faire perdre !

— L'imprévu n'existe pas, répondit simplement Phileas Fogg.

— Mais, monsieur Fogg, ce laps de quatre-vingts jours n'est calculé que comme un minimum de temps !

— Un minimum bien employé suffit à tout.

— Mais pour ne pas le dépasser, il faut sauter mathématiquement des railways dans les paquebots, et des paquebots dans les chemins de fer !

— Je sauterai mathématiquement.

— C'est une plaisanterie !

— Un bon Anglais ne plaisante jamais, quand il s'agit d'une chose aussi sérieuse qu'un pari, répondit Phileas Fogg. Je parie vingt mille livres contre qui voudra que je ferai le tour de la terre en quatre-vingts jours ou moins, soit dix-neuf cent vingt heures ou cent quinze mille deux cents minutes. Acceptez-vous ?

— Nous acceptons, répondirent MM. Stuart, Fallentin, Sullivan, Flanagan et Ralph, après s'être entendus.

— Bien, dit Mr. Fogg. Le train de Douvres part à huit heures quarante-cinq. Je le prendrai.

— Ce soir même ? demanda Stuart.

— Ce soir même, répondit Phileas Fogg. Donc, ajouta-t-il en consultant un calendrier de poche, puisque c'est aujourd'hui mercredi 2 octobre, je devrai être de retour à Londres, dans ce salon même du Reform-Club, le samedi 21 décembre, à huit heures quarante-cinq du soir, faute de quoi les vingt mille livres déposées actuellement à mon crédit chez Baring frères vous appartiendront de fait et de droit, messieurs. — Voici un chèque de pareille somme. »

Un procès-verbal du pari fut fait et signé sur-le-champ par les six co-intéressés. Phileas Fogg était demeuré froid. Il n'avait certainement pas parié pour gagner, et n'avait engagé ces vingt mille livres — la moitié de sa fortune — que parce qu'il prévoyait qu'il pourrait avoir à dépenser l'autre pour mener à bien ce difficile, pour ne pas dire inexécutable projet. Quant à es adversaires, eux, ils paraissaient émus, non pas à cause de la valeur de l'enjeu, mais parce qu'ils se faisaient une sorte de scrupule de lutter dans ces conditions.

Sept heures sonnaient alors. On offrit à M. Fogg de suspendre le whist afin qu'il pût faire ses préparatifs de départ.

« Je suis toujours prêt ! » répondit cet impassible gentleman, et donnant les cartes :

« Je retourne carreau, dit-il. A vous de jouer, monsieur Stuart. »

IV

DANS LEQUEL PHILEAS FOGG STUPÉFIE PASSEPARTOUT, SON DOMESTIQUE.

A sept heures vingt-cinq, Phileas Fogg, après avoir gagné une vingtaine de guinées au whist, prit congé de ses honorables collègues, et quitta le Reform-Club. A sept heures cinquante, il ouvrait la porte de sa maison et rentrait chez lui.

Passepartout, qui avait consciencieusement étudié son programme, fut assez surpris en voyant Mr. Fogg, coupable d'inexactitude, apparaître à cette heure insolite

Suivant la notice, le locataire de Saville-row ne devait rentrer qu'à minuit précis.

Phileas Fogg était tout d'abord monté à sa chambre, puis il appela :

« Passepartout. »

Passepartout ne répondit pas. Cet appel ne pouvait s'adresser à lui. Ce n'était pas l'heure.

« Passepartout, » reprit Mr. Fogg sans élever la voix davantage.

Passepartout se montra.

« C'est la deuxième fois que je vous appelle, dit Mr. Fogg.

— Mais il n'est pas minuit, répondit Passepartout, sa montre à la main.

— Je le sais, reprit Phileas Fogg, et je ne vous fais pas de reproche. Nous partons dans dix minutes pour Douvres et Calais. »

Une sorte de grimace s'ébaucha sur la ronde face du Français. Il était évident qu'il avait mal entendu.

« Monsieur se déplace ? demanda-t-il.

— Oui, répondit Phileas Fogg. Nous allons faire le tour du monde. »

Passepartout, l'œil démesurément ouvert, la paupière et le sourcil surélevés, les bras détendus, le corps affaissé, présentait alors tous les symptômes de l'étonnement poussé jusqu'à la stupeur.

« Le tour du monde ! murmura-t-il.

— En quatre-vingts jours, répondit Mr. Fogg. Ainsi, nous n'avons pas un instant à perdre.

2

« — Mais les malles?... dit Passepartout, qui balançait inconsciemment sa tête de droite et de gauche.

— Pas de malles. Un sac de nuit seulement. Dedans, deux chemises de laine, trois paires de bas. Autant pour vous. Nous achèterons en route. Vous descendrez mon makintosch et ma couverture de voyage. Ayez de bonnes chaussures. D'ailleurs, nous marcherons peu ou pas. Allez. »

Passepartout aurait voulu répondre. Il ne put. Il quitta la chambre de Mr. Fogg, monta dans la sienne, tomba sur une chaise, et employant une phrase assez vulgaire de son pays :

« Ah bien, se dit-il, elle est forte, celle-là! Moi qui voulais rester tranquille !... »

Et, machinalement, il fit ses préparatifs de départ. Le tour du monde en quatre-vingts jours! Avait-il affaire à un fou? Non... C'était une plaisanterie? On allait à Douvres, bien. A Calais, soit. Après tout, cela ne pouvait notablement contrarier le brave garçon, qui, depuis cinq ans, n'avait pas foulé le sol de la patrie. Peut-être même irait-on jusqu'à Paris, et, ma foi, il reverrait avec plaisir la grande capitale. Mais, certainement, un gentleman aussi ménager de ses pas s'arrêterait là... Oui, sans doute, mais il n'en était pas moins vrai qu'il partait, qu'il se déplaçait, ce gentleman, si casanier jusqu'alors !

A huit heures, Passepartout avait préparé le modeste sac qui contenait sa garde-robe et celle de son maître; puis, l'esprit encore troublé, il quitta sa chambre, dont il ferma soigneusement la porte, et il rejoignit Mr. Fogg.

Mr. Fogg était prêt. Il portait sous son bras le *Brads-haw's continental railway steam transit and general guide*, qui devait lui fournir toutes les indications néces-saires à son voyage. Il prit le sac des mains de Passepar-tout, l'ouvrit et y glissa une forte liasse de ces belles bank-notes qui ont cours dans tous les pays.

« Vous n'avez rien oublié ? demanda-t-il.

— Rien, monsieur.

— Mon makintosch et ma couverture ?

— Les voici.

— Bien, prenez ce sac. »

Mr. Fogg remit le sac à Passepartout.

« Et ayez-en soin, ajouta-t-il. Il y a vingt mille livres dedans (500,000 francs). »

Le sac faillit s'échapper des mains de Passepartout, comme si les vingt mille livres eussent été en or et pesé considérablement.

Le maître et le domestique descendirent alors, et la porte de la rue fut fermée à double tour.

Une station de voitures se trouvait à l'extrémité de Saville-row. Phileas Fogg et son domestique montè-rent dans un cab, qui se dirigea rapidement vers la gare de Charing-Cross, à laquelle aboutit un des embranche-ments du South-Eastern-railway.

A huit heures vingt, le cab s'arrêta devant la grille de la gare. Passepartout sauta à terre. Son maître le suivit et paya le cocher.

En ce moment, une pauvre mendiante, tenant un en-fant à la main, pieds nus dans la boue, coiffée d'un chapeau dépenaillé auquel pendait une plume lamentable, un châle en loques sur ses haillons, s'approcha de Mr. Fogg et lui demanda l'aumône.

Mr. Fogg tira de sa poche les vingt guinées qu'il venait de gagner au whist, et, les présentant à la mendiante :

« Tenez, ma brave femme, dit-il, je suis content de vous avoir rencontrée ! »

Puis il passa.

Passepartout eut comme une sensation d'humidité autour de la prunelle. Son maître avait fait un pas dans son cœur.

Mr. Fogg et lui entrèrent aussitôt dans la grande salle de la gare. Là, Phileas Fogg donna à Passepartout l'ordre de prendre deux billets de première classe pour Paris. Puis, se retournant, il aperçut ses cinq collègues du Reform-Club.

« Messieurs, je pars, dit-il, et les divers visas apposés sur un passe-port que j'emporte à cet effet vous permettront, au retour, de contrôler mon itinéraire.

— Oh ! monsieur Fogg, répondit poliment Gauthier Ralph, c'est inutile. Nous nous en rapporterons à votre honneur de gentleman !

— Cela vaut mieux ainsi, dit Mr. Fogg.

— Vous n'oubliez pas que vous devez être revenu ?... fit observer Andrew Stuart...

— Dans quatre-vingts jours, répondit Mr. Fogg, le samedi 21 décembre 1872, à huit heures quarante-cinq minutes du soir. Au revoir, messieurs. »

A huit heures quarante, Phileas Fogg et son domesti
que prirent place dans le même compartiment. A huit
heures quarante-cinq, un coup de sifflet retentit, et le
train se mit en marche.

La nuit était noire. Il tombait une pluie fine. Phileas
Fogg, accoté dans son coin, ne parlait pas. Passepartout,
encore abasourdi, pressait machinalement contre lui le
sac au bank-notes.

Mais le train n'avait pas dépassé Sydenham, que Passepartout poussait un véritable cri de désespoir !

« Qu'avez-vous ? demanda Mr. Fogg.

— Il y a... que... dans ma précipitation... mon trou-
ble... j'ai oublié...

— Quoi ?

— D'éteindre le bec de gaz de ma chambre !

— Eh bien, mon garçon, répondit froidement Mr. Fogg,
il brûle à votre compte ! »

V

DANS LEQUEL UNE NOUVELLE VALEUR APPARAÎT SUR LA PLACE DE LONDRES.

Phileas Fogg, en quittant Londres, ne se doutait
guère, sans doute, du grand retentissement qu'allait
provoquer son départ. La nouvelle du pari se répandit

2.

d'abord dans le Reform-Club, et produisit une véritable
émotion parmi les membres de l'honorable cercle. Puis,
du club, cette émotion passa aux journaux par la voie
des reporters, et des journaux au public de Londres et
de tout le Royaume-Uni.

Cette « question du tour du monde » fut commentée,
discutée, disséquée, avec autant de passion et d'ardeur
que s'il se fût agi d'une nouvelle affaire de l'*Alabama*. Les
uns prirent parti pour Phileas Fogg, les autres — et ils
formèrent bientôt une majorité considérable — se pro-
noncèrent contre lui. Ce tour du monde à accomplir,
autrement qu'en théorie et sur le papier, dans ce minimum de temps, avec les moyens de communication actuellement en usage, ce n'était pas seulement impossible,
c'était insensé !

Le *Times*, le *Standard*, l'*Evening-Stard*, le *Morning-
Chronicle*, et vingt autres journaux de grande publicité,
se déclarèrent contre Mr. Fogg. Seul, le *Daily-Telegraph*
le soutint dans une certaine mesure. Phileas Fogg fut
généralement traité de maniaque, de fou, et ses collègues du Reform-Club furent blâmés d'avoir tenu ce
pari, qui accusait un affaiblissement dans les facultés
mentales de son auteur.

Des articles extrêmement passionnés, mais logiques,
parurent sur la question. On sait l'intérêt que l'on porte
en Angleterre à tout ce qui touche à la géographie.
Aussi n'était-il pas un lecteur, à quelque classe qu'il
appartînt, qui ne dévorât les colonnes consacrées au
cas de Phileas Fogg.

Pendant les premiers jours, quelques esprits audacieux — les femmes principalement — furent pour lui,
surtout quand l'*Illustrated-London-News* eut publié son
portrait d'après sa photographie déposée aux archives
du Reform-Club. Certains gentlemen osaient dire : « Hé !
hé ! pourquoi pas, après tout ? On a vu des choses plus
extraordinaires ! » C'étaient surtout les lecteurs du
Daily-Telegraph. Mais on sentit bientôt que ce journal
lui-même commençait à faiblir.

En effet, un long article parut le 7 octobre dans le
Bulletin de la Société royale de géographie. Il traita la
question à tous les points de vue, et démontra clairement la folie de l'entreprise. D'après cet article, tout
était contre le voyageur, obstacles de l'homme, obstacles de la nature. Pour réussir dans ce projet, il fallait
admettre une concordance miraculeuse des heures de
départ et d'arrivée, concordance qui n'existait pas, qui
ne pouvait pas exister. A la rigueur, et en Europe, où il
s'agit de parcours d'une longueur relativement médiocre, on peut compter sur l'arrivée des trains à heure
fixe ; mais quand ils emploient trois jours à traverser
l'Inde, sept jours à traverser les Etats-Unis, pouvait-on
fonder sur leur exactitude les éléments d'un tel problème ? Et les accidents de machine, les déraillements,
les rencontres, la mauvaise saison, l'accumulation des
neiges, est-ce que tout n'était pas contre Phileas Fogg ?
Sur les paquebots, ne se trouverait-il pas, pendant l'hiver, à la merci des coups de vent ou des brouillards ?
Est-il donc si rare que les meilleurs marcheurs des li-

gnes transocéaniennes éprouvent des retards de deux ou
trois jours ? Or, il suffisait d'un retard, un seul, pour
que la chaîne des communications fût irréparablement
brisée. Si Phileas Fogg manquait, ne fût-ce que de quelques heures, le départ d'un paquebot, il serait forcé
d'attendre le paquebot suivant, et par cela même son
voyage était compromis irrévocablement.

L'article fit grand bruit. Presque tous les journaux le
reproduisirent, et les actions de Phileas Fogg baissèrent
singulièrement.

Pendant les premiers jours qui suivirent le départ du
gentleman, d'importantes affaires s'étaient engagées
sur « l'alea » de son entreprise. On sait ce qu'est le
monde des parieurs en Angleterre, monde plus intelligent, plus relevé que celui des joueurs. Parier est dans
le tempérament anglais. Aussi, non-seulement les divers
membres du Reform-Club établirent-ils des paris consi-
dérables·pour ou contre Phileas Fogg, mais la masse du
public entra dans le mouvement. Phileas Fogg fut ins
crit comme un cheval de course, à une sorte de stud-
book. On en fit aussi une valeur de bourse, qui fut immédiatement cotée sur la place de Londres. On demandait, on offrait du « Phileas Fogg » ferme ou à prime, et
il se fit des affaires énormes. Mais cinq jours après son
départ, après l'article du Bulletin de la Société de géographie, les offres commencèrent à affluer. Le Phileas
Fogg baissa. On l'offrit par paquets. Pris d'abord à cinq,
puis à dix, on ne le prit plus qu'à vingt, à cinquante, à
cent !

Un seul partisan lui resta. Ce fut le vieux paralytique, lord Albermale. L'honorable gentleman, cloué sur son fauteuil, eût donné sa fortune pour pouvoir faire le tour du monde, même en dix ans! et il paria cinq mille livres (100,000 francs) en faveur de Phileas Fogg. Et quand, en même temps que la sottise du projet, on lui en démontrait l'inutilité, il se contentait de répondre : « Si la chose est faisable, il est bon que ce soit un Anglais qui le premier l'ait faite ! »

Or, on en était là, les partisans de Phileas Fogg se raréfiaient de plus en plus ; tout le monde, et non sans raison, se mettait contre lui ; on ne le prenait plus qu'à cent cinquante, à deux cents contre un, quand, sept jours après son départ, un incident, complétement inattendu, fit qu'on ne le prit plus du tout.

En effet, pendant cette journée, à neuf heures du soir, le directeur de la police métropolitaine avait reçu une dépêche télégraphique ainsi conçue :

« Suez à Londres.

« *Rowan, directeur police, administration centrale, Scotland place.*

« Je file voleur de Banque, Phileas Fogg. Envoyez sans retard mandat d'arrestation à Bombay (Inde anglaise).

« Fix, *détective.* »

L'effet de cette dépêche fut immédiat. L'honorable gentleman disparut pour faire place au voleur de bank-notes. Sa photographie, déposée au Reform-Club avec celles de tous ses collègues, fut examinée. Elle reproduisait trait pour trait l'homme dont le signalement avait été fourni par l'enquête. On rappela ce que l'existence de Phileas Fogg avait de mystérieux, son isolement, son départ subit, et il parut évident que ce personnage, prétextant un voyage autour du monde et l'appuyant sur un pari insensé, n'avait eu d'autre but que de dépister les agents de la police anglaise.

VI

DANS LEQUEL L'AGENT FIX MONTRE UNE IMPATIENCE BIEN LÉGITIME.

Voici dans quelles circonstances avait été lancée cette dépêche concernant le sieur Phileas Fogg.

Le mercredi 9 octobre, on attendait pour onze heures du matin, à Suez, le paquebot *Mongolia*, de la Compagnie péninsulaire et orientale, steamer en fer à hélice et à spardeck, jaugeant deux mille huit cents tonnes et possédant une force nominale de cinq cents chevaux. Le *Mongolia* faisait régulièrement les voyages de Brindisi à Bombay par le canal de Suez. C'était un des plus rapides marcheurs de la compagnie, et les vitesses réglementaires, soit dix milles à l'heure entre Brindisi et Suez, et

neuf milles cinquante-trois centièmes entre Suez et
Bombay, il les avait toujours dépassées.

En attendant l'arrivée du *Mongolia*, deux hommes se
promenaient sur le quai au milieu de la foule d'indigènes et d'étrangers qui affluent dans cette ville, na-
guère une bourgade, à laquelle la grande œuvre de
M. de Lesseps assure un avenir considérable.

De ces deux hommes, l'un était l'agent consulaire du
Royaume-Uni, établi à Suez, qui — en dépit des fâ-
cheux pronostics du gouvernement britannique et des
sinistres prédictions de l'ingénieur Stephenson —
voyait chaque jour des navires anglais traverser ce canal, abrégeant ainsi de moitié l'ancienne route de l'Angleterre aux Indes par le cap de Bonne-Espérance.

L'autre était un petit homme maigre, de figure assez
intelligente, nerveux, qui contractait avec une persistance remarquable ses muscles sourciliers. A travers ses
longs cils brillait un œil très-vif, mais dont il savait à
volonté éteindre l'ardeur. En ce moment, il donnait certaines marques d'impatience, allant, venant, ne pou-
vant tenir en place.

Cet homme se nommait Fix, et c'était un de ces « détectives » ou agents de police anglais, qui avaient été
envoyés dans les divers ports, après le vol commis à la
Banque d'Angleterre. Ce Fix devait surveiller avec le
plus grand soin tous les voyageurs prenant la route de
Suez, et si l'un d'eux lui semblait suspect, le « filer » en
attendant un mandat d'arrestation.

Précisément, depuis deux jours, Fix avait reçu du

directeur de la police métropolitaine le signalement de l'auteur présumé du vol. C'était celui de ce personnage distingué et bien mis que l'on avait observé dans la salle es payements de la Banque.

Le détective, très-alléché évidemment par la forte prime promise en cas de succès, attendait donc avec une impatience facile à comprendre l'arrivée du *Mongolia*.

« Et vous dites, monsieur le consul, demanda-t-il pour la dixième fois, que ce bateau ne peut tarder?

— Non, monsieur Fix, répondit le consul. Il a été signalé hier au large de Port-Saïd, et les cent soixante kilomètres du canal ne comptent pas pour un tel marcheur. Je vous répète que le *Mongolia* a toujours gagné la prime de vingt-cinq livres que le gouvernement accorde pour chaque avance de vingt-quatre heures sur les temps réglementaires.

— Ce paquebot vient directement de Brindisi? demanda Fix.

— De Brindisi même, où il a pris la malle des Indes, de Brindisi qu'il a quitté samedi à cinq heures du soir. Ainsi ayez patience, il ne peut tarder à arriver. Mais je ne sais vraiment pas comment, avec le signalement que vous avez reçu, vous pourrez reconnaître votre homme, s'il est à bord du *Mongolia*.

— Monsieur le consul, répondit Fix, ces gens-là, on les sent plutôt qu'on ne les reconnaît. C'est du flair qu'il faut avoir, et le flair est comme un sens spécial auquel concourent l'ouïe, la vue et l'odorat. J'ai arrêté dans ma

vie plus d'un de ces gentlemen, et pourvu que mon
voleur soit à bord, je vous réponds qu'il ne me glissera
pas entre les mains.

— Je le souhaite, monsieur Fix, car il s'agit d'un vol
important.

— Un vol magnifique, répondit l'agent enthousiasmé.
Cinquante-cinq mille livres ! Nous n'avons pas souvent
de pareilles aubaines ! Les voleurs deviennent mesquins !
La race des Sheppard s'étiole ! On se fait pendre maintenant pour quelques shillings !

— Monsieur Fix, répondit le consul, vous parlez d'une
telle façon que je vous souhaite vivement de réussir;
mais, je vous le répète, dans les conditions où vous êtes,
je crains que ce ne soit difficile. Savez-vous bien que,
d'après le signalement que vous avez reçu, ce voleur
ressemble absolument à un honnête homme.

— Monsieur le consul, répondit dogmatiquement l'inspecteur de police, les grands voleurs ressemblent toujours à d'honnêtes gens. Vous comprenez bien que ceux
qui ont des figures de coquins n'ont qu'un parti à
prendre, c'est de rester probes, sans cela ils se fe-
raient arrêter. Les physionomies honnêtes, ce sont
celles-là qu'il faut dévisager surtout. Travail difficile,
j'en conviens, et qui n'est plus du métier, mais de
l'art. »

On voit que ledit Fix ne manquait pas d'une certaine
dose d'amour-propre.

Cependant le quai s'animait peu à peu. Marins de
diverses nationalités, commerçants, courtiers, portefaix,

fellahs, y affluaient. L'arrivée du paquebot était évidemment prochaine.

Le temps était assez beau, mais l'air froid, par ce
vent d'est. Quelques minarets se dessinaient au-dessus
de la ville sous les pâles rayons du soleil. Vers le sud,
une jetée longue de deux mille mètres s'allongeait
comme un bras sur la rade de Suez. A la surface de la
mer Rouge roulaient plusieurs bateaux de pêche ou de
cabotage, dont quelques-uns ont conservé dans leurs
façons l'élégant gabarit de la galère antique.

Tout en circulant au milieu de ce populaire, Fix, par
une habitude de sa profession, dévisageait les passants
d'un rapide coup d'œil.

Il était alors dix heures et demie.

« Mais il n'arrivera pas ce paquebot ! s'écria-t-il en
entendant sonner l'horloge du port.

— Il ne peut être éloigné, répondit le consul.

— Combien de temps stationnera-t-il à Suez ?
demanda Fix.

— Quatre heures. Le temps d'embarquer son charbon. De Suez à Aden, à l'extrémité de la mer Rouge, on
compte treize cent dix milles, et il faut faire provision
de combustible.

— Et de Suez, ce bateau va directement à Bombay ?
demanda Fix.

— Directement, sans rompre charge.

— Eh bien, dit Fix, si le voleur a pris cette route et
ce bateau, il doit entrer dans son plan de débarquer à
Suez, afin de gagner par une autre voie les possessions

hollandaises ou françaises de l'Asie. Il doit bien savoir qu'il ne serait pas en sûreté dans l'Inde, qui est une terre anglaise.

— A moins que ce ne soit un homme très-fort, répondit le consul. Vous le savez, un criminel anglais est toujours mieux caché à Londres qu'il ne le serait à l'étranger. »

Sur cette réflexion, qui donna fort à réfléchir à l'agent, le consul regagna ses bureaux, situés à peu de distance. L'inspecteur de police demeura seul, pris d'une impatience nerveuse, avec ce pressentiment assez bizarre que son voleur devait se trouver à bord du *Mongolia*, — et en vérité, si ce coquin avait quitté l'Angleterre avec l'intention de gagner le Nouveau-Monde, la route des Indes, moins surveillée ou plus difficile à surveiller que celle de l'Atlantique, devait avoir obtenu sa préférence.

Fix ne fut pas longtemps livré à ses réflexions. De vifs coups de sifflet annoncèrent l'arrivée du paquebot. Toute la horde des portefaix et des fellahs se précipita vers le quai dans un tumulte un peu inquiétant pour les membres et les vêtements des passagers. Une dizaine de canots se détachèrent de la rive et allèrent au-devant du *Mongolia*.

Bientôt on aperçut la gigantesque coque du *Mongolia*, passant entre les rives du canal, et onze heures sonnaient quand le steamer vint mouiller en rade, pendant que sa vapeur fusait à grand bruit par les tuyaux d'échappement.

Les passagers étaient assez nombreux à bord. Quelques-uns restèrent sur le spardeck à contempler le panorama pittoresque de la ville ; mais la plupart débarquèrent dans les canots qui étaient venus accoster le *Mongolia*.

Fix examinait scrupuleusement tous ceux qui mettaient pied à terre.

En ce moment, l'un d'eux s'approcha de lui, après avoir vigoureusement repoussé les fellahs qui l'assaillaient de leurs offres de service, et il lui demanda fort poliment s'il pouvait lui indiquer les bureaux de l'agent consulaire anglais. Et en même temps ce passager présentait un passe-port sur lequel il désirait sans doute faire apposer le visa britannique.

Fix, instinctivement, prit le passe-port, et, d'un rapide coup d'œil, il en lut le signalement.

Un mouvement involontaire faillit lui échapper. La feuille trembla dans sa main. Le signalement libellé sur le passe-port était identique à celui qu'il avait reçu du directeur de la police métropolitaine.

« Ce passe-port n'est pas le vôtre ? dit-il au passager.

— Non, répondit celui-ci, c'est le passe-port de mon maître.

— Et votre maître ?

— Il est resté à bord.

— Mais, reprit l'agent, il faut qu'il se présente en personne aux bureaux du consulat afin d'établir son identité.

— Quoi, cela est nécessaire ?

— Indispensable.

— Et où sont ces bureaux ?

— Là, au coin de la place, répondit l'inspecteur en indiquant une maison éloignée de deux cents pas.

— Alors, je vais aller chercher mon maître, à qui pourtant cela ne plaira guère de se déranger! »

Là-dessus, le passager salua Fix et retourna à bord du steamer.

VII

QUI TÉMOIGNE UNE FOIS DE PLUS DE L'INUTILITÉ DES PASSE-PORTS EN MATIÈRE DE POLICE.

L'inspecteur redescendit sur le quai et se dirigea rapidement vers les bureaux du consul. Aussitôt, et sur sa demande pressante, il fut introduit près de ce fonctionnaire.

« Monsieur le consul, lui dit-il sans autre préambule, j'ai de fortes présomptions de croire que notre homme a pris passage à bord du *Mongolia*. »

Et Fix raconta ce qui s'était passé entre ce domestique et lui à propos du passe-port.

« Bien, monsieur Fix, répondit le consul, je ne serais pas fâché de voir la figure de ce coquin. Mais peut-être ne se présentera-t-il pas à mon bureau, s'il est ce que

vous supposez. Un voleur n'aime pas à laisser derrière
lui des traces de son passage, et d'ailleurs la formalité
des passe-ports n'est plus obligatoire.

— Monsieur le consul, répondit l'agent, si c'est un
homme fort comme on doit le penser, il viendra !

— Faire viser son passe-port ?

— Oui. Les passe-ports ne servent jamais qu'à gêner
les honnêtes gens et à favoriser la fuite des coquins. Je
vous affirme que celui-ci sera en règle, mais j'espère
bien que vous ne le viserez pas...

— Et pourquoi pas ? Si ce passe-port est régulier, répondit le consul, je n'ai pas le droit de refuser mon
visa.

— Cependant, monsieur le consul, il faut bien que je
retienne ici cet homme jusqu'à ce que j'aie reçu de Londres un mandat d'arrestation.

— Ah ! cela, monsieur Fix, c'est votre affaire, répondit le consul, mais moi, je ne puis... »

Le consul n'acheva pas sa phrase. En ce moment, on
frappait à la porte de son cabinet, et le garçon de bureau introduisit deux étrangers, dont l'un était précisément ce domestique qui s'était entretenu avec le détective.

C'étaient, en effet, le maître et le serviteur. Le maître
présenta son passe-port, en priant laconiquement le consul de vouloir bien y apposer son visa.

Celui-ci prit le passe-port et le lut attentivement, tandis que Fix, dans un coin du cabinet, observait ou plutôt
dévorait l'étranger des yeux.

Quand le consul eut achevé sa lecture :

« Vous êtes Phileas Fogg, esquire ? demanda-t-il.

— Oui, monsieur, répondit le gentleman.

— Et cet homme est votre domestique ?

— Oui. Un Français nommé Passepartout.

— Vous venez de Londres ?

— Oui.

— Et vous allez ?

— A Bombay.

— Bien, monsieur. Vous savez que cette formalité du visa est inutile, et que nous n'exigeons plus la présentation du passe-port ?

— Je le sais, monsieur, répondit Phileas Fogg, mais je désire constater par votre visa mon passage à Suez.

— Soit, monsieur. »

Et le consul, ayant signé et daté le passe-port, y apposa son cachet. Mr. Fogg acquitta les droits de visa, et, après avoir froidement salué, il sortit, suivi de son domestique.

« Eh bien ? demanda l'inspecteur.

— Eh bien, répondit le consul, il a l'air d'un parfait honnête homme !

— Possible, répondit Fix, mais ce n'est point ce dont il s'agit. Trouvez-vous, monsieur le consul, que ce flegmatique gentleman ressemble trait pour trait au voleur dont j'ai reçu le signalement ?

— J'en conviens, mais vous le savez, tous les signalements…

— J'en aurai le cœur net, répondit Fix. Le domestique me paraît être moins indéchiffrable que le maître. De plus, c'est un Français, qui ne pourra se retenir de parler. A bientôt, monsieur le consul. »

Cela dit, l'agent sortit et se mit à la recherche de Passepartout.

Cependant Mr. Fogg, en quittant la maison consulaire, s'était dirigé vers le quai. Là, il donna quelques ordres à son domestique; puis il s'embarqua dans un canot, revint à bord du *Mongolia* et rentra dans sa cabine. Il prit alors son carnet, qui portait les notes suivantes :

« Quitté Londres, mercredi 2 octobre, 8 heures 45 soir.

« Arrivé à Paris, jeudi 3 octobre, 7 heures 20 matin.

« Quitté Paris, jeudi, 8 heures 40 matin.

« Arrivé par le Mont-Cenis à Turin, vendredi 4 octobre, 6 heures 35 matin.

« Quitté Turin, vendredi, 7 heures 20 matin.

« Arrivé à Brindisi, samedi 5 octobre, 4 heures soir.

« Embarqué sur le *Mongolia*, samedi, 5 heures soir.

« Arrivé à Suez, mercredi 9 octobre, 11 heures matin.

« Total des heures dépensées: 158 1/2, soit en jours : 6 jours 1/2. »

Mr. Fogg inscrivit ces dates sur un itinéraire disposé par colonnes, qui indiquait — depuis le 2 octobre jusqu'au 21 décembre — le mois, le quantième, le jour, les arrivées réglementaires et les arrivées effectives en chaque point principal, Paris, Brindisi, Suez, Bombay,

Calcutta, Singapore, Hong-Kong, Yokohama, San-Francisco, New-York, Liverpool, Londres, et qui permettait de chiffrer le gain obtenu ou la perte éprouvée à chaque endroit du parcours.

Ce méthodique itinéraire tenait ainsi compte de tout, et Mr. Fogg savait toujours s'il était en avance ou en retard.

Il inscrivit donc, ce jour-là, mercredi 9 octobre, son arrivée à Suez, qui, concordant avec l'arrivée réglementaire, ne le constituait ni en gain ni en perte.

Puis il se fit servir à déjeuner dans sa cabine. Quant à voir la ville, il n'y pensait même pas, étant de cette race d'Anglais qui font visiter par leur domestique les pays qu'ils traversent.

VIII

DANS LEQUEL PASSEPARTOUT PARLE UN PEU PLUS PEUT-ÊTRE QU'IL NE CONVIENDRAIT.

Fix avait en peu d'instants rejoint sur le quai Passepartout, qui flânait et regardait, ne se croyant pas, lui, obligé à ne point voir.

« Eh bien, mon ami lui dit Fix en l'abordant, votre passe-port est-il visé ?

3.

— Ah! c'est vous, monsieur, répondit le . Français. Bien obligé. Nous sommes parfaitement en règle.

— Et vous regardez le pays?

— Oui, mais nous allons si vite qu'il me semble que je voyage en rêve. Et comme cela, nous sommes à Suez?

— A Suez.

— En Egypte?

— En Egypte, parfaitement.

— Et en Afrique?

— En Afrique.

— En Afrique! répéta Passepartout. Je ne peux y croire. Figurez-vous, monsieur, que je m'imaginais ne pas aller plus loin que Paris, et cette fameuse capitale, je l'ai revue tout juste de sept heures vingt du matin à huit heures quarante, entre la gare du Nord et la gare de Lyon, à travers les vitres d'un fiacre et par une pluie battante! Je le regrette! J'aurais aimé à revoir le Père-Lachaise et le Cirque des Champs-Elysées!

— Vous êtes donc bien pressé? demanda l'inspecteur de police.

— Moi, non, mais c'est mon maître. A propos, il faut que j'achète des chaussettes et des chemises! Nous sommes partis sans malles, avec un sac de nuit seulement.

— Je vais vous conduire à un bazar où vous trouverez tout ce qu'il faut.

— Monsieur, répondit Passepartout, vous êtes vraiment d'une complaisance!... »

Et tous deux se mirent en route. Passepartout causait toujours.

« Surtout, dit-il, que je prenne bien garde de ne pas manquer le bateau !

— Vous avez le temps, répondit Fix, il n'est encore que midi ! »

Passepartout tira sa grosse montre.

« Midi, dit-il. Allons donc ! il est neuf heures cinquante-deux minutes !

— Votre montre retarde, répondit Fix.

— Ma montre ! Une montre de famille, qui vient de mon arrière-grand-père ! Elle ne varie pas de cinq minutes par an. C'est un vrai chronomètre !

— Je vois ce que c'est, répondit Fix. Vous avez gardé l'heure de Londres, qui retarde de deux heures environ sur Suez. Il faut avoir soin de remettre votre montre au midi de chaque pays.

— Moi ! toucher à ma montre ! s'écria Passepartout, jamais !

— Eh bien, elle ne sera plus d'accord avec le soleil.

— Tant pis pour le soleil, monsieur ! C'est lui qui aura tort ! »

Et le brave garçon remit sa montre dans son gousset avec un geste superbe.

Quelques instants après, Fix lui disait :

« Vous avez donc quitté Londres précipitamment ?

— Je le crois bien ! Mercredi dernier, à huit heures du soir, contre toutes ses habitudes, monsieur Fogg revint de son cercle, et trois quarts d'heure après nous étions partis.

— Mais où va-t-il donc, votre maître ?

— Toujours devant lui ! Il fait le tour du monde !

— Le tour du monde? s'écria Fix.

— Oui, en quatre-vingts jours! Un pari, dit-il, mais, entre nous, je n'en crois rien. Cela n'aurait pas le sens commun. Il y a autre chose.

— Ah! c'est un original, ce monsieur Fogg?

— Je le crois.

— Il est donc riche?

— Evidemment, et il emporte une jolie somme avec lui, en bank-notes toutes neuves! Et il n'épargne pas l'argent en route! Tenez! il a promis une prime magnifique au mécanicien du *Mongolia*, si nous arrivions à Bombay avec une belle avance!

— Et vous le connaissez depuis longtemps, votre maître?

— Moi! répondit Passepartout, je suis entré à son service le jour même de notre départ. »

On s'imagine aisément l'effet que ces réponses devaient produire sur l'esprit déjà surexcité de l'inspecteur de police.

Ce départ précipité de Londres, peu de temps après le vol, cette grosse somme emportée, cette hâte d'arriver en des pays lointains, ce prétexte d'un pari excentrique, tout confirmait et devait confirmer Fix dans ses idées. Il fit encore parler le Français et acquit la certitude que ce garçon ne connaissait aucunement son maître, que celui-ci vivait isolé à Londres, qu'on le disait riche sans savoir l'origine de sa fortune, que c'était un homme impénétrable, etc. Mais, en même temps, Fix put tenir pour certain que Phileas Fogg ne débarquait point à Suez, et qu'il allait réellement à Bombay.

« Est-ce loin Bombay? demanda Passepartout.

— Assez loin, répondit l'agent. Il vous faut encore une dizaine de jours de mer.

— Et où prenez-vous Bombay?

— Dans l'Inde.

— En Asie?

— Naturellement.

— Diable! C'est que je vais vous dire... il y a une chose qui me tracasse... c'est mon bec!

— Quel bec?

— Mon bec de gaz que j'ai oublié d'éteindre et qui brûle à mon compte. Or, j'ai calculé que j'en avais pour deux shillings par vingt-quatre heures, juste six pence de plus que je ne gagne, et vous comprenez que pour peu que le voyage se prolonge... »

Fix comprit-il l'affaire du gaz? C'est peu probable. Il n'écoutait plus et prenait un parti. Le Français et lui étaient arrivés au bazar. Fix laissa son compagnon y faire ses emplettes, il lui recommanda de ne pas manquer le départ du *Mongolia*, et il revint en toute hâte aux bureaux de l'agent consulaire.

Fix, maintenant que sa conviction était faite, avait repris tout son sang-froid.

« Monsieur, dit-il au consul, je n'ai plus aucun doute. Je tiens mon homme. Il se fait passer pour un excentrique qui veut faire le tour du monde en quatre-vingts jours.

— Alors c'est un malin, répondit le consul, et il

compte revenir à Londres, après avoir dépisté toutes les polices des deux continents !

— Nous verrons bien, répondit Fix.

— Mais ne vous trompez-vous pas ? demanda encore une fois le consul.

— Je ne me trompe pas.

— Alors, pourquoi ce voleur a-t-il tenu à faire constater par un visa son passage à Suez ?

— Pourquoi ?... je n'en sais rien, monsieur le consul, répondit le détective, mais écoutez-moi. »

Et, en quelques mots, il rapporta les points saillants de sa conversation avec le domestique dudit Fogg.

« En effet, dit le consul, toutes les présomptions sont contre cet homme. Et qu'allez-vous faire ?

— Lancer une dépêche à Londres avec demande instante de m'adresser un mandat d'arrestation à Bombay, m'embarquer sur le *Mongolia*, filer mon voleur jusqu'aux Indes, et là, sur cette terre anglaise, l'accoster poliment, mon mandat à la main et la main sur l'épaule. »

Ces paroles prononcées froidement, l'agent prit congé du consul et se rendit au bureau télégraphique. De là, il lança au directeur de la police métropolitaine cette dépêche que l'on connaît.

Un quart d'heure plus tard, Fix, son léger bagage à la main, bien muni d'argent, d'ailleurs, s'embarquait à bord du *Mongolia*, et bientôt le rapide steamer filait à toute vapeur sur les eaux de la mer Rouge.

IX

OU LA MER ROUGE ET LA MER DES INDES SE MONTRENT PROPICES
AUX DESSEINS DE PHILEAS FOGG.

La distance entre Suez et Aden est exactement de
treize cent dix milles, et le cahier des charges de la
Compagnie alloue à ses paquebots un laps de temps de
cent trente-huit heures pour la franchir. Le *Mongolia*,
dont les feux étaient activement poussés, marchait de
manière à devancer l'arrivée réglementaire

La plupart des passagers embarqués à Brindisi avaient
presque tous l'Inde pour destination. Les uns se ren-
daient à Bombay, les autres à Calcutta, mais vià Bombay, car depuis qu'un chemin de fer traverse dans toute
sa largeur la péninsule indienne, il n'est plus nécessaire
de doubler la pointe de Ceylan.

Parmi ces passagers du *Mongolia*, on comptait divers
fonctionnaires civils et des officiers de tout grade. De
ceux-ci, les uns appartenaient à l'armée britannique proprement dite, les autres commandaient les troupes indigènes de cipayes, tous chèrement appointés, même à
présent que le gouvernement s'est substitué aux droits
et aux charges de l'ancienne Compagnie des Indes: sous-

lieutenants à 7,000 francs, brigadiers à 60,000, généraux
à 100,000 (1).

On vivait donc bien à bord du *Mongolia*, dans cette société de fonctionnaires, auxquels se mêlaient quelques
jeunes Anglais, qui, le million en poche, allaient fonder
au loin des comptoirs de commerce. Le « purser »,
l'homme de confiance de la Compagnie, l'égal du capitaine à bord, faisait somptueusement les choses. Au déjeuner du matin, au lunch de deux heures, au dîner de
cinq heures et demie, au souper de huit heures, les tables pliaient sous les plats de viande fraîche et les entre-
mets fournis par la boucherie et les offices du paquebot.
Les passagères — il y en avait quelques-unes — chan-
geaient de toilette deux fois par jour. On faisait de la
musique, on dansait même, quand la mer le permettait.

Mais la mer Rouge est fort capricieuse et trop souvent
mauvaise, comme tous ces golfes étroits et longs. Quand
le vent soufflait soit de la côte d'Asie, soit de la côte
d'Afrique, le *Mongolia*, long fuseau à hélice, pris par le
travers, roulait épouvantablement. Les dames disparaissaient alors; les pianos se taisaient; chants et danses
cessaient à la fois. Et pourtant, malgré la rafale, malgré
la houle, le paquebot, poussé par sa puissante machine,
courait sans retard vers le détroit de Bab-el-Mandeb.

Que faisait Phileas Fogg pendant ce temps? On pour-

---

(1) Le traitement des fonctionnaires civils est encore plus élevé. Les
simples assistants, au premier degré de la hiérarchie, ont 12,000 francs; les
juges, 60,000 fr.; les présidents de cour, 250,000 fr., les gouverneurs,
300,000 fr., et le gouverneur général, plus de 600,000 fr.

rait croire que, toujours inquiet et anxieux, il se préoccupait des changements de vent nuisibles à la marche du
navire, des mouvements désordonnés de la houle qui ris-
quaient d'occasionner un accident à la machine, enfin de
toutes les avaries possibles qui, en obligeant le *Mongolia*
à relâcher dans quelque port, auraient compromis son
voyage ?

Aucunement, ou tout au moins, si ce gentleman songeait à ces éventualités, il n'en laissait rien paraître.
C'était toujours l'homme impassible, le membre imperturbable du Reform-Club, qu'aucun incident ou accident
ne pouvait surprendre. Il ne paraissait pas plus ému que
les chronomètres du bord. On le voyait rarement sur le
pont. Il s'inquiétait peu d'observer cette mer Rouge, si
féconde en souvenirs, ce théâtre des premières scènes
historiques de l'humanité. Il ne venait pas reconnaître
les curieuses villes semées sur ses bords, et dont la
pittoresque silhouette se découpait quelquefois à l'horizon. Il ne rêvait même pas aux dangers de ce golfe
Arabique, dont les anciens historiens, Strabon, Arrien,
Arthémidore, Edrisi, ont toujours parlé avec épouvante,
et sur lequel les navigateurs ne se hasardaient jamais
autrefois sans avoir consacré leur voyage par des sacrifices propitiatoires.

Que faisait donc cet original, emprisonné dans le *Mongolia*? D'abord il faisait ses quatre repas par jour, sans
que jamais ni roulis ni tangage ne pussent détraquer
une machine si merveilleusement organisée. Puis il
jouait au whist.

Oui ! il avait rencontré des partenaires, aussi enragés que lui : un collecteur de taxes qui se rendait à son poste à Goa, un ministre, le révérend Décimus Smith, retournant à Bombay, et un brigadier général de l'armée anglaise, qui rejoignait son corps à Bénarès. Ces trois passagers avaient pour le whist la même passion que Mr. Fogg, et ils jouaient pendant des heures entières, non moins silencieusement que lui.

Quant à Passepartout, le mal de mer n'avait aucune prise sur lui. Il occupait une cabine à l'avant et mangeait, lui aussi, consciencieusement. Il faut dire que, décidément, ce voyage, fait dans ces conditions, ne lui déplaisait plus. Il en prenait son parti. Bien nourri, bien logé, il voyait du pays, et d'ailleurs il s'affirmait à lui-même que toute cette fantaisie finirait à Bombay.

Le lendemain du départ de Suez, le 29 octobre, ce ne fut pas sans un certain plaisir qu'il rencontra sur le pont l'obligeant personnage auquel il s'était adressé en débarquant en Égypte.

« Je ne me trompe pas, dit-il en l'abordant avec son plus aimable sourire, c'est bien vous, monsieur, qui m'avez si complaisamment servi de guide à Suez ?

— En effet, répondit le détective, je vous reconnais ! Vous êtes le domestique de cet Anglais original...

— Précisément, monsieur... ?

— Fix.

— Monsieur Fix, répondit Passepartout. Enchanté de vous retrouver à bord. Et où allez-vous donc ?

— Mais, ainsi que vous, à Bombay.

— C'est au mieux ! Est-ce que vous avez déjà fait ce voyage ?

— Plusieurs fois, répondit Fix. Je suis un agent de la Compagnie péninsu'aire.

— Alors vous connaissez l'Inde ?

— Mais... oui..., répondit Fix, qui ne voulait pas trop s'avancer.

— Et c'est curieux, cette Inde-là ?

— Très-curieux ! Des mosquées, des minarets, des temples, des fakirs, des pagodes, des tigres, des serpents, des bayadères ! Mais il faut espérer que vous aurez le temps de visiter le pays ?

— Je l'espère, monsieur Fix. Vous comprenez bien qu'il n'est pas permis à un homme sain d'esprit de passer sa vie à sauter d'un paquebot dans un chemin de fer et d'un chemin de fer dans un paquebot, sous prétexte de faire le tour du monde en quatre-vingts jours ! Non. Toute cette gymnastique cessera à Bombay, n'en doutez pas.

— Et il se porte bien, monsieur Fogg ? demanda Fix du ton le plus naturel.

— Très-bien, monsieur Fix. Moi aussi, d'ailleurs. Je mange comme un ogre qui serait à jeun. C'est l'air de la mer.

— Et votre maître, je ne le vois jamais sur le pont.

— Jamais. Il n'est pas curieux.

— Savez-vous, monsieur Passepartout, que ce prétendu voyage en quatre-vingts jours pourrait bien cacher quelque mission secrète... une mission diplomatique, par exemple !

— Ma foi, monsieur Fix, je n'en sais rien, je vous
l'avoue, et, au fond, je ne donnerais pas une demi-cou-
ronne pour le savoir. »

Depuis cette rencontre, Passepartout et Fix causèrent
souvent ensemble. L'inspecteur de police tenait à se lier
avec le domestique du sieur Fogg. Cela pouvait le servir
à l'occasion. Il lui offrait donc souvent, au bar-room du
Mongolia, quelques verres de whisky ou de pale-ale, que
le brave garçon acceptait sans cérémonie et rendait
même pour ne pas être en reste, — trouvant, d'ailleurs,
ce Fix un gentleman bien honnête.

Cependant le paquebot s'avançait rapidement. Le 13,
on eut connaissance de Moka, qui apparut dans sa ceinture de murailles ruinées, au-dessus desquelles se déta-
chaient quelques dattiers verdoyants. Au loin, dans les
montagnes, se développaient de vastes champs de caféiers. Passepartout fut ravi de contempler cette ville
célèbre, et il trouva même qu'avec ses murs circulaires
et un fort démantelé qui se dessinait comme une anse,
elle ressemblait à une énorme demi-tasse.

Pendant la nuit suivante, le *Mongolia* franchit le détroit de Bab-el-Mandeb, dont le nom arabe signifie *la
Porte des Larmes*, et le lendemain, 14, il faisait escale à
Steamer-Point, au nord-ouest de la rade d'Aden. C'est
là qu'il devait se réapprovisionner de combustible.

Grave et importante affaire que cette alimentation du
foyer des paquebots à de telles distances des centres de
production. Rien que pour la Compagnie péninsulaire,
c'est une dépense annuelle qui se chiffre par huit cent

mille livres (20 millions de francs). Il a fallu, en effet, établir des dépôts en plusieurs ports, et dans ces mers éloignées, le charbon revient à quatre-vingts francs la tonne.

Le *Mongolia* avait encore seize cent cinquante milles à faire avant d'atteindre Bombay, et il devait rester quatre heures à Steamer-Point, afin de remplir ses soutes.

Mais ce retard ne pouvait nuire en aucune façon au programme de Phileas Fogg. Il était prévu. D'ailleurs le *Mongolia*, au lieu d'arriver à Aden le 15 octobre seulement au matin, y entrait le 14 au soir. C'était un gain de quinze heures.

Mr. Fogg et son domestique descendirent à terre. Le gentleman voulait faire viser son passe-port. Fix le suivit sans être remarqué. La formalité du visa accomplie, Phileas Fogg revint à bord reprendre sa partie interrompue.

Passepartout, lui, flâna, suivant sa coutume, au milieu de cette population de Somanlis, de Banians, de Parsis, de juifs, d'Arabes, d'Européens, composant les vingt-cinq mille habitants d'Aden. Il admira les fortifications qui font de cette ville le Gibraltar de la mer des Indes, et de magnifiques citernes auxquelles travaillaient encore les ingénieurs anglais, deux mille ans après les ingénieurs du roi Salomon.

« Très-curieux, très-curieux! se disait Passepartout en revenant à bord. Je m'aperçois qu'il n'est pas inutile de voyager, si l'on veut voir du nouveau. »

À six heures du soir, le *Mongolia* battait des branches

de son hélice les eaux de la rade d'Aden et courait bientôt sur la mer des Indes. Il lui était accordé cent soixante-huit heures pour accomplir la traversée entre Aden et Bombay. Du reste, cette mer indienne lui fut favorable. Le vent tenait dans le nord-ouest. Les voiles vinrent en aide à la vapeur.

Le navire, mieux appuyé, roula moins. Les passagères, en fraîches toilettes, reparurent sur le pont. Les chants et les danses recommencèrent.

Le voyage s'accomplit donc dans les meilleures conditions. Passepartout était enchanté de l'aimable compagnon que le hasard lui avait procuré en la personne de Fix.

Le dimanche 20 octobre, vers midi, on eut connaissance de la côte indienne. Deux heures plus tard, le pilote montait à bord du *Mongolia*. A l'horizon, un arrière-plan de collines se profilait harmonieusement sur le fond du ciel. Bientôt, les rangs de palmiers qui couvrent la ville se détachèrent vivement. Le paquebot pénétra dans cette rade formée par les îles Salcette, Colaba, Eléphanta, Butcher, et à quatre heures et demie il accostait les quais de Bombay.

Phileas Fogg achevait alors le trente-troisième robbre de la journée, et son partenaire et lui, grâce à une manœuvre audacieuse, ayant fait les treize levées, terminèrent cette belle traversée par un chelem admirable.

Le *Mongolia* ne devait arriver que le 22 octobre à Bombay. Or, il y arrivait le 20. C'était donc, depuis son départ de Londres, un gain de deux jours, que Phileas Fogg

inscrivit méthodiquement sur son itinéraire à la colonne
des bénéfices.

X

OU PASSEPARTOUT EST TROP HEUREUX D'EN ÊTRE QUITTE EN PERDANT SA CHAUSSURE.

Personne n'ignore que l'Inde — ce grand triangle renversé dont la base est au nord et la pointe au sud — comprend une superficie de quatorze cent mille milles carrés,
sur laquelle est inégalement répandue une population de
cent quatre-vingts millions d'habitants. Le gouvernement
britannique exerce une domination réelle sur une certaine partie de cet immense pays. Il entretient un gouverneur général à Calcutta, des gouverneurs à Madras, à
Bombay, au Bengale, et un lieutenant-gouverneur à
Agra.

Mais l'Inde anglaise proprement dite ne compte qu'une
superficie de sept cent mille milles carrés et une population de cent à cent dix millions d'habitants. C'est assez
dire qu'une notable partie du territoire échappe encore à
l'autorité de la reine ; et, en effet, chez certains rajahs
de l'intérieur, farouches et terribles, l'indépendance indoue est encore absolue.

Depuis 1756 — époque à laquelle fut fondé le premier établissement anglais sur l'emplacement aujourd'hui occupé par la ville de Madras — jusqu'à cette année dans laquelle éclata la grande insurrection des cipayes, la célèbre Compagnie des Indes fut toute-puissante. Elle s'annexait peu à peu les diverses provinces, achetées aux rajahs aux prix de rentes qu'elle payait peu ou point; elle nommait son gouverneur général et tous ses employés civils ou militaires; mais maintenant elle n'existe plus, et les possessions anglaises de l'Inde relèvent directement de la couronne.

Aussi l'aspect, les mœurs, les divisions ethnographiques de la péninsule tendent à se modifier chaque jour. Autrefois, on y voyageait par tous les antiques moyens de transport, à pied, à cheval, en charrette, en brouette, en palanquin, à dos d'homme, en coach, etc. Maintenant, des steamboats parcourent à grande vitesse l'Indus, le Gange, et un chemin de fer, qui traverse l'Inde dans toute sa largeur en se ramifiant sur son parcours, met Bombay à trois jours seulement de Calcutta.

Le tracé de ce chemin de fer ne suit pas la ligne droite à travers l'Inde. La distance à vol d'oiseau n'est que de mille à onze cents milles, et des trains, animés d'une vitesse moyenne seulement, n'emploieraient pas trois jours à la franchir; mais cette distance est accrue d'un tiers, au moins, par la corde que décrit le railway en s'élevant jusqu'à Allahabad dans le nord de la péninsule.

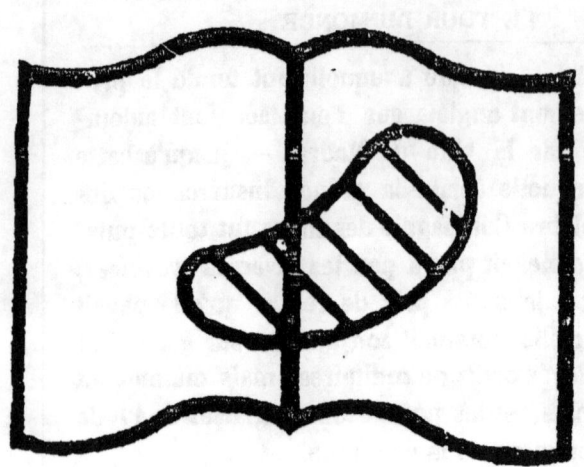

Illisibilité partielle

Voici, en somme, le tracé à grands points du « Great Indian peninsular railway ». En quittant l'île de Bombay, il traverse Salcette, saute sur le continent en face de Tannah, franchit la chaîne des Ghâtes-Occidentales, court au nord-est jusqu'à Burhampour, sillonne le territoire à peu près indépendant du Bundelkund, s'élève jusqu'à Allahabad, s'infléchit vers l'est, rencontre le Gange à Bénarès, s'en écarte légèrement, et, redescendant au sud-est par Burdivan et la ville française de Chandernagor, il fait tête de ligne à Calcutta.

C'était à quatre heures et demie du soir que les passagers du *Mongolia* avaient débarqué à Bombay, et le train de Calcutta partait à huit heures précises.

Mr. Fogg prit donc congé de ses partenaires, quitta le paquebot, donna à son domestique le détail de quelques emplettes à faire, lui recommanda expressément de se trouver avant huit heures à la gare, et, de son pas régulier qui battait la seconde comme le pendule d'une horloge astronomique, il se dirigea vers le bureau des passe-ports.

Ainsi donc, des merveilles de Bombay, il ne songeait à rien voir, ni l'hôtel de ville, ni la magnifique bibliothèque, ni les forts, ni les docks, ni le marché au coton, ni les bazars, ni les mosquées, ni les synagogues, ni les églises arméniennes, ni la splendide pagode de Malebar-Hill, ornée de deux tours polygones. Il ne contemplerait ni les chefs-d'œuvre d'Éléphanta, ni ses mystérieuses hypogées, cachées au sud-est de la rade, ni les grottes Kanhérie de l'île Salcette, ces admirables restes de l'architecture bouddhiste!

4

Non ! rien. En sortant du bureau des passe-ports, Phileas Fogg se rendit tranquillement à la gare, et là il se
fit servir à dîner. Entre autres mets, le maître d'hôtel
crut devoir lui recommander une certaine gibelotte de
« lapin du pays », dont il lui dit merveille.

Phileas Fogg accepta la gibelotte et la goûta consciencieusement ; mais, en dépit de sa sauce épicée, il la trouva
détestable.

Il sonna le maître d'hôtel.

« Monsieur, lui dit-il en le regardant fixément, c'est
du lapin, cela ?

— Oui, mylord, répondit effrontément le drôle, du
lapin des jungles.

— Et ce lapin-là n'a pas miaulé quand on l'a tué ?

— Miaulé ! Oh ! mylord ! un lapin ! Je vous jure...

— Monsieur le maître d'hôtel, reprit froidement
Mr. Fogg, ne jurez pas et rappelez-vous ceci : autrefois,
dans l'Inde, les chats étaient considérés comme des animaux sacrés. C'était le bon temps.

— Pour les chats, mylord ?

— Et peut-être aussi pour les voyageurs ! »

Cette observation faite, Mr. Fogg continua tranquillement à dîner.

Quelques instants après Mr. Fogg, l'agent Fix avait,
lui aussi, débarqué du *Mongolia* et couru chez le directeur de la police de Bombay. Il fit reconnaître sa qualité
de détective, la mission dont il était chargé, sa situation
vis-à-vis de l'auteur présumé du vol. Avait-on reçu de
Londres un mandat d'arrêt ?... On n'avait rien reçu. Et,

en effet, le mandat, parti après Fogg, ne pouvait être encore arrivé.

Fix resta fort décontenancé. Il voulut obtenir du direc teur un ordre d'arrestation contre le sieur Fogg. Le directeur refusa. L'affaire regardait l'administration métropolitaine, et celle-ci seule pouvait légalement délivrer un mandat. Cette sévérité de principes, cette observance rigoureuse de la légalité est parfaitement explicable avec les mœurs anglaises, qui, en matière de liberté individuelle, n'admettent aucun arbitraire.

Fix n'insista pas et comprit qu'il devait se résigner à attendre son mandat. Mais il résolut de ne point perdre de vue son impénétrable coquin, pendant tout le temps que celui-ci demeurerait à Bombay. Il ne doutait pas que Phileas Fogg n'y séjournât, — et, on le sait, c'était aussi la conviction de Passepartout, — ce qui laisserait au mandat d'arrêt le temps d'arriver.

Mais depuis les derniers ordres que lui avait donnés son maître en quittant le *Mongolia*, Passepartout avait bien compris qu'il en serait de Bombay comme de Suez et de Paris, que le voyage ne finirait pas ici, qu'il se poursuivrait au moins jusqu'à Calcutta, et peut-être plus loin. Et il commença à se demander si ce pari de Mr. Fogg n'était pas absolument sérieux, et si la fatalité ne l'entraînait pas, lui qui voulait vivre en repos, à accomplir le tour du monde en quatre-vingts jours !

En attendant, et après avoir fait acquisition de quelques chemises et chaussettes, il se promenait dans les rues de Bombay. Il y avait grand concours de populaire, et, au milieu d'Européens de toutes nationalités, des Persans à bonnets pointus, des Bunhyas à turbans ronds, des Sindes à bonnets carrés, des Arméniens en longues robes, des Parsis à mitre noire. C'était précisément une fête célébrée par ces Parsis ou Guèbres, descendants directs des sectateurs de Zoroastre, qui sont les plus industrieux, les plus civilisés, les plus intelligents, les plus austères des Indous, — race à laquelle appartiennent actuellement les riches négociants indigènes de Bombay. Ce jour-là, ils célébraient une sorte de carnaval religieux, avec processions et divertissements, dans lesquels figuraient des bayadères vêtues de gazes roses brochées d'or et d'argent, qui, au son des violes et au bruit des tam-tams, dansaient merveilleusement, et avec une décence parfaite, d'ailleurs.

Si Passepartout regardait ces curieuses cérémonies, si ses yeux et ses oreilles s'ouvraient démesurément pour voir et entendre, si son air, sa physionomie était bien celle du « booby » le plus neuf qu'on pût imaginer, il est superflu d'y insister ici.

Malheureusement pour lui et pour son maître, dont il risqua de compromettre le voyage, sa curiosité l'entraîna plus loin qu'il ne convenait.

En effet, après avoir entrevu ce carnaval parsi, Passepartout se dirigeait vers la gare, quand, passant devant l'admirable pagode de Malebar-Hill, il eut la malencontreuse idée d'en visiter l'intérieur.

Il ignorait deux choses : d'abord que l'entrée de certaines pagodes indoues est formellement interdite aux chrétiens, et ensuite que les croyants eux-mêmes ne peuvent y pénétrer sans avoir laissé leur chaussure à la porte. Il faut remarquer ici que, par raison de saine politique, le gouvernement anglais, respectant et faisant respecter jusque dans ses plus insignifiants détails la religion du pays, punit sévèrement quiconque en viole les pratiques.

Passepartout, entré là, sans penser à mal, comme un simple touriste, admirait, à l'intérieur de Malebar-Hill, ce clinquant éblouissant de l'ornementation brahmanique, quand soudain il fut renversé sur les dalles sacrées. Trois prêtres, le regard plein de fureur, se précipitèrent sur lui, arrachèrent ses souliers et ses chaussettes, et commencèrent à le rouer de coups, en proférant des cris sauvages

Le Français, vigoureux et agile, se releva vivement. D'un coup de poing et d'un coup de pied, il renversa deux de ses adversaires, fort empêtrés dans leurs longues robes, et, s'élançant hors de la pagode de toute la vitesse de ses jambes, il eut bientôt distancé le troisième Indou, qui s'était jeté sur ses traces, en ameutant la foule.

A huit heures moins cinq, quelques minutes seulement avant le départ du train, sans chapeau, pieds nus, ayant perdu dans la bagarre le paquet contenant ses emplettes, Passepartout arrivait à la gare du chemin de fer.

Fix était là, sur le quai d'embarquement. Ayant suivi le sieur Fogg à la gare, il avait compris que ce coquin allait quitter Bombay. Son parti fut aussitôt pris de l'ac-

4.

compagner jusqu'à Calcutta et plus loin s'il le fallait. Passepartout ne vit pas Fix, qui se tenait dans l'ombre, mais Fix entendit le récit de ses aventures, que Passepartout narra en peu de mots à son maître.

« J'espère que cela ne vous arrivera plus, » répondi simplement Phileas Fogg, en prenant place dans un des wagons du train.

Le pauvre garçon, pieds nus et tout déconfit, suivit son maître sans mot dire.

Fix allait monter dans un wagon séparé, quand une pensée le retint et modifia subitement son projet de départ.

« Non, je reste, se dit-il. Un délit commis sur le territoire indien... Je tiens mon homme. »

En ce moment, la locomotive lança un vigoureux sifflet, et le train disparut dans la nuit.

XI

OU PHILEAS FOGG ACHÈTE UNE MONTURE A UN PRIX FABULEUX.

Le train était parti à l'heure réglementaire. Il emportait un certain nombre de voyageurs, quelques officiers, des fonctionnaires civils et des négociants en opium et en indigo, que leur commerce appelait dans la partie orientale de la péninsule.

Passepartout occupait le même compartiment que son maître. Un troisième voyageur se trouvait placé dans le coin opposé.

C'était le brigadier général, sir Francis Cromarty, l'un des partenaires de Mr. Fogg pendant la traversée de Suez à Bombay, qui rejoignait ses troupes cantonnées auprès de Bénarès.

Sir Francis Cromarty, grand, blond, âgé de cinquante ans environ, qui s'était fort distingué pendant la dernière révolte des cipayes, eût véritablement mérité la qualification d'indigène. Depuis son jeune âge, il habitait l'Inde et n'avait fait que de rares apparitions dans son pays natal. C'était un homme instruit, qui aurait volontiers donné des renseignements sur les coutumes, l'histoire, l'organisation du pays indou, si Phileas Fogg eût été homme à les demander. Mais ce gentleman ne demandait rien. Il ne voyageait pas, il décrivait une circonférence. C'était un corps grave, parcourant une orbite autour du globe terrestre, suivant les lois de la mécanique rationnelle. En ce moment, il refaisait dans son esprit le calcul des heures dépensées depuis son départ de Londres, et il se fût frotté les mains, s'il eût été dans sa nature de faire un mouvement inutile.

Sir Francis Cromarty n'était pas sans avoir reconnu l'originalité de son compagnon de route, bien qu'il ne l'eut étudié que les cartes à la main et entre deux robbres. Il était donc fondé à se demander si un cœur humain battait sous cette froide enveloppe, si Phileas Fogg avait une âme sensible aux beautés de la nature, aux aspirations morales. Pour lui, cela faisait question. De tous les originaux que le brigadier général avait rencontrés, aucun n'était comparable à ce produit des sciences exactes.

Phileas Fogg n'avait point caché à sir Francis Cromarty son projet de voyage autour du monde, ni dans quelles conditions il l'opérait. Le brigadier général ne vit dans ce pari qu'une excentricité sans but utile et à laquelle manquerait nécessairement le *transire benefaciendo* qui doit guider tout homme raisonnable. Au train dont marchait le bizarre gentleman, il passerait évidemment sans « rien faire », ni pour lui, ni pour les autres.

Une heure après avoir quitté Bombay, le train, franchissant les viaducs, avait traversé l'île Salcette et courait sur le continent. A la station de Callyan, il laissa sur la droite l'embranchement qui, par Kandallah et Pounah, descend vers le sud-est de l'Inde, et il gagna la station de Pauwell. A ce point, il s'engagea dans les montagnes très-ramifiées des Ghâtes-Occidentales, chaînes à base de trapp et de basalte, dont les plus hauts sommets sont couverts de bois épais.

De temps à autre, sir Francis Cromarty et Phileas Fogg échangeaient quelques paroles, et, à ce moment, le brigadier général, relevant une conversation qui tombait souvent, dit :

« Il y a quelques années, monsieur Fogg, vous auriez éprouvé en cet endroit un retard qui eût probablement compromis votre itinéraire.

— Pourquoi cela, sir Francis ?

— Parce que le chemin de fer s'arrêtait à la base de ces montagnes, qu'il fallait traverser en palanquin ou à dos de poney jusqu'à la station de Kandallah, située sur le versant opposé.

— Ce retard n'eût aucunement dérangé l'économie de mon programme, répondit Mr. Fogg. Je ne suis pas sans avoir prévu l'éventualité de certains obstacles.

— Cependant, monsieur Fogg, reprit le brigadier général, vous risquiez d'avoir une fort mauvaise affaire sur les bras avec l'aventure de ce garçon. »

Passepartout, les pieds entortillés dans sa couverture de voyage, dormait profondément et ne rêvait guère que l'on parlât de lui.

« Le gouvernement anglais est extrêmement sévère et avec raison pour ce genre de délit, reprit sir Francis Cromarty. Il tient par-dessus tout à ce que l'on respecte les coutumes religieuses des Indous, et si votre domestique eût été pris...

— Eh bien, s'il eût été pris, sir Francis, répondit Mr. Fogg, il aurait été condamné, il aurait subi sa peine, et puis il serait revenu tranquillement en Europe. Je ne vois pas en quoi cette affaire eût pu retarder son maître ! »

Et, là-dessus, la conversation retomba. Pendant la nuit, le train franchit les Ghâtes, passa à Nassik, et le lendemain, 21 octobre, il s'élançait à travers un pays relativement plat, formé par le territoire du Khandeish. La campagne, bien cultivée, était semée de bourgades, au-dessus desquelles le minaret de la pagode remplaçait le clocher de l'église européenne. De nombreux petits cours d'eau, la plupart affluents ou sous-affluents du Godavery, irriguaient cette contrée fertile.

Passepartout, réveillé, regardait, et ne pouvait croire qu'il traversait le pays des Indous dans un train du « Great peninsular railway ». Cela lui paraissait invraisemblable. Et cependant rien de plus réel! La locomotive, dirigée par le bras d'un mécanicien anglais et chauffée de houille anglaise, lançait sa fumée sur les plantations de cotonniers, de caféiers, de muscadiers, de girofliers, de poivriers rouges. La vapeur se contournait en spirales autour des groupes de palmiers, entre lesquels apparaissaient de pittoresques bungalows, quelques viharis, sortes de monastères abandonnés, et des temples merveilleux qu'enrichissait l'inépuisable ornementation de l'architecture indienne. Puis, d'immenses étendues de terrain se dessinaient à perte de vue, des jungles où ne manquaient ni les serpents ni les tigres qu'épouvantaient les hennissements du train, et enfin, des forêts, fendues par le tracé de la voie, encore hantées d'éléphants, qui, d'un œil pensif, regardaient passer le convoi échevelé.

Pendant cette matinée, au delà de la station de Malligaum, les voyageurs traversèrent ce territoire funeste, qui fut si souvent ensanglanté par les sectateurs de la déesse Kâli. Non loin s'élevaient Ellora et ses pagodes admirables, non loin la célèbre Aurungabad, la capitale du farouche Aureng-Zeb, maintenant simple chef-lieu de l'une des provinces détachées du royaume du Nizam. C'était sur cette contrée que Feringhea, le chef des Thugs,

le roi des Etrangleurs, exerçait sa domination. Ces assassins, unis dans une association insaisissable, étranglaient,
en l'honneur de la déesse de la Mort, des victimes de
tout âge, sans jamais verser de sang, et il fut un temps
où l'on ne pouvait fouiller un endroit quelconque de ce
sol sans y trouver un cadavre. Le gouvernement anglais
a bien pu empêcher ces meurtres dans une notable pro-
portion, mais l'épouvantable association existe toujours
et fonctionne encore.

A midi et demi, le train s'arrêta à la station de Burhampour, et Passepartout put s'y procurer à prix d'or
une paire de babouches, agrémentées de perles fausses,
qu'il chaussa avec un sentiment d'évidente vanité.

Les voyageurs déjeunèrent rapidement, et repartirent
pour la station d'Assurghur, après avoir un instant cô-
toyé la rive du Tapty, petit fleuve qui va se jeter dans
le golfe de Cambaye, près de Surate.

Il est opportun de faire connaître quelles pensées occupaient alors l'esprit de Passepartout. Jusqu'à son arrivée à Bombay, il avait cru et pu croire que les choses
en resteraient là. Mais maintenant, depuis qu'il filait à
toute vapeur à travers l'Inde, un revirement s'était fait dans
son esprit. Son naturel lui revenait au galop. Il retrouvait
les idées fantaisistes de sa jeunesse, il prenait au sérieux
les projets de son maître, il croyait à la réalité du pari,
conséquemment à ce tour du monde et à ce maximum
de temps, qu'il ne fallait pas dépasser. Déjà même, il
s'inquiétait des retards possibles, des accidents qui pouvaient survenir en route. Il se sentait comme intéressé

dans cette gageure, et tremblait à la pensée qu'il avait
pu la compromettre la veille par son impardonnable ba-
dauderie. Aussi, beaucoup moins flegmatique que
Mr. Fogg, il était beaucoup plus inquiet. Il comptait et
recomptait les jours écoulés, maudissait les haltes du
train, l'accusait de lenteur et blâmait *in petto* Mr. Fogg
de n'avoir pas promis une prime au mécanicien. Il ne
savait pas, le brave garçon, que ce qui était possible sur
un paquebot ne l'était plus sur un chemin de fer, dont la
vitesse est réglementée.

Vers le soir, on s'engagea dans les défilés des montagnes de Sutpour, qui séparent le territoire du Khandeish de celui du Bundelkund.

Le lendemain, 22 octobre, sur une question de sir Francis Cromarty, Passepartout, ayant consulté sa montre,
répondit qu'il était trois heures du matin. Et, en effet,
cette fameuse montre, toujours réglée sur le méridien
de Greenwich, qui se trouvait à près de soixante-dix-sept
degrés dans l'ouest, devait retarder et retardait en effet
de quatre heures.

Sir Francis rectifia donc l'heure donnée par Passepartout, auquel il fit la même observation que celui-ci avait
déjà reçue de la part de Fix. Il essaya de lui faire comprendre qu'il devait se régler sur chaque nouveau méridien, et que, puisqu'il marchait constamment vers l'est,
c'est-à-dire au-devant du soleil, les jours étaient plus
courts d'autant de fois quatre minutes qu'il y avait de
degrés parcourus. Ce fut inutile. Que l'entêté garçon eût
compris ou non l'observation du brigadier général, il

s'obstina à ne pas avancer sa montre, qu'il maintint invariablement à l'heure de Londres. Innocente manie, d'ailleurs, et qui ne pouvait nuire à personne.

A huit heures du matin et à quinze milles en avant de la station de Rothal, le train s'arrêta au milieu d'une vaste clairière, bordée de quelques bungalows et de cabanes d'ouvriers. Le conducteur du train passa devant la ligne des wagons en disant :

« Les voyageurs descendent ici. »

Phileas Fogg regarda sir Francis Cromarty, qui parut ne rien comprendre à cette halte au milieu d'une forêt de tamarins et de khajours.

Passepartout, non moins surpris, s'élança sur la voie et revint presque aussitôt, s'écriant :

« Monsieur, plus de chemin de fer !

— Que voulez-vous dire? demanda sir Francis Cromarty.

— Je veux dire que le train ne continue pas! »

Le brigadier général descendit aussitôt de wagon. Phileas Fogg le suivit, sans se presser. Tous deux s'adressèrent au conducteur :

« Où sommes-nous? demanda sir Francis Cromarty.

— Au hameau de Kholby, répondit le conducteur.

— Nous nous arrêtons ici?

— Sans doute. Le chemin de fer n'est point achevé...

— Comment! il n'est point achevé?

— Non! il y a encore un tronçon d'une cinquantaine de milles à établir entre ce point et Allahabad, où la voie reprend.

5

— Les journaux ont pourtant annoncé l'ouverture complète du railway !

— Que voulez-vous, mon officier, les journaux se sont trompés.

— Et vous donnez des billets de Bombay à Calcutta ! reprit sir Francis Cromarty, qui commençait à s'échauffer.

— Sans doute, répondit le conducteur, mais les voyageurs savent bien qu'ils doivent se faire transporter de Kholby jusqu'à Allahabad. »

Sir Francis Cromarty était furieux. Passepartout eût volontiers assommé le conducteur, qui n'en pouvait mais. Il n'osait regarder son maître.

« Sir Francis, dit simplement Mr. Fogg, nous allons, si vous le voulez bien, aviser au moyen de gagner Allahabad.

— Monsieur Fogg, il s'agit ici d'un retard absolument préjudiciable à vos intérêts ?

— Non, sir Francis, cela était prévu.

— Quoi ! vous saviez que la voie...

— En aucune façon, mais je savais qu'un obstacle quelconque surgirait tôt ou tard sur ma route. Or, rien n'est compromis. J'ai deux jours d'avance à sacrifier. Il y a un steamer qui part de Calcutta pour Hong-Kong le 25 à midi. Nous ne sommes qu'au 22, et nous arriverons à temps à Calcutta. »

Il n'y avait rien à dire à une réponse faite avec une si complète assurance.

Il n'était que trop vrai que les travaux du chemin de

fer s'arrêtaient à ce point. Les journaux sont comme certaines montres qui ont la manie d'avancer, et ils avaient prématurément annoncé l'achèvement de la ligne. La plupart des voyageurs connaissaient cette interruption de la voie, et, en descendant du train, ils s'étaient emparé des véhicules de toutes sortes que possédait la bourgade, palkigharis à quatre roues, charrettes traînées par des zébus, sortes de bœufs à bosses, chars de voyage ressemblant à des pagodes ambulantes, palanquins, poneys, etc. Aussi Mr. Fogg et sir Francis Cromarty, après avoir cherché dans toute la bourgade, revinrent-ils sans avoir rien trouvé.

« J'irai à pied, » dit Phileas Fogg.

Passepartout, qui rejoignait alors son maître, fit une grimace significative, en considérant ses magnifiques mais insuffisantes babouches. Fort heureusement, il avait été de son côté à la découverte, et en hésitant un peu :

« Monsieur, dit-il, je crois que j'ai trouvé un moyen de transport.

— Lequel ?

— Un éléphant ! Un éléphant qui appartient à un Indien logé à cent pas d'ici.

— Allons voir l'éléphant, » répondit Mr. Fogg.

Cinq minutes plus tard, Phileas Fogg, sir Francis Cromarty et Passepartout arrivaient près d'une hutte qui attenait à un enclos fermé de hautes palissades. Dans la hutte, il y avait un Indien, et dans l'enclos, un éléphant. Sur leur demande, l'Indien introduisit Mr. Fogg et ses deux compagnons dans l'enclos.

Là, ils se trouvèrent en présence d'un animal, à demi domestiqué, que son propriétaire élevait, non pour en faire une bête de somme, mais une bête de combat. Dans ce but, il avait commencé à modifier le caractère naturellement doux de l'animal, de façon à le conduire graduellement à ce paroxysme de rage appelé « mutsh » dans la langue indoue, et cela, en le nourrissant pendant trois mois de sucre et de beurre. Ce traitement peut pa raître impropre à donner un tel résultat, mais il n'en est pas moins employé avec succès par les éleveurs. Très-heureusement pour Mr. Fogg, l'éléphant en question venait à peine d'être mis à ce régime, et le « mutsh » ne s'était point encore déclaré.

Kiouni — c'était le nom de la bête — pouvait, comme tous ses congénères, fournir pendant longtemps une marche rapide, et, à défaut d'autre monture, Phileas Fogg résolut de l'employer.

Mais les éléphants sont chers dans l'Inde, où ils commencent à devenir rares. Les mâles, qui seuls conviennent aux luttes des cirques, sont extrêmement recherchés. Ces animaux ne se reproduisent que rarement, quand ils sont réduits à l'état de domesticité, de telle sorte qu'on ne peut s'en procurer que par la chasse. Aussi sont-ils l'objet de soins extrêmes, et lorsque Mr. Fogg demanda à l'Indien s'il voulait lui louer son éléphant, l'Indien refusa net.

Fogg insista et offrit de la bête un prix excessif, dix livres (250 fr.) l'heure. Refus. Vingt livres ? Refus encore. Quarante livres ? Refus toujours. Passepartout bondissait

à chaque surenchère. Mais l'Indien ne se laissait pas tenter.

La somme était belle, cependant. En admettant que
l'éléphant employât quinze heures à se rendre à Allahabad, c'était six cents livres (15,000 fr.) qu'il rapporte-
rait à son propriétaire.

Phileas Fogg, sans s'animer en aucune façon, proposa
alors à l'Indien de lui acheter sa bête et lui en offrit tout
d'abord mille livres (25,000 fr.).

L'Indien ne voulait pas vendre! Peut-être le drôle flai-
rait-il une magnifique affaire.

Sir Francis Cromarty prit Mr. Fogg à part et l'engagea
à réfléchir avant d'aller plus loin. Phileas Fogg répondit
à son compagnon qu'il n'avait pas l'habitude d'agir sans
réflexion, qu'il s'agissait en fin de compte d'un pari de
vingt mille livres, que cet éléphant lui était nécessaire,
et que, dût-il le payer vingt fois sa valeur, il aurait cet
éléphant.

Mr. Fogg revint trouver l'Indien, dont les petits yeux,
allumés par la convoitise, laissaient bien voir que pour
lui ce n'était qu'une question de prix. Phileas Fogg offrit successivement douze cents livres, puis quinze cents,
puis dix-huit cents, enfin deux mille (50,000 fr.). Passepartout, si rouge d'ordinaire, était pâle d'émotion.

A deux mille livres, l'Indien se rendit.

« Par mes babouches, s'écria Passepartout, voilà qui
met à un beau prix la viande d'éléphant! »

L'affaire conclue, il ne s'agissait plus que de trouver
un guide. Ce fut plus facile. Un jeune Parsi, à la figure

intelligente, offrit ses services. Mr. Fogg accepta et lui promit une forte rémunération, qui ne pouvait que doubler son intelligence.

L'éléphant fut amené et équipé sans retard. Le Parsi connaissait parfaitement le métier de « mahout » ou cornac. Il couvrit d'une sorte de housse le dos de l'éléphant et disposa, de chaque côté sur ses flancs, deux espèces de cacolets assez peu confortables.

Phileas Fogg paya l'Indien en bank-notes qui furent extraites du fameux sac. Il semblait vraiment qu'on les tirât des entrailles de Passepartout. Puis Mr. Fogg offrit à sir Francis Cromarty de le transporter à la station d'Allahabad. Le brigadier général accepta. Un voyageur de plus n'était pas pour fatiguer le gigantesque animal.

Des vivres furent achetés à Kholby. Sir Francis Cromarty prit place dans l'un des cacolets, Phileas Fogg dans l'autre. Passepartout se mit à califourchon sur la housse entre son maître et le brigadier général. Le Parsi se jucha sur le cou de l'éléphant, et à neuf heures l'animal, quittant la bourgade, s'enfonçait par le plus court dans l'épaisse forêt de lataniers.

XII

OU PHILEAS FOGG ET SES COMPAGNONS S'AVENTURENT A TRAVERS LES FORÊTS DE L'INDE, ET CE QUI S'ENSUIT.

Le guide, afin d'abréger la distance à parcourir, laissa
sur la droite le tracé de la voie dont les travaux étaient
en cours d'exécution. Ce tracé, très-contrarié par les
capricieuses ramifications des monts Vindhias, ne
suivait pas le plus court chemin, que Phileas Fogg avait
intérêt à prendre. Le Parsi, très-familiarisé avec les
routes et sentiers du pays, prétendait gagner une vingtaine de milles en coupant à travers la forêt, et on s'en
rapporta à lui.

Phileas Fogg et sir Francis Cromarty, enfouis jusqu'au
cou dans leurs cacolets, étaient forts secoués par le trot
raide de l'éléphant, auquel son mahout imprimait une
allure rapide. Mais ils enduraient la situation avec le
flegme le plus britannique, causant peu d'ailleurs, et se
voyant à peine l'un l'autre.

Quant à Passepartout, posté sur le dos de la bête et
directement soumis aux coups et aux contre-coups, il
se gardait bien, sur une recommandation de son maître,
de tenir sa langue entre ses dents, car elle eût été coupée
net. Le brave garçon, tantôt lancé sur le cou de l'éléphant, tantôt rejeté sur la croupe, faisait de la voltige,

comme un clown sur un tremplain. Mais il plaisantait, il riait au milieu de ses sauts de carpe, et, de temps en temps, il tirait de son sac un morceau de sucre, que l'intelligent Kiouni prenait du bout de sa trompe, sans interrompre un instant son trot régulier.

Après deux heures de marche, le guide arrêta l'éléphant et lui donna une heure de repos. L'animal dévora des branchages et des arbrisseaux, après s'être d'abord désaltéré à une mare voisine. Sir Francis Cromarty ne se plaignit pas de cette halte. Il était brisé. Mr. Fogg paraissait être aussi dispos que s'il fût sorti de son lit.

« Mais il est donc de fer ! dit le brigadier général en le regardant avec admiration.

— De fer forgé, » répondit Passepartout, qui s'occupa de préparer un déjeuner sommaire.

A midi, le guide donna le signal du départ. Le pays prit bientôt un aspect très-sauvage. Aux grandes forêts succédèrent des taillis de tamarins et de palmiers-nains, puis de vastes plaines arides, hérissées de maigres arbrisseaux et semées de gros blocs de syénites. Toute cette partie du haut Bundelkund, peu fréquentée des voyageurs, est habitée par une population fanatique, endurcie dans les pratiques les plus terribles de la religion indoue. La domination des Anglais n'a pu s'établi régulièrement sur un territoire soumis à l'influence de rajahs, qu'il eût été difficile d'atteindre dans leurs inaccessibles retraites des Vindhias.

Plusieurs fois, on aperçut des bandes d'Indiens farouches, qui faisaient un geste de colère en voyant

passer le rapide quadrupède. D'ailleurs, le Parsi les évitait autant que possible, les tenant pour des gens de
mauvaise rencontre. On vit peu d'animaux pendant cette
journée, à peine quelques singes, qui fuyaient avec
mille contorsions et grimaces dont s'amusait fort Passepartout.

Une pensée au milieu de bien d'autres inquiétait ce
garçon. Qu'est-ce que Mr. Fogg ferait de l'éléphant, quand il serait arrivé à la station d'Allahabad?
L'emmènerait-il? Impossible! Le prix du transport ajouté
au prix d'acquisition en ferait un animal ruineux. Le
vendrait-on, le rendrait-on à la liberté? Cette estimable
bête méritait bien qu'on eût des égards pour elle. Si,
par hasard, Mr. Fogg lui en faisait cadeau, à lui, Passepartout, il en serait très-embarrassé. Cela ne laissait pas
de le préoccuper.

A huit heures du soir, la principale chaîne des Vindhias avait été franchie, et les voyageurs firent halte au
pied du versant septentrional, dans un bungalow en
ruines.

La distance parcourue pendant cette journée était
d'environ vingt-cinq milles, et il en restait autant à faire
pour atteindre la station d'Allahabad.

La nuit était froide. A l'intérieur du bungalow, le
Parsi alluma un feu de branches sèches, dont la chaleur
fut très-appréciée. Le souper se composa des provisions
achetées à Kholby. Les voyageurs mangèrent en gens
harassés et moulus. La conversation, qui commença par
quelques phrases entrecoupées, se termina bientôt par

des ronflements sonores. Le guide veilla près de Kiouni, qui s'endormit debout, appuyé au tronc d'un gros arbre.

Nul incident ne signala cette nuit. Quelques rugissements de guépars et de panthères troublèrent parfois le silence, mêlés à des ricanements aigus de singes. Mais les carnassiers s'en tinrent à des cris et ne firent aucune démonstration hostile contre les hôtes du bungalow. Sir Francis Cromarty dormit lourdement comme un brave militaire rompu de fatigues. Passepartout, dans un sommeil agité, recommença en rêve les culbutes de la veille. Quant à Mr. Fogg, il reposa aussi paisiblement que s'il eût été dans sa tranquille maison de Saville-row.

A six heures du matin, on se remit en marche. Le guide espérait arriver à la station d'Allahabad le soir même. De cette façon, Mr. Fogg ne perdrait qu'une partie des quarante-huit heures économisées depuis le commencement du voyage.

On descendit les dernières rampes des Vindhias. Kiouni avait repris son allure rapide. Vers midi, le guide tourna la bourgade de Kallenger, située sur le Cani, un des sous-affluents du Gange. Il évitait toujours les lieux habités, se sentant plus en sûreté dans ces campagnes désertes, qui marquent les premières dépressions du bassin du grand fleuve. La station d'Allahabad n'était pas à douze milles dans le nord-est. On fit halte sous un bouquet de bananiers, dont les fruits, aussi sains que le pain, « aussi succulents que la crème, » disent les voyageurs, furent extrêmement appréciés.

A deux heures, le guide entra sous le couvert d'une

épaisse forêt, qu'il devait traverser sur un espace de plusieurs milles. Il préférait voyager ainsi à l'abri des bois. En tout cas, il n'avait fait jusqu'alors aucune rencontre fâcheuse, et le voyage semblait devoir s'accomplir sans accident, quand l'éléphant, donnant quelques signes d'inquiétude, s'arrêta soudain.

Il était quatre heures alors.

« Qu'y a-t-il? demanda sir Francis Cromarty, qui releva la tête au-dessus de son cacolet.

— Je ne sais, mon officier, » répondit le Parsi, en prêtant l'oreille à un murmure confus qui passait sous l'épaisse ramure.

Quelques instants après, ce murmure devint plus définissable. On eût dit un concert, encore fort éloigné, de voix humaines et d'instruments de cuivre.

Passepartout était tout yeux, tout oreilles. Mr. Fogg attendait patiemment, sans prononcer une parole.

Le Parsi sauta à terre, attacha l'éléphant à un arbre et s'enfonça au plus épais du taillis. Quelques minutes plus tard, il revint, disant :

« Une procession de brahmanes qui se dirige ce côté. S'il est possible, évitons d'être vus. »

Le guide détacha l'éléphant et le conduisit dans un fourré, en recommandant aux voyageurs de ne point mettre pied à terre. Lui-même se tint prêt à enfourcher rapidement sa monture, si la fuite devenait nécessaire. Mais il pensa que la troupe des fidèles passerait sans l'apercevoir, car l'épaisseur du feuillage le dissimulait entièrement.

Le bruit discordant des voix et des instruments se rapprochait. Des chants monotones se mêlaient au son des tambours et des cymbales. Bientôt la tête de la procession apparut sous les arbres, à une cinquantaine de pas du poste occupé par Mr. Fogg et ses compagnons. Ils distinguaient aisément à travers les branches le curieux personnel de cette cérémonie religieuse.

En première ligne s'avançaient des prêtres, coiffés de mitres et vêtus de longues robes chamarrées. Ils étaient entourés d'hommes, de femmes, d'enfants, qui faisaient entendre une sorte de psalmodie funèbre, interrompue à intervalles égaux par des coups de tam-tams et de cymbales. Derrière eux, sur un char aux larges roues dont les rayons et la jante figuraient un entrelacement de serpents, apparut une statue hideuse, traînée par deux couples de zébus richement caparaçonnés. Cette statue avait quatre bras, le corps colorié d'un rouge sombre, les yeux hagards, les cheveux emmêlés, la langue pendante, les lèvres teintes de henné et de bétel. A son cou s'enroulait un collier de têtes de mort, à ses flancs une ceinture de mains coupées. Elle se tenait debout sur un géant terrassé auquel le chef manquait.

Sir Francis Cromarty reconnut cette statue.

« La déesse Kâli, murmura-t-il, la déesse de l'amour et de la mort.

— De la mort, j'y consens, mais de l'amour, jamais! dit Passepartout. La vilaine bonne femme! »

Le Parsi lui fit signe de se taire.

Autour de la statue s'agitait, se démenait, se convulsionnait un groupe de vieux fakirs, zébrés de bandes d'ocre, couverts d'incisions cruciales qui laissaient échapper leur sang goutte à goutte, énergumènes stupides qui, dans les grandes cérémonies indoues, se précipitent encore sous les roues du char de Jaggernaut.

Derrière eux, quelques brahmanes, dans toute la somptuosité de leur costume oriental, traînaient une femme qui se soutenait à peine.

Cette femme était jeune, blanche comme une Européenne. Sa tête, son cou, ses épaules, ses oreilles, ses bras, ses mains, ses orteils, étaient surchargés de bijoux, colliers, bracelets, boucles et bagues. Une tunique lamée d'or, recouverte d'une mousseline légère, dessinait les contours de sa taille.

Derrière cette jeune femme, — contraste violent pour les yeux, — des gardes, armés de sabres nus passés à leur ceinture et de longs pistolets damasquinés, portaient un cadavre sur un palanquin.

C'était le corps d'un vieillard, revêtu de ses opulents habits de rajah, ayant, comme en sa vie, le turban brodé de perles, la robe tissue de soie et d'or, la ceinture de cachemire diamanté, et ses magnifiques armes de prince indien.

Puis, des musiciens et une arrière-garde de fanatiques, dont les cris couvraient parfois l'assourdissant fracas des instruments, fermaient le cortége.

Sir Francis Cromarty regardait toute cette pompe d'un air singulièrement attristé, et se tournant vers le guide :

« Un sutty ! » dit-il.

Le Parsi fit un signe affirmatif et mit un doigt sur ses lèvres. La longue procession se déroula lentement sous les arbres, et bientôt ses derniers rangs disparurent dans la profondeur de la forêt.

Peu à peu, les chants s'éteignirent. Il y eut encore quelques éclats de cris lointains, et enfin à tout ce tumulte succéda un profond silence.

Phileas Fogg avait entendu ce mot, prononcé par sir Francis Cromarty, et aussitôt que la procession eut disparu :

« Qu'est-ce qu'un sutty ? demanda-t-il.

— Un sutty, monsieur Fogg, répondit le brigadier général, c'est un sacrifice main, mais un sacrifice volontaire. Cette femme que vous venez de voir sera brûlée demain aux premières heures du jour.

— Ah ! les gueux ! s'écria Passepartout, qui ne pût retenir ce cri d'indignation.

— Et ce cadavre ? demanda Mr. Fogg.

— C'est celui du prince, son mari, répondit le guide, un rajah indépendant du Bundelkund.

— Comment, reprit Phileas Fogg, sans que sa voix trahît la moindre émotion, ces barbares coutumes subsistent encore dans l'Inde, et les Anglais n'ont pu les détruire ?

— Dans la plus grande partie de l'Inde, répondit sir Francis Cromarty, ces sacrifices ne s'accomplissent plus, mais nous n'avons aucune influence sur ces contrées sauvages, et principalement sur ce territoire du Bundelkund.

Tout le revers septentrional des Vindhias est le théâtre de meurtres et de pillages incessants.

— La malheureuse ! murmurait Passepartout, brûlée vive !

— Oui, reprit le brigadier général, brûlée, et si elle ne l'était pas, vous ne sauriez croire à quelle misérable condition elle se verrait réduite par ses proches. On lui raserait les cheveux, on la nourrirait à peine de quelques poignées de riz, on la repousserait, elle serait considérée comme une créature immonde et mourrait dans quelque coin comme un chien galeux. Aussi la perspective de cette affreuse existence pousse-t-elle souvent ces malheureuses au supplice, bien plus que l'amour ou le fanatisme religieux. Quelquefois, cependant, le sacrifice est réellement volontaire, et il faut l'intervention énergique du gouvernement pour l'empêcher. Ainsi, il y a quelques années, je résidais à Bombay, quand une jeune veuve vint demander au gouverneur l'autorisation de se brûler avec le corps de son mari. Comme vous le pensez bien, le gouverneur refusa. Alors la veuve quitta la ville, se réfugia chez un rajah indépendant, et là elle consomma son sacrifice. »

Pendant le récit du brigadier général, le guide couait la tête, et, quand le récit fut achevé :

« Le sacrifice qui aura lieu demain au lever du jour 'est pas volontaire, dit-il.

— Comment le savez-vous ?

— C'est une histoire que tout le monde connaît dans le Bundelkund, répondit le guide.

— Cependant cette infortunée ne paraissait faire aucune résistance, fit observer sir Francis Cromarty.

— Cela tient à ce qu'on l'a enivrée de la fumée du chanvre et de l'opium.

— Mais où la conduit-on?

— A la pagode de Pillaji, à deux milles d'ici. Là, elle passera la nuit en attendant l'heure du sacrifice.

— Et ce sacrifice aura lieu?...

— Demain, dès la première apparition du jour. »

Après cette réponse, le guide fit sortir l'éléphant de l'épais fourré et se hissa sur le cou de l'animal. Mais au moment où il allait l'exciter par un sifflement particulier, Mr. Fogg l'arrêta, et, s'adressant à sir Francis Cromarty :

« Si nous sauvions cette femme? dit-il.

— Sauver cette femme, monsieur Fogg!... s'écria le brigadier général.

— J'ai encore douze heures d'avance. Je puis les consacrer à cela.

— Tiens ! Mais vous êtes un homme de cœur! dit sir Francis Cromarty.

— Quelquefois, répondit simplement Phileas Fogg. Quand j'ai le temps. »

XIII

DANS LEQUEL PASSEPARTOUT PROUVE UNE FOIS DE PLUS QUE
LA FORTUNE SOURIT AUX AUDACIEUX.

Le dessein était hardi, hérissé de difficultés, impraticable peut-être. Mr. Fogg allait risquer sa vie, ou tout au moins sa liberté, et par conséquent la réussite de ses projets, mais il n'hésita pas. Il trouva, d'ailleurs, dans sir Francis Cromarty un auxiliaire décidé.

Quant à Passepartout, il était prêt, on pouvait disposer de lui. L'idée de son maître l'exaltait. Il sentait un cœur, une âme sous cette enveloppe de glace. Il se prenait à aimer Phileas Fogg.

Restait le guide. Quel parti prendrait-il dans l'affaire? Ne serait-il pas porté pour les Indous? A défaut de son concours, il fallait au moins s'assurer sa neutralité.

Sir Francis Cromarty lui posa franchement la question.

« Mon officier, répondit le guide; je suis Parsi, et cette femme est Parsie Disposez de moi.

— Bien, guide, répondit Mr. Fogg.

— Toutefois, sachez-le bien, reprit le Parsi, non-seulement nous risquons notre vie, mais des supplices horribles, si nous sommes pris. Ainsi, voyez.

— C'est vu, répondit Mr. Fogg. Je pense que nous devrons attendre la nuit pour agir?

« — Je le pense aussi, » répondit le guide.

Ce brave Indou donna alors quelques détails sur la victime. C'était une Indienne d'une beauté célèbre, de race parsie, fille de riches négociants de Bombay. Elle avait reçu dans cette ville une éducation absolument anglaise, et à ses manières, à son instruction, on l'eût crue Européenne. Elle se nommait Aouda.

Orpheline, elle fut mariée malgré elle à ce vieux rajah du Bundelkund. Trois mois après, elle devint veuve. Sachant le sort qui l'attendait, elle s'échappa, fut reprise aussitôt, et les parents du rajah, qui avaient intérêt à sa mort, la vouèrent à ce supplice auquel il ne semblait pas qu'elle pût échapper.

Ce récit ne pouvait qu'enraciner Mr. Fogg et ses compagnons dans leur généreuse résolution. Il fut décidé que le guide dirigerait l'éléphant vers la pagode de Pillaji, dont il se rapprocherait autant que possible.

Une demi-heure après, halte fut faite sous un taillis, à cinq cents pas de la pagode, que l'on ne pouvait apercevoir ; mais les hurlements des fanatiques se laissaient entendre distinctement.

Les moyens de parvenir jusqu'à la victime furent alors discutés. Le guide connaissait cette pagode de Pillaji, dans laquelle il affirmait que la jeune femme était emprisonnée. Pourrait-on y pénétrer par une des portes, quand toute la bande serait plongée dans le sommeil de l'ivresse, ou faudrait-il pratiquer un trou dans une muraille ? C'est ce qui ne pourrait être décidé qu'au moment et au lieu même. Mais ce qui ne fit aucun doute, c'est que l'enlèvement devait s'opérer cette nuit même, et r`. quand, le jour venu, la victime serait conduite au st plic . A cet instant, aucune intervention humaine n'eût pu la sauver.

Mr. Fogg et ses compagnons attendirent la nuit. Dès que l'ombre se fit, vers six heures du soir, ils résolurent d'opérer une reconnaissance autour de la pagode. Les derniers cris des fakirs s'éteignaient alors. Suivant leur habitude, ces Indiens devaient être plongés dans l'épaisse ivresse du « hang », — opium liquide, mélangé d'une infusion de chanvre , — et il serait peut-être possible de se glisser entre eux jusqu'au temple.

Le Parsi, guidant Mr. Fogg, sir Francis Cromarty et Passepartout, s'avança sans bruit à travers la forêt. Après dix minutes de reptation sous les ramures, ils arrivèrent au bord d'une petite rivière, et là, à la lueur de torches de fer à la pointe desquelles brûlaient des résines, ils aperçurent un monceau de bois empilé. C'était le bûcher, fait de précieux sandal, et déjà imprégné d'une huile parfumée. A sa partie supérieure reposait le corps embaumé du rajah, qui devait être brûlé en même temps que sa veuve. A cent pas de ce bûcher s'élevait la pagode, dont les minarets perçaient dans l'ombre la cime des arbres.

« Venez! » dit le guide à voix basse.

Et, redoublant de précaution, suivi de ses compagnons, il se glissa silencieusement à travers les grandes herbes.

Le silence n'était plus interrompu que par le murmure du vent dans les branches.

Bientôt le guide s'arrêta à l'extrémité d'une clairière. Quelques résines éclairaient la place. Le sol était jonché de groupes de dormeurs, appesantis par l'ivresse. On eût dit un champ de bataille couvert de morts. Hommes, femmes, enfants, tout était confondu. Quelques ivrognes râlaient encore çà et là.

A l'arrière-plan, entre la masse des arbres, le temple de Pillaji se dressait confusément. Mais au grand désappointement du guide, les gardes des rajahs, éclairés par des torches fuligineuses, veillaient aux portes et se promenaient, le sabre nu. On pouvait supposer qu'à l'intérieur les prêtres veillaient aussi.

Le Parsi ne s'avança pas plus loin. Il avait reconnu l'impossibilité de forcer l'entrée du temple, et il ramena ses compagnons en arrière.

Phileas Fogg et sir Francis Cromarty avaient compris comme lui qu'ils ne pouvaient rien tenter de ce côté.

Ils s'arrêtèrent et s'entretinrent à voix basse.

« Attendons, dit le brigadier général, il n'est que huit heures encore, et il est possible que ces gardes succombent aussi au sommeil.

— Cela est possible, en effet, » répondit le Parsi.

Phileas Fogg et ses compagnons s'étendirent donc au pied d'un arbre et attendirent.

Le temps leur parut long ! Le guide les quittait parfois et allait observer la lisière du bois. Les gardes du rajah veillaient toujours à la lueur des torches, et une vague lumière filtrait à travers les fenêtres de la pagode.

On attendit ainsi jusqu'à minuit. La situation ne chan-

gea pas. Même surveillance au dehors. Il était évident
qu'on ne pouvait compter sur l'assoupissement des gardes. L'ivresse du « hang » leur avait été probablement
épargnée. Il fallait donc agir autrement et pénétrer par
une ouverture pratiquée aux murailles de la pagode.
Restait la question de savoir si les prêtres veillaient auprès de leur victime avec autant de soin que les soldats
à la porte du temple.

Après une dernière conversation, le guide se dit prêt
à partir. Mr. Fogg, sir Francis et Passepartout le suivirent. Ils firent un détour assez long, afin d'atteindre la
pagode par son chevet.

Vers minuit et demi, ils arrivèrent au pied des murs
sans avoir rencontré personne. Aucune surveillance
n'avait été établie de ce côté, mais il est vrai de dire que
fenêtres et portes manquaient absolument.

La nuit était sombre. La lune, alors dans son dernier
quartier, quittait à peine l'horizon, encombré de gros
nuages. La hauteur des arbres accroissait encore l'obscurité.

Mais il ne suffisait pas d'avoir atteint le pied des murailles, il fallait encore y pratiquer une ouverture. Pour
cette opération, Phileas Fogg et ses compagnons n'a-
vaient absolument que leurs couteaux de poche. Très-
heureusement, les parois du temple se composaient d'un
mélange de briques et de bois qui ne pouvait être difficile à percer. La première brique une fois enlevée, les
autres viendraient facilement.

On se mit à la besogne, en faisant le moins de bruit

possible. Le Parsi, d'un côté, Passepartout, de l'autre, travaillaient à desceller les briques, de manière à obtenir une ouverture large de deux pieds.

Le travail avançait, quand un cri se fit entendre à l'intérieur du temple, et presque aussitôt d'autres cris lui répondirent du dehors.

Passepartout et le guide interrompirent leur travail. Les avait-on surpris? L'éveil était-il donné? La plus vulgaire prudence leur commandait de s'éloigner, — ce qu'ils firent en même temps que Phileas Fogg et sir Francis Cromarty. Ils se blottirent de nouveau sous le couvert du bois, attendant que l'alerte, si c'en était une, se fût dissipée, et prêts, dans ce cas, à reprendre leur opération.

Mais — contre-temps funeste — des gardes se montrèrent au chevet de la pagode, et s'y installèrent de manière à empêcher toute approche.

Il serait difficile de décrire le désappointement de ces quatre hommes, arrêtés dans leur œuvre. Maintenant qu'ils ne pouvaient plus parvenir jusqu'à la victime, comment la sauveraient-ils? Sir Francis Cromarty se rongeait les poings. Passepartout était hors de lui, et le guide avait quelque peine à le contenir. L'impassible Fogg attendait sans manifester ses sentiments.

« N'avons-nous plus qu'à partir? demanda le brigadier général à voix basse.

— Nous n'avons plus qu'à partir, répondit le guide.

— Attendez, dit Fogg Il suffit que je sois demain à Allahabad avant midi.

— Mais qu'espérez-vous? répondit sir Francis Cromarty. Dans quelques heures le jour va paraître, et...

— La chance qui nous échappe peut se représenter au moment suprême. »

Le brigadier général aurait voulu pouvoir lire dans les yeux de Philéas Fogg.

Sur quoi comptait donc ce froid Anglais? Voulait-il, au moment du supplice, se précipiter vers la jeune femme et l'arracher ouvertement à ses bourreaux?

C'eût été une folie, et comment admettre que cet homme fût fou à ce point? Néanmoins, sir Francis Cromarty consentit à attendre jusqu'au dénoûment de cette terrible scène. Toutefois, le guide ne laissa pas ses compagnons à l'endroit où ils s'étaient réfugiés, et il les ramena vers la partie antérieure de la clairière. Là, abrités par un bouquet d'arbres, ils pouvaient observer les groupes endormis.

Cependant Passepartout, juché sur les premières branches d'un arbre, ruminait une idée qui avait d'abord traversé son esprit comme un éclair, et qui finit par s'incruster dans son cerveau.

Il avait commencé par se dire: « Quelle folie! » et maintenant il répétait: « Pourquoi pas, après tout? C'est une chance, peut-être la seule, et avec de tels abrutis!... »

En tout cas, Passepartout ne formula pas autrement sa pensée, mais il ne tarda pas à se glisser avec la souplesse d'un serpent sur les basses branches de l'arbre dont l'extrémité se courbait vers le sol.

Les heures s'écoulaient, et bientôt quelques nuances moins sombres annoncèrent l'approche du jour. Cependant l'obscurité était profonde encore.

C'était le moment. Il se fit comme une résurrection dans cette foule assoupie. Les groupes s'animèrent. Des coups de tam-tams retentirent. Chants et cris éclatèrent de nouveau. L'heure était venue à laquelle l'infortunée allait mourir.

En effet, les portes de la pagode s'ouvrirent. Une lumière plus vive s'échappa de l'intérieur. Mr. Fogg et sir Francis Cromarty purent apercevoir la victime, vivement éclairée, que deux prêtres traînaient au dehors. Il leur sembla même que, secouant l'engourdissement de l'ivresse par un suprême instinct de conservation, la malheureuse tentait d'échapper à ses bourreaux. Le cœur de sir Francis Cromarty bondit, et par un mouvement convulsif, saisissant la main de Phileas Fogg, il sentit que cette main tenait un couteau ouvert.

En ce moment, la foule s'ébranla. La jeune femme était retombée dans cette torpeur provoquée par les fumées du chanvre. Elle passa à travers les fakirs qui l'escortaient de leurs vociférations religieuses.

Phileas Fogg et ses compagnons, se mêlant aux derniers rangs de la foule, la suivirent.

Deux minutes après, ils arrivaient sur le bord de la rivière et s'arrêtaient à moins de cinquante pas du bûcher, sur lequel était couché le corps du rajah. Dans la demi-obscurité, ils virent la victime absolument inerte, étendue auprès du cadavre de son époux.

Puis une torche fut approchée, et le bois, imprégné d'huile, s'enflamma aussitôt.

A ce moment, sir Francis Cromarty et le guide retinrent Phileas Fogg, qui, dans un moment de folie généreuse, s'élançait vers le bûcher...

Mais Phileas Fogg les avait déjà repoussés, quand la scène changea soudain. Un cri de terreur s'éleva. Toute cette foule se précipita à terre, épouvantée.

Le vieux rajah n'était donc pas mort, qu'on le vit se redresser tout à coup, comme un fantôme, soulever la jeune femme dans ses bras, descendre du bûcher au milieu des tourbillons de vapeurs qui lui donnaient une apparence spectrale?

Les fakirs, les gardes, les prêtres, pris d'une terreur subite, étaient là, face à terre, n'osant lever les yeux et regarder un tel prodige!

La victime inanimée passa entre les bras vigoureux qui la portaient, et sans qu'elle parût leur peser. Mr. Fogg et sir Francis Cromarty étaient demeurés debout. Le Parsi avait courbé la tête, et Passepartout, sans doute, n'était pas moins stupéfié!...

Ce ressuscité arriva ainsi près de l'endroit où se tenaient Mr. Fogg et sir Françis Cromarty, et là, d'une voix brève :

« Filons!... » dit-il.

C'était Passepartout lui-même qui s'était glissé vers le bûcher au milieu de la fumée épaisse! C'était Passepartout qui, profitant de l'obscurité profonde encore, avait arraché la jeune femme à la mort! C'était Passe-

6

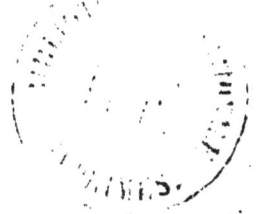

partout qui, jouant son rôle avec un audacieux bonheur, passait au milieu de l'épouvante générale !

Un instant après, tous quatre disparaissaient dans le bois, et l'éléphant les emportait d'un trot rapide. Mais des cris, des clameurs et même une balle, perçant le chapeau de Phileas Fogg, leur apprit que la ruse était découverte.

En effet, sur le bûcher enflammé se détachait alors le corps du vieux rajah. Les prêtres, revenus de leur frayeur, avaient compris qu'un enlèvement venait de s'accomplir.

Aussitôt ils s'étaient précipités dans la forêt. Les gardes les avaient suivis. Une décharge avait eu lieu, mais les ravisseurs fuyaient rapidement, et, en quelques instants, ils se trouvaient hors de la portée des balles et des flèches.

XIV

DANS LEQUEL PHILEAS FOGG DESCEND TOUTE L'ADMIRABLE VALLÉ DU GANGE SANS MÊME SONGER A LA VOIR.

Le hardi enlèvement avait réussi. Une heure après, Passepartout riait encore de son succès. Sir Francis Cromarty avait serré la main de l'intrépide garçon. Son

maître lui avait dit : « Bien, » ce qui, dans la bouche de
ce gentleman, équivalait à une haute approbation. A
quoi Passepartout avait répondu que tout l'honneur de
l'afffaire appartenait à son maître. Pour lui, il n'avait eu
qu'une idée « drôle », et il riait en songeant que, pendant quelques instants, lui, Passepartout, ancien gym-
naste, ex-sergent de pompiers, avait été le veuf d'une
charmante femme, un vieux rajah embaumé !

Quant à la jeune Indienne, elle n'avait pas eu conscience
de ce qui s'était passé. Enveloppée dans les couvertures
de voyages, elle reposait sur l'un des cacolets.

Cependant l'éléphant, guidé avec une extrême sûreté
par le Parsi, courait rapidement dans la forêt encore
obscure. Une heure après avoir quitté la pagode de Pillaji, il se lançait à travers une immense plaine. A sept
heures, on fit halte. La jeune femme était toujours
dans une prostration complète. Le guide lui fit boire
quelques gorgées d'eau et de brandy, mais cette influence stupéfiante qui l'accablait devait se prolonger
quelque temps encore.

Sir Francis Cromarty, qui connaissait les effets de l'i-
vresse produite par l'inhalation des vapeurs du chanvre,
n'avait aucune inquiétude sur son compte.

Mais si le rétablissement de la jeune Indienne ne fit
pas question dans l'esprit du brigadier général, celui-ci
se montrait moins rassuré pour l'avenir. Il n'hésita pas
à dire à Phileas Fogg que si Mrs. Aouda restait dans
l'Inde, elle retomberait inévitablement entre les mains de
ses bourreaux. Ces énergumènes se tenaient dans toute

la péninsule, et certainement, malgré la police anglaise, ils sauraient reprendre leur victime, fût-ce à Madras, à Bombay, à Calcutta. Et sir Francis Cromarty citait, à l'appui de ce dire, un fait de même nature qui s'était passé récemment. A son avis, la jeune femme ne serait véritablement en sûreté qu'après avoir quitté l'Inde.

Phileas Fogg répondit qu'il tiendrait compte de ces observations et qu'il aviserait.

Vers dix heures, le guide annonçait la station d'Allahabad. Là reprenait la voie interrompue du chemin de fer, dont les trains franchissent, en moins d'un jour et d'une nuit, la distance qui sépare Allahabad de Calcutta.

Phileas Fogg devait donc arriver à temps pour prendre un paquebot qui ne partait que le lendemain seulement, 25 octobre, à midi, pour Hong-Kong.

La jeune femme fut déposée dans une chambre de la gare. Passepartout fut chargé d'aller acheter pour elle divers objets de toilette, robe, châle, fourrures, etc., ce qu'il trouverait. Son maître lui ouvrait un crédit illimité.

Passepartout partit aussitôt et courut les rues de la ville. Allahabad, c'est la cité de Dieu, l'une des plus vénérées de l'Inde, en raison de ce qu'elle est bâtie au confluent de deux fleuves sacrés, le Gange et la Jumna, dont les eaux attirent les pèlerins de toute la péninsule. On sait d'ailleurs que, suivant les légendes du Ramayana, le Gange prend sa source dans le ciel, d'où, grâce à Brahma, il descend sur la terre.

Tout en faisant ses emplettes, Passepartout eut bientôt vu la ville, autrefois défendue par un fort magnifique.

qui est devenu une prison d'État. Plus de commerce, plus d'industrie dans cette cité, jadis industrielle et commerçante. Passepartout, qui cherchait vainement un magasin de nouveautés, comme s'il eût été dans Regent-street à quelques pas de Farmer et Co., ne trouva que chez un revendeur, vieux juif difficultueux, les objets dont il avait besoin, une robe en étoffe écossaise, un vaste manteau, et une magnifique pelisse en peaux de loutres qu'il n'hésita pas à payer soixante-quinze livres (1,875 fr.). Puis, tout triomphant, il retourna à la gare.

Mrs. Aouda commençait à revenir à elle. Cette influence à laquelle les prêtres de Pillaji l'avaient soumise se dissipait peu à peu, et ses beaux yeux reprenaient toute leur douceur indienne.

Lorsque le roi-poëte, Uçaf Uddaul, célèbre les charmes de la reine d'Ahméhnagara, il s'exprime ainsi :

« Sa luisante chevelure, régulièrement divisée en deux
« parts, encadre les contours harmonieux de ses joues
« délicates et blanches, brillantes de poli et de fraîcheur.
« Ses sourcils d'ébène ont la forme et la puissance de
« l'arc de Kama, dieu d'amour, et sous ses longs cils
« soyeux, dans la pupille noire de ses grands yeux lim-
« pides, nagent comme dans les lacs sacrés de l'Hi-
« malaya les reflets les plus purs de la lumière
« céleste. Fines, égales et blanches, ses dents res-
« plendissent entre ses lèvres souriantes, comme des
« gouttes de rosée dans le sein mi-clos d'une fleur de
« grenadier. Ses oreilles mignonnes aux courbes symé-
« triques, ses mains vermeilles, ses petits pieds bombés

6.

« et tendres comme les bourgeons du lotus, brillent de
« l'éclat des plus belles perles de Ceylan, des plus beaux
« diamants de Golconde. Sa mince et souple ceinture,
« qu'une main suffit à enserrer, rehausse l'élégante
« cambrure de ses reins arrondis et la richesse de son
« buste où la jeunesse en fleur étale ses plus parfaits tré-
« sors, et, sous les plis soyeux de sa tunique, elle semble
« avoir été modelée en argent pur de la main divine de
« Vicvacarma, l'éternel statuaire. »

Mais, sans toute cette amplification poétique, il suffit
de dire que Mrs. Aouda, la veuve du rajah du Bundelkund, était une charmante femme dans toute l'acception
européenne du mot. Elle parlait l'anglais avec une
grande pureté, et le guide n'avait point exagéré en affirmant que cette jeune Parsie avait été transformée par l'é-
ducation.

Cependant le train allait quitter la station d'Allahabad. Le Parsi attendait. Mr. Fogg lui régla son salaire
au prix convenu, sans le dépasser d'un farthing. Ceci
étonna un peu Passepartout, qui savait tout ce que son
maître devait au dévouement du guide. Le Parsi avait,
en effet, risqué volontairement sa vie dans l'affaire de
Pillaji, et si, plus tard, les Indous l'apprenaient, il échap-
perait difficilement à leur vengeance.

Restait aussi la question de Kiouni. Que ferait-on d'un
éléphant acheté si cher?

Mais Phileas Fogg avait déjà pris une résolution à cet
égard.

« Parsi, dit-il au guide, tu as été serviable et dévoué.

J'ai payé ton service, mais non ton dévouement. Veux-tu cet éléphant? Il est à toi. »

Les yeux du guide brillèrent.

« C'est une fortune que Votre Honneur me donne! s'écria-t-il.

— Accepte, guide, répondit Mr. Fogg, et c'est moi qui serai encore ton débiteur.

— A la bonne heure! s'écria Passepartout. Prends, ami! Kiouni est un brave et courageux animal! »

Et, allant à la bête, il lui présenta quelques morceaux de sucre, disant :

« Tiens, Kiouni, tiens, tiens! »

L'éléphant fit entendre quelques grognements de satisfaction. Puis, prenant Passepartout par la ceinture et l'enroulant de sa trompe, il l'enleva jusqu'à la hauteur de sa tête. Passepartout, nullement effrayé, fit une bonne caresse à l'animal, qui le replaça doucement à terre, et, à la poignée de trompe de l'honnête Kiouni, répondit une vigoureuse poignée de main de l'honnête garçon.

Quelques instants après, Phileas Fogg, sir Francis Cromarty et Passepartout, installés dans un confortable wagon dont Mrs. Aouda occupait la meilleure place, couraient à toute vapeur vers Bénarès.

Quatre-vingts milles au plus séparent cette ville d'Allahabad, et ils furent franchis en deux heures.

Pendant ce trajet, la jeune femme revint complétement à elle; les vapeurs assoupissantes du hang se dissipèrent.

Quel fut son étonnement de sè trouver sur le railway, dans ce compartiment, recouverte de vêtements européens, au milieu de voyageurs qui lui étaient absolument inconnus !

Tout d'abord, ses compagnons lui prodiguèrent leurs soins et la ranimèrent avec quelques gouttes de liqueur; puis le brigadier général lui raconta son histoire. Il insista sur le dévouement de Phileas Fogg, qui n'avait pas hésité à jouer sa vie pour la sauver, et sur le dénoûment de l'aventure, dû à l'audacieuse imagination de Passepartout.

Mr. Fogg laissa dire sans prononcer une parole. Passepartout, tout honteux, répétait que « ça n'en valait pas la peine ! »

Mrs. Aouda remercia ses sauveurs avec effusion, par ses larmes plus que par ses paroles. Ses beaux yeux, mieux que ses lèvres, furent les interprètes de sa reconnaissance. Puis, sa pensée la reportant aux scènes du sutty, ses regards revoyant cette terre indienne où tant de dangers l'attendaient encore, elle fut prise d'un frisson de terreur.

Phileas Fogg comprit ce qui se passait dans l'esprit de Mrs. Aouda, et, pour la rassurer, il lui offrit, très-froidement d'ailleurs, de la conduire à Hong-Kong, où elle demeurerait jusqu'à ce que cette affaire fût assoupie.

Mrs. Aouda accepta l'offre avec reconnaissance. Précisément, à Hong-Kong, résidait un de ses parents, Parsi comme elle, et l'un des principaux négociants de

cette ville, qui est absolument anglaise, tout en occu-
pant un point de la côte chinoise.

A midi et demi, le train s'arrêtait à la station de Bénarès. Les légendes brahmaniques affirment que cette ville
occupe l'emplacement de l'ancienne Casi, qui était autrefois suspendue dans l'espace, entre le zénith et le
nadir, comme la tombe de Mahomet. Mais, à cette
époque plus réaliste, Bénarès, l'Athènes de l'Inde au
dire des orientalistes, reposait tout prosaïquement sur
le sol, et Passepartout put un instant entrevoir ses maisons de brique, ses huttes en clayonnage, qui lui donnaient un aspect absolument désolé, sans aucune couleur locale.

C'était là que devait s'arrêter sir Francis Cromarty.
Les troupes qu'il rejoignait campaient à quelques milles
au nord de la ville. Le brigadier général fit donc ses
adieux à Phileas Fogg, lui souhaitant tout le succès possible, et exprimant le vœu qu'il recommençât ce voyage
d'une façon moins originale, mais plus profitable.
Mr. Fogg pressa légèrement les doigts de son compagnon. Les compliments de Mrs. Aouda furent plus affec-
tueux. Jamais elle n'oublierait ce qu'elle devait à sir
Francis Cromarty. Quant à Passepartout, il fut honoré
d'une vraie poignée de mains de la part du brigadier
général. Tout ému, il se demanda où et quand il pourrait
bien se dévouer pour lui. Puis on se sépara.

A partir de Bénarès, la voie ferrée suivait en partie la
vallée du Gange. A travers les vitres du wagon, par un
temps assez clair, apparaissait le paysage varié du

Béhar, des montagnes couvertes de verdure, des champs
d'orge, de maïs et de froment, des rios et des étangs
peuplés d'alligators verdâtres, des villages bien entrete-
nus, des forêts encore verdoyantes. Quelques éléphants,
des zébus à grosse bosse, venaient se baigner dans les
eaux du fleuve sacré, et aussi, malgré la saison avancée
et la température déjà froide, des bandes d'Indous des
deux sexes, qui accomplissaient pieusement leurs
saintes ablutions. Ces fidèles, ennemis acharnés du
bouddhisme, sont sectateurs fervents de la religion brahmanique, qui s'incarne en ces trois personnes : Whisnou, la divinité solaire, Shiva, la personnification divine
des forces naturelles, et Brahma, le maître suprême des
prêtres et des législateurs. Mais de quel œil Brahma,
Shiva et Whisnou devaient-ils considérer cette Inde,
maintenant « britannisée », lorsque quelque steamboat
passait en hennissant et troublait les eaux consacrées
du Gange, effarouchant les mouettes qui volaient à sa
surface, les tortues qui pullulaient sur ses bords, et les
dévots étendus au long de ses rives !

Tout ce panorama défila comme un éclair, et souvent
un nuage de vapeur blanche en cacha les détails. A
peine les voyageurs purent-ils entrevoir le fort de Chu-
nar, à vingt milles au sud-est de Bénarès, ancienne
forteresse des rajahs du Béhar, Ghazepour et ses importantes fabriques d'eau de rose, le tombeau de lord Corn-
wallis qui s'élève sur la rive gauche du Gange, la ville
fortifiée de Buxar, Patna, grande cité industrielle et
commerçante, où se tient le principal marché d'opium

de l'Inde, Monghir, ville plus qu'européenne, anglaise comme Manchester ou Birmingham, renommée pour ses fonderies de fer, ses fabriques de taillanderie et d'armes blanches, et dont les hautes cheminées encrassaient d'une fumée noire le ciel de Brahma, — un véritable coup de poing dans le pays du rêve!

Puis la nuit vint, et, au milieu des hurlements des tigres, des ours, des loups qui fuyaient devant la loco-motive, le train passa à toute vitesse, et on n'aperçut plus rien des merveilles du Bengale, ni Golgonde, ni Gour en ruines, ni Mourshedabad, qui fut autrefois capitale, ni Burdwan, ni Hougly, ni Chandernagor, ce point fran-çais du territoire indien sur lequel Passepartout eût été fier de voir flotter le drapeau de sa patrie!

Enfin, à sept heures du matin, Calcutta était atteint. Le paquebot, en partance pour Hong-Kong, ne levait l'ancre qu'à midi. Phileas Fogg avait donc cinq heures devant lui.

D'après son itinéraire, ce gentleman devait arriver dans la capitale des Indes, le 25 octobre, vingt-trois jours après avoir quitté Londres, et il y arrivait au jour fixé. Il n'avait donc ni retard ni avance. Malheureusement, les deux jours gagnés par lui entre Londres et Bombay avaient été perdus, on sait comment, dans cette traver-sée de la péninsule indienne, — mais il est à supposer que Phileas Fogg ne les regrettait pas.

XV

OÙ LE SAC AUX BANK-NOTES S'ALLÈGE ENCORE DE QUELQUES MILLIERS DE LIVRES !

Le train s'était arrêté en gare. Passepartout descendit le premier du wagon, et fut suivi de Mr. Fogg, qui aida sa jeune compagne à mettre pied sur le quai. Phileas Fogg comptait se rendre directement au paquebot de Hong-Kong, afin d'y installer confortablement Mrs. Aouda, qu'il ne voulait pas quitter, tant qu'elle serait en ce pays si dangereux pour elle.

Au moment où Mr. Fogg allait sortir de la gare, un policeman s'approcha de lui et dit :

« Monsieur Phileas Fogg ?

— C'est moi.

— Cet homme est votre domestique ? ajouta le policeman en désignant Passepartout.

— Oui.

— Veuillez me suivre tous les deux. »

Mr. Fogg ne fit pas un mouvement qui pût marquer en lui une surprise quelconque. Cet agent était un représentant de la loi, et, pour tout Anglais, la loi est sacrée. Passepartout, avec ses habitudes françaises, voulut raisonner, mais le policeman le toucha de sa baguette, et Phileas Fogg lui fit signe d'obéir.

« Cette jeune dame peut nous accompagner ? demande Mr. Fogg.

— Elle le peut, » répondit le policeman.

Le policeman conduisit Mr. Fogg, Mrs. Aouda et Passepartout vers un palki-ghari, sorte de voiture à quatre roues et à quatre places, attelée de deux chevaux. On partit. Personne ne parla pendant le trajet, qui dura vingt minutes environ.

La voiture traversa d'abord la « ville noire », aux rues étroites, bordées de cahutes dans lesquelles grouillait une population cosmopolite, sale et déguenillée ; puis elle passa à travers la ville européenne, égayée de maisons de briques, ombragée de cocotiers, hérissée de mâtures, que parcouraient déjà, malgré l'heure matinale, des cavaliers élégants et de magnifiques attelages.

Le palki-ghari s'arrêta devant une habitation d'apparence simple, mais qui ne devait pas être affectée aux usages domestiques. Le policeman fit descendre ses prisonniers, — on pouvait vraiment leur donner ce nom, — et il les conduisit dans une chambre aux fenêtres grillées, en leur disant :

« C'est à huit heures et demie que vous comparaîtrez devant le juge Obadiah. »

Puis il se retira et ferma la porte.

« Allons! nous sommes pris! » s'écria Passepartout, en se laissant aller sur une chaise.

Mrs. Aouda, s'adressant aussitôt à Mr. Fogg, lui dit d'une voix dont elle cherchait en vain à déguiser l'émotion :

7

« Monsieur, il faut m'abandonner ! C'est pour moi que vous êtes poursuivi ! C'est pour m'avoir sauvée ! »

Phileas Fogg se contenta de répondre que cela n'était pas possible. Poursuivi pour cette affaire du sutty ! Inadmissible ! Comment les plaignants oseraient-ils se présenter? Il y avait méprise. Mr. Fogg ajouta que, dans tous les cas, il n'abandonnerait pas la jeune femme, et qu'il la conduirait à Hong-Kong.

« Mais le bateau part à midi ! fit observer Passepartout.

-- Avant midi nous serons à bord, » répondit simplement l'impassible gentleman.

Cela fut affirmé si nettement, que Passepartout ne put s'empêcher de se dire à lui-même :

« Parbleu ! cela est certain ! avant midi nous serons à bord ! » Mais il n'était pas rassuré du tout.

A huit heures et demie, la porte de la chambre s'ouvrit. Le policeman reparut, et il introduisit les prisonniers dans la salle voisine. C'était une salle d'audience, et un public assez nombreux, composé d'Européens et d'indigènes, en occupait déjà le prétoire.

Mr. Fogg, Mrs. Aouda et Passepartout s'assirent sur un banc en face des siéges réservés au magistrat et au greffier.

Ce magistrat, le juge Obadiah, entra presque aussitôt, suivi du greffier. C'était un gros homme tout rond. Il décrocha une perruque pendue à un clou et s'en coiffa lestement.

« La première cause. » dit-il.

Mais, portant la main à sa tête :

« Hé ! ce n'est pas ma perruque !

— En effet, monsieur Obadiah, c'est la m'enne, répondit le greffier.

— Cher monsieur Oysterpuf, comment voulez-vous qu'un juge puisse rendre une bonne sentence avec la perruque d'un greffier ! »

L'échange des perruques fut fait. Pendant ces préliminaires, Passepartout bouillait d'impatience, car l'aiguille lui paraissait marcher terriblement vite sur le cadran de la grosse horloge du prétoire.

« La première cause, reprit alors le juge Obadiah.

— Philéas Fogg ? dit le greffier Oysterpuf.

— Me voici, répondit Mr. Fogg.

— Passepartout ?

— Présent ! répondit Passepartout.

— Bien ! dit le juge Obadiah. Voilà deux jours, accusés, que l'on vous guette à tous les trains de Bombay.

— Mais de quoi nous accuse-t-on ? s'écria Passepartout, impatienté.

— Vous allez le savoir, répondit le juge.

— Monsieur, dit alors Mr. Fogg, je suis citoyen anglais, et j'ai droit...

— Vous a-t-on manqué d'égards ? demanda Mr. Obadiah.

— Aucunement.

— Bien ! faites entrer les plaignants. »

Sur l'ordre du juge, une porte s'ouvrit, et trois prêtres indous furent introduits par un huissier.

« C'est bien cela! murmura Passepartout, ce sont ces coquins qui voulaient brûler notre jeune dame! »

Les prêtres se tinrent debout devant le juge, et le greffier lut à haute voix une plainte en sacrilége, formulée contre le sieur Phileas Fogg et son domestique, accusés d'avoir violé un lieu consacré par la religion brahmanique.

« Vous avez entendu? demanda le juge à Phileas Fogg.

— Oui, monsieur, répondit Mr. Fogg en consultant sa montre, et j'avoue.

— Ah! vous avouez?...

— J'avoue et j'attends que ces trois prêtres avouent à leur tour ce qu'ils voulaient faire à la pagode de Pillaji. »

Les prêtres se regardèrent. Ils semblaient ne rien comprendre aux paroles de l'accusé.

« Sans doute! s'écria impétueusement Passepartout, à cette pagode de Pillaji, devant laquelle ils allaient brûler leur victime! »

Nouvelle stupéfaction des prêtres, et profond étonnement du juge Obadiah.

« Quelle victime? demanda-t-il. Brûler qui! En pleine ville de Bombay?

— Bombay? s'écria Passepartout.

— Sans doute. Il ne s'agit pas de la pagode de Pillaji, mais de la pagode de Malebar-Hill, à Bombay.

— Et comme pièce de conviction, voici les souliers du profanateur, ajouta le greffier, en posant une paire de chaussures sur son bureau.

— Mes souliers! » s'écria Passepartout, qui, surpris au dernier chef, ne put retenir cette involontaire exclamation.

On devine la confusion qui s'était opérée dans l'esprit du maître et du domestique. Cet incident de la pagode de Bombay, ils l'avaient oublié, et c'était celui-là même qui les amenait devant le magistrat de Calcutta.

En effet, l'agent Fix avait compris tout le parti qu'il pouvait tirer de cette malencontreuse affaire. Retardant son départ de douze heures, il s'était fait le conseil des prêtres de Malebar-Hill ; il leur avait promis des dommages-intérêts considérables, sachant bien que le gouvernement anglais se montrait très-sévère pour ce genre de délit ; puis, par le train suivant, il les avait lancés sur les traces du sacrilége. Mais, par suite du temps employé à la délivrance de la jeune veuve, Fix et les Indous arrivèrent à Calcutta avant Phileas Fogg et son domestique, que les magistrats, prévenus par dépêche, devaient arrêter à leur descente du train. Que l'on juge du désappointement de Fix, quand il apprit que Phileas Fogg n'était point encore arrivé dans la capitale de l'Inde. Il dut croire que son voleur, s'arrêtant à une des stations du Peninsular-railway, s'était réfugié dans les provinces septentrionales. Pendant vingt-quatre heures, au milieu de mortelles inquiétudes, Fix le guetta à la gare. Quelle fut donc sa joie quand, ce matin même, il le vit descendre du wagon, en compagnie, il est vrai, d'une jeune femme dont il ne pouvait s'expliquer la présence. Aussitôt il lança sur lui un policeman, et voilà comment

Mr. Fogg, Passepartout et la veuve du rajah du Bundelkund furent conduits devant le juge Obadiah.

Et si Passepartout eût été moins préoccupé de son
aire, il aurait aperçu, dans un coin du prétoire, le
tectiye, qui suivait le débat avec un intérêt facile
comprendre, — car à Calcutta, comme à Bombay,
comme à Suez, le mandat d'arrestation lui manquait
encore !

Cependant le juge Obadiah avait pris acte de l'aveu
échappé à Passepartout, qui aurait donné tout ce qu'il
possédait pour reprendre ses imprudentes paroles.

« Les faits sont avoués? dit le juge.

—Avoués, répondit froidement Mr. Fogg.

— Attendu, reprit le juge, attendu que la loi anglaise
entend protéger également et rigoureusement toutes les
religions des populations de l'Inde, le délit étant avoué
par le sieur Passepartout, convaincu d'avoir violé d'un
pied sacrilége le pavé de la pagode de Malebar-Hill, à
Bombay, dans la journée du 20 octobre, condamne ledit
Passepartout à quinze jours de prison et à une amende
de trois cents livres (7,500 fr.).

— Trois cents livres? s'écria Passepartout, qui n'était
véritablement sensible qu'à l'amende.

— Silence ! fit l'huissier d'une voix glapissante.

— Et, ajouta le juge Obadiah, attendu qu'il n'est pas
atériellement prouvé qu'il n'y ait pas eu connivence
entre le domestique et le maître, qu'en tout cas celui-ci
doit être tenu responsable des faits et gestes d'un serviteur à ses gages, retient ledit Phileas Fogg et le con-

damne à huit jours de prison et cent cinquante livres d'amende. Greffier, appelez une autre cause! »

Fix, dans son coin, éprouvait une indicible satisfaction. Phileas Fogg, retenu huit jours à Calcutta, c'était plus qu'il n'en fallait pour donner au mandat le temps de lui arriver.

Passepartout était abasourdi. Cette condamnation ruinait son maître. Un pari de vingt mille livres perdu, et tout cela parce que, en vrai badaud, il était entré dans cette maudite pagode !

Phileas Fogg, aussi maître de lui que si cette condamnation ne l'eût pas concerné, n'avait pas même froncé le sourcil. Mais au moment où le greffier appelait une autre cause, il se leva et dit :

« J'offre caution.

— C'est votre droit, » répondit le juge.

Fix se sentit froid dans le dos, mais il reprit son assurance, quand il entendit le juge, « attendu la qualité d'étrangers de Phileas Fogg et de son domestique, » fixer la caution pour chacun d'eux à la somme énorme de mille livres (25,000 fr.).

C'était deux mille livres qu'il en coûterait à Mr. Fogg, s'il ne purgeait pas sa condamnation.

« Je paye, » dit ce gentleman.

Et du sac que portait Passepartout, il retira un paquet de bank-notes qu'il déposa sur le bureau du greffier.

« Cette somme vous sera restituée à votre sortie de prison, dit le juge. En attendant, vous êtes libres sous caution.

— Venez, dit Phileas Fogg à son domestique.

— Mais, au moins, qu'ils rendent les souliers! » s'écria Passepartout avec un mouvement de rage.

On lui rendit ses souliers.

« En voilà qui coûtent cher! murmura-t-il! Plus de mille livres chacun! Sans compter qu'ils me gênent! »

Passepartout, absolument piteux, suivit Mr. Fogg, qui avait offert son bras à la jeune femme. Fix espérait encore que son voleur ne se déciderait jamais à aban-donner cette somme de deux mille livres et qu'il ferait ses huit jours de prison. Il se jeta donc sur les traces de Fogg.

Mr. Fogg prit une voiture, dans laquelle Mrs. Aouda, Passepartout et lui montèrent aussitôt. Fix courut der-rière la voiture, qui s'arrêta bientôt sur l'un des quais de la ville.

A un demi-mille en rade, le *Rangoon* était mouillé, son pavillon de partance hissé en tête de mât. Onze heures sonnaient. Mr. Fogg était en avance d'une heure. Fix le vit descendre de voiture et s'embarquer dans un canot avec Mrs. Aouda et son domestique. Le détective frappa la terre du pied.

« Le gueux! s'écria-t-il, il part! Deux mille livres sacrifiées! Prodigue comme un voleur! Ah! je le filerai jusqu'au bout du monde s'il le faut; mais du train dont il va, tout l'argent du vol y aura passé! »

L'inspecteur de police était fondé à faire cette réflexion. En effet, depuis qu'il avait quitté Londres, tant en frais de voyage qu'en primes, en achat d'éléphant.

en cautions et en amendes, Phileas Fogg avait déjà semé plus de cinq mille livres (125,000 fr.) sur sa route, et le tant pour cent de la somme recouvrée, attribué aux détectives, allait diminuant toujours.

XVI

OU FIX N'A PAS L'AIR DE CONNAÎTRE DU TOUT LES CHOSES DONT ON LUI PARLE.

Le *Rangoon*, l'un des paquebots que la Compagnie péninsulaire et orientale emploie au service des mers de la Chine et du Japon, était un steamer en fer, à hélice, jaugeant brut dix-sept cent soixante-dix tonnes, et d'une force nominale de quatre cents chevaux. Il égalait le *Mongolia* en vitesse, mais non en confortable. Aussi Mrs. Aouda ne fut-elle point aussi bien installée que l'eût désiré Phileas Fogg. Après tout, il ne s'agissait que d'une traversée de trois mille cinq cents milles, soit de onze à douze jours, et la jeune femme ne se montra pas une difficile passagère.

Pendant les premiers jours de cette traversée, Mrs. Aouda fit plus ample connaissance avec Phileas Fogg. En toute occasion, elle lui témoignait la plus vive reconnaissance. Le flegmatique gentleman l'écoutait, en apparence au moins, avec la plus extrême froideur, sans

7

qu'une intonation, un geste décelât en lui la plus légère émotion. Il veillait à ce que rien ne manquât à la jeune femme. A de certaines heures il venait régulièrement, sinon causer, du moins l'écouter. Il accomplissait envers elle les devoirs de la politesse la plus stricte, mais avec la grâce et l'imprévu d'un automate dont les mouvements auraient été combinés pour cet usage. Mrs. Aouda ne savait trop que penser, mais Passepartout lui avait un peu expliqué l'excentrique personnalité de son maître. Il lui avait appris quelle gageure entraînait ce gentleman autour du monde. Mrs. Aouda avait souri; mais après tout, elle lui devait la vie, et son sauveur ne pouvait perdre à ce qu'elle le vît à travers sa reconnaissance.

Mrs. Aouda confirma le récit que le guide indou avait fait de sa touchante histoire. Elle était, en effet, de cette race qui tient le premier rang parmi les races indigènes. Plusieurs négociants parsis ont fait de grandes fortunes aux Indes, dans le commerce des cotons. L'un d'eux, sir James Jejeebhoy, a été anobli par le gouvernement anglais, et Mrs. Aouda était parente de ce riche personnage, qui habitait Bombay. C'était même un cousin de sir Jejeebhoy, l'honorable Jejeeh, qu'elle comptait rejoindre à Hong-Kong. Trouverait-elle près de lui refuge et assistance? Elle ne pouvait l'affirmer. A quoi Mr. Fogg répondait qu'elle n'eût pas à s'inquiéter, et que tout s'arrangerait mathématiquement! Ce fut son mot.

La jeune femme comprenait-elle cet horrible adverbe? On ne sait. Toutefois, ses grands yeux se fixaient sur ceux de Mr. Fogg, ses grands yeux « limpides comme les lacs sacrés de l'Himalaya ! » Mais l'intraitable Fogg, aussi boutonné que jamais, ne semblait point homme à se jeter dans ce lac.

Cette première partie de la traversée du *Rangoon* s'accomplit dans des conditions excellentes. Le temps était maniable. Toute cette portion de l'immense baie que les marins appellent « les brasses du Bengale » se montra favorable à la marche du paquebot. Le *Rangoon* eut bientôt connaissance du Grand-Andaman, la principale du groupe, que sa pittoresque montagne de Saddle-Peak, haute de deux mille quatre cents pieds, signale de fort loin aux navigateurs.

La côte fut prolongée d'assez près. Les sauvages Papouas de l'île ne se montrèrent point. Ce sont des êtres placés au dernier degré de l'échelle humaine, mais dont on a fait à tort des anthropophages.

Le développement panoramique de ces îles était superbe. D'immenses forêts de lataniers, d'arecs, de bambousiers, de muscadiers, de tecks, de gigantesques mimosées, de fougères arborescentes, couvraient le pays en premier plan, et en arrière se profilait l'élégante silhouette des montagnes. Sur la côte pullulaient par milliers ces précieuses salanganes, dont les nids comestibles forment un mets recherché dans le Céleste Empire. Mais tout ce spectacle varié, offert aux regards par le groupe des Andaman, passa vite, et le *Rangoon* s'achemina rapidement vers le détroit de Malacca, qui devait lui donner accès dans les mers de la Chine.

Que faisait pendant cette traversée l'inspecteur Fix, si

malencontreusement entraîné dans un voyage de circum-
navigation? Au départ de Calcutta, après avoir laissé des
instructions pour que le mandat, s'il arrivait enfin, lui
fût adressé à Hong-Kong, il avait pu s'embarquer à
bord du *Rangoon* sans avoir été aperçu de Passepartout,
et il espérait bien dissimuler sa présence jusqu'à l'arrivée
du paquebot. En effet, il lui eût été difficile d'expliquer
pourquoi il se trouvait à bord, sans éveiller les soupçons de Passepartout, qui devait le croire à Bombay.
Mais il fut amené à renouer connaissance avec l'honnête
garçon par la logique même des circonstances. Comment? On va le voir.

Toutes les espérances, tous les désirs de l'inspecteur
de police, étaient maintenant concentrés sur un unique
point du monde, Hong-Kong, car le paquebot s'arrêtait
trop peu de temps à Singapore pour qu'il pût opérer en
cette ville. C'était donc à Hong-Kong que l'arrestation du
voleur devait se faire, ou le voleur lui échappait, pour
ainsi dire, sans retour.

En effet, Hong-Kong était encore une terre anglaise,
mais la dernière qui se rencontrât sur le parcours. Au
delà, la Chine, le Japon, l'Amérique, offraient un refuge
à peu près assuré au sieur Fogg. A Hong-Kong, s'il y
trouvait enfin le mandat d'arrestation qui courait évidemment après lui, Fix arrêtait Fogg et le remettait entre les mains de la police locale. Nulle difficulté. Mais
après Hong-Kong, un simple mandat d'arrestation ne
suffirait plus. Il faudrait un acte d'extradition. De là retards, lenteurs, obstacles de toute nature, dont le coquin

profiterait pour échapper définitivement. Si l'opération manquait à Hong-Kong, il serait, sinon impossible, du moins bien difficile, de la reprendre avec quelque chance de succès.

« Donc, se répétait Fix pendant ces longues heures qu'il passait dans sa cabine, donc, ou le mandat sera à Hong-Kong, et j'arrête mon homme, ou il n'y sera pas, et cette fois il faut à tout prix que je retarde son départ! J'ai échoué à Bombay, j'ai échoué à Calcutta! Si je manque mon coup à Hong-Kong, je suis perdu de réputation! Coûte que coûte, il faut réussir. Mais quel moyen employer pour retarder, si cela est nécessaire, le départ de ce maudit Fogg? »

En dernier ressort, Fix était bien décidé à tout avouer à Passepartout, à lui faire connaître ce maître qu'il servait et dont il n'était certainement pas le complice. Passepartout, éclairé par cette révélation, devant craindre d'être compromis, se rangerait sans doute à lui, Fix. Mais enfin c'était un moyen hasardeux, qui ne pouvait être employé qu'à défaut de tout autre. Un mot de Passepartout à son maître eût suffi à compromettre irrévocablement l'affaire.

L'inspecteur de police était donc extrêmement embarrassé, quand la présence de Mrs. Aouda à bord du *Rangoon*, en compagnie de Phileas Fogg, lui ouvrit de nouvelles perspectives.

Quelle était cette femme? Quel concours de circonstances en avait fait la compagne de Fogg? C'était évidemment entre Bombay et Calcutta que la rencontre avait eu

lieu. Mais en quel point de la péninsule ? Était-ce le hasard qui avait réuni Philéas Fogg et la jeune voyageuse ?
Ce voyage à travers l'Inde, au contraire, n'avait-il pas
été entrepris par ce gentleman dans le but de rejoindre
cette charmante personne ? car elle était charmante ! Fix
l'avait bien vu dans la salle d'audience du tribunal de
Calcutta.

On comprend à quel point l'agent devait être intrigué.
Il se demanda s'il n'y avait pas dans cette affaire quelque criminel enlèvement. Oui ! cela devait être ! Cette
idée s'incrusta dans le cerveau de Fix, et il reconnut tout
le parti qu'il pouvait tirer de cette circonstance. Que
cette jeune femme fût mariée ou non, il y avait enlèvement, et il était possible, à Hong-Kong, de susciter au
ravisseur des embarras tels, qu'il ne pût s'en tirer à prix
d'argent.

Mais il ne fallait pas attendre l'arrivée du *Rangoon* à
Hong-Kong. Ce Fogg avait la détestable habitude de
sauter d'un bateau dans un autre, et, avant que l'affaire
fût entamée, il pouvait être déjà loin.

L'important était donc de prévenir les autorités anglaises et de signaler le passage du *Rangoon* avant
son débarquement. Or, rien n'était plus facile, puisque
le paquebot faisait escale à Singapore, et que Sin
gapore est reliée à la côte chinoise par un fil télégraphique.

Toutefois, avant d'agir et pour opérer plus sûrement,
Fix résolut d'interroger Passepartout. Il savait qu'il n'é-
tait pas très-difficile de faire parler ce garçon, et il se

décida à rompre l'incognito qu'il avait gardé jusqu'alors.
Or, il n'y avait pas de temps à perdre. On était au 31 octobre, et le lendemain même le *Rangoon* devait relâcher
à Singapore.

Donc, ce jour-là, Fix, sortant de sa cabine, monta sur
le pont, dans l'intention d'aborder Passepartout « le premier » avec les marques de la plus extrême surprise.
Passepartout se promenait à l'avant, quand l'inspecteur
se précipita vers lui, s'écriant :

« Vous, sur le *Rangoon!*

— Monsieur Fix à bord! répondit Passepartout, absó-
ment surpris, en reconnaissant son compagnon de traversée du *Mongolia*. Quoi! je vous laisse à Bombay, et je
vous retrouve sur la route de Hong-Kong! Mais vous faites donc, vous aussi, le tour du monde?

— Non, non, répondit Fix, et je compte m'arrêter à
Hong-Kong, — au moins quelques jours.

— Ah! dit Passepartout, qui parut un instant étonné.
Mais comment ne vous ai-je pas aperçu à bord depuis
notre départ de Calcutta?

— Ma foi, un malaise... un peu de mal de mer... Je
suis resté couché dans ma cabine... Le golfe du Bengale
ne me réussit pas aussi bien que l'océan Indien. Et votre
maître, monsieur Phileas Fogg?

— En parfaite santé, et aussi ponctuel que son itinéraire! Pas un jour de retard! Ah! monsieur Fix, vous ne
savez pas cela, vous, mais nous avons aussi une jeune
dame avec nous.

— Une jeune dame? » répondit l'agent, qui avait parfaitement l'air de ne pas comprendre ce que son interlocuteur voulait dire.

Mais Passepartout l'eut bientôt mis au courant de son histoire. Il raconta l'incident de la pagode de Bombay, l'acquisition de l'éléphant au prix de deux mille livres, l'affaire du sutty, l'enlèvement d'Aouda, la condamnation du tribunal de Calcutta, la liberté sous caution. Fix, qui connaissait la dernière partie de ces incidents, semblait les ignorer tous, et Passepartout se laissait aller au charme de narrer ses aventures devant un auditeur qui lui marquait tant d'intérêt.

« Mais, en fin de compte, demanda Fix, est-ce que votre maître a l'intention d'emmener cette jeune femme en Europe?

— Non pas, monsieur Fix, non pas! Nous allons tout simplement la remettre aux soins de l'un de ses parents, riche négociant de Hong-Kong.

— Rien à faire! se dit le détective en dissimulant son désappointement. Un verre de gin, monsieur Passepartout?

— Volontiers, monsieur Fix. C'est bien le moins que nous buvions à notre rencontre à bord du *Rangoon!* »

XVII.

Depuis ce jour, Passepartout et le détective se rencontrèrent fréquemment, mais l'agent se tint dans une extrême réserve vis-à-vis de son compagnon, et il n'essaya point de le faire parler. Une ou deux fois seulement, il entrevit Mr. Fogg, qui restait volontiers dans le grand salon du *Rangoon*, soit qu'il tînt compagnie à Mrs. Aouda, soit qu'il jouât au whist, suivant son invariable habitude.

Quant à Passepartout, il s'était pris très-sérieusement à méditer sur le singulier hasard qui avait mis, encore une fois, Fix sur la route de son maître. Et, en effet, on eût été étonné à moins. Ce gentleman, très-aimable, très-complaisant à coup sûr, que l'on rencontre d'abord à Suez, qui s'embarque sur le *Mongolia*, qui débarque à Bombay, où il dit devoir séjourner, que l'on retrouve sur le *Rangoon*, faisant route pour Hong-Kong, en un mot, suivant pas à pas l'itinéraire de Mr. Fogg, cela valait la peine qu'on y réfléchît. Il y avait là une concordance au moins bizarre. A qui en avait ce Fix? Passepartout était prêt à parier ses babouches — il les avait précieusement conservées — que le Fix quitterait Hong-Kong en même temps qu'eux, et probablement sur le même paquebot.

Passepartout eût réfléchi pendant un siècle, qu'il n'aurait jamais deviné de quelle mission l'agent avait été chargé. Jamais il n'eût imaginé que Phileas Fogg fût « filé », à la façon d'un voleur, autour du globe terrestre. Mais comme il est dans la nature humaine de donner une explication à toute chose, voici comment Passepartout, soudainement illuminé, interpréta la présence permanente de Fix, et, vraiment, son interprétation était fort plausible. En effet, suivant lui, Fix n'était et ne pouvait être qu'un agent lancé sur les traces de Mr. Fogg par ses collègues du Reform-Club, afin de constater que ce voyage s'accomplissait régulièrement autour du monde, suivant l'itinéraire convenu.

« C'est évident! c'est évident! se répétait l'honnête garçon, tout fier de sa perspicacité. C'est un espion que ces gentlemen ont mis à nos trousses! Voilà qui n'est pas digne! Mr. Fogg si probe, si honorable! Le faire épier par un agent! Ah! messieurs du Reform-Club, cela vous coûtera cher! »

Passepartout, enchanté de sa découverte, résolut cependant de n'en rien dire à son maître, craignant que celui-ci ne fût justement blessé de cette défiance que lui montraient ses adversaires. Mais il se promit bien de gouailler Fix à l'occasion, à mots couverts et sans se compromettre.

Le mercredi 30 octobre, dans l'après-midi, le *Rangoon*

embouquait le détroit de Malacca, qui sépare la pres-
qu'île de ce nom des terres de Sumatra. Des îlots montagneux très-escarpés, très-pittoresques, dérobaient aux
passagers la vue de la grande île.

Le lendemain, à quatre heures du matin, le *Rangoon*,
ayant gagné une demi-journée sur sa traversée réglementaire, relâchait à Singapore, afin d'y renouveler sa
provision de charbon.

Phileas Fogg inscrivit cette avance à la colonne des
gains, et, cette fois, il descendit à terre, accompagnant
Mrs. Aouda, qui avait manifesté le désir de se promener
pendant quelques heures.

Fix, à qui toute action de Fogg paraissait suspecte, le
suivit sans se laisser apercevoir. Quant à Passepartout,
qui riait *in petto* à voir la manœuvre de Fix, il alla faire
ses emplettes ordinaires.

L'île de Singapore n'est ni grande ni imposante d'aspect. Les montagnes, c'est-à-dire les profils, lui man-
quent. Toutefois, elle est charmante dans sa maigreur.
C'est un parc coupé de belles routes. Un joli équipage,
attelé de ces chevaux élégants qui ont été importés de
la Nouvelle-Hollande, transporta Mrs. Aouda et Phileas
Fogg au milieu des massifs de palmiers à l'éclatant
feuillage, et de girofliers dont les clous sont formés du
bouton même de la fleur entr'ouverte. Là, les buissons
de poivriers remplaçaient les haies épineuses des campagnes européennes; des sagoutiers, de grandes fougères avec leur ramure superbe, variaient l'aspect de cette
région tropicale; des muscadiers au feuillage verni satu-

raient l'air d'un parfum pénétrant. Les singes, bandes
alertes et grimaçantes, ne manquaient pas dans les bois,
ni peut-être les tigres dans les jungles. A qui s'étonnerait d'apprendre que dans cette île, si petite relativement, ces terribles carnassiers ne fussent pas détruits
jusqu'au dernier, on répondra qu'ils viennent de Malacca,
en traversant le détroit à la nage.

Après avoir parcouru la campagne pendant deux
heures, Mrs. Aouda et son compagnon — qui regardait
un peu sans voir — rentrèrent dans la ville, vaste agglomération de maisons lourdes et écrasées, qu'entourent
de charmants jardins où poussent des mangoustes, des
ananas et tous les meilleurs fruits du monde.

A dix heures, ils revenaient au paquebot, après avoir
été suivis, sans s'en douter, par l'inspecteur, qui avait
dû lui aussi se mettre en frais d'équipage.

Passepartout les attendait sur le pont du *Rangoon*. Le
brave garçon avait acheté quelques douzaines de mangoustes, grosses comme des pommes moyennes, d'un
brun foncé au dehors, d'un rouge éclatant au dedans, et
dont le fruit blanc, en fondant entre les lèvres, procure
aux vrais gourmets une jouissance sans pareille. Passepartout fut trop heureux de les offrir à Mrs. Aouda, qui
le remercia avec beaucoup de grâce.

A onze heures, le *Rangoon*, ayant son plein de charbon, larguait ses amarres, et, quelques heures plus tard,
les passagers perdaient de vue ces hautes montagnes de
Malacca, dont les forêts abritent les plus beaux tigres
de la terre.

Treize cents milles environ séparent Singapore de l'îl de Hong-Kong, petit territoire anglais détaché de la côte chinoise. Phileas Fogg avait intérêt à les franchir en six jours au plus, afin de prendre à Hong-Kong le bateau qui devait partir le 6 novembre pour Yokohama, l'un des principaux ports du Japon.

Le *Rangoon* était fort chargé. De nombreux passagers s'étaient embarqués à Singapore, des Indous, des Ceylandais, des Chinois, des Malais, des Portugais, qui, pour la plupart, occupaient les secondes places.

Le temps, assez beau jusqu'alors, changea avec le dernier quartier de la lune. Il y eut grosse mer. Le vent souffla quelquefois en grande brise, mais très-heureusement de la partie du sud-est, ce qui favorisait la marche du steamer. Quand il était maniable, le capitaine faisait établir la voilure. Le *Rangoon*, gréé en brick, naviguа souvent avec ses deux huniers et sa misaine, et sa rapidité s'accrut sous la double action de la vapeur et du vent. C'est ainsi que l'on prolongea, sur une lame courte et parfois très-fatigante, les côtes d'Annam et de Cochinchine.

Mais la faute en était plutôt au *Rangoon* qu'à la mer, et c'est à ce paquebot que les passagers, dont la plupart furent malades, durent s'en prendre de cette fatigue.

En effet, les navires de la Compagnie péninsulaire, qui font le service des mers de Chine, ont un sérieux défaut de construction. Le rapport de leur tirant d'eau en charge avec leur creux a été mal calculé, et, par suite, ils n'offrent qu'une faible résistance à la mer. Leur volume, clos, impénétrable à l'eau, est insuffisant. Ils sont « noyés »,pour employer l'expression maritime, et, en conséquence de cette disposition, il ne faut que quelques paquets de mer, jetés à bord, pour modifier leur allure. Ces navires sont donc très-inférieurs — sinon par le moteur et l'appareil évaporatoire — aux types des Messageries françaises, tels que l'*Impératrice* et le *Cambodge*. Tandis que, suivant les calculs des ingénieurs, ceux-ci peuvent embarquer un poids d'eau égal à leur propre poids avant de sombrer, les bateaux de la Compagnie péninsulaire, le *Golgonda*, le *Corea*, et enfin le *Rangoon*, ne pourraient pas embarquer le sixième de leur poids sans couler par le fond.

Donc, par le mauvais temps, il convenait de prendre de grandes précautions. Il fallait quelquefois mettre à la cape sous petite vapeur. C'était une perte de temps qui ne paraissait affecter Phileas Fogg en aucune façon, mais dont Passepartout se montrait extrêmement irrité. Il accusait alors le capitaine, le mécanicien, la Compagnie, et envoyait au diable tous ceux qui se mêlent de transporter des voyageurs. Peut-être aussi la pensée de ce bec de gaz qui continuait de brûler à son compte dans la maison de Saville-row entrait-elle pour beaucoup dans son impatience.

« Mais vous êtes donc bien pressé d'arriver à Hong-Kong? lui demanda un jour le détective.

— Très-pressé! répondit Passepartout.

— Vous pensez que Mr. Fogg a hâte de prendre le paquebot de Yokohama?

— Une hâte effroyable.

— Vous croyez donc maintenant à ce singulier voyage autour du monde ?

— Absolument. Et vous, monsieur Fix?

— Moi? je n'y crois pas!

— Farceur ! » répondit Passepartout en clignant de l'œil.

Ce mot laissa l'agent rêveur. Ce qualificatif l'inquiéta, sans qu'il sût trop pourquoi. Le Français l'avait-il deviné ? Il ne savait trop que penser. Mais sa qualité de détective, dont seul il avait le secret, comment Passepartout aurait-il pu la reconnaître? Et cependant, en lui parlant ainsi, Passepartout avait certainement eu une arrière-pensée.

Il arriva même que le brave garçon alla plus loin, un autre jour, mais c'était plus fort que lui. Il ne pouvait tenir sa langue.

« Voyons, monsieur Fix, demanda-t-il à son compagnon d'un ton malicieux, est-ce que, une fois arrivés à Hong-Kong, nous aurons le malheur de vous y laisser ?

— Mais, répondit Fix assez embarrassé, je ne sais !... Peut-être que...

— Ah! dit Passepartout, si vous nous accompagniez, ce serait un bonheur pour moi ! Voyons ! un agent de la Compagnie péninsulaire ne saurait s'arrêter en route ! Vous n'alliez qu'à Bombay, et vous voici bientôt en Chine! L'Amérique n'est pas loin, et de l'Amérique à l'Europe il n'y a qu'un pas ! »

Fix regardait attentivement son interlocuteur, qui lui

montrait la figure la plus aimable du monde, et il prit le
parti de rire avec lui. Mais celui-ci, qui était en veine, lui
demanda si « ça lui rapportait beaucoup, ce métier-là ?»

« Oui et non, répondit Fix sans sourciller. Il y a de
bonnes et de mauvaises affaires. Mais vous comprenez
bien que je ne voyage pas à mes frais !

— Oh ! pour cela, j'en suis sûr ! » s'écria Passepartout,
riant de plus belle.

La conversation finie, Fix rentra dans sa cabine et se
mit à réfléchir. Il était évidemment deviné. D'une façon
ou d'une autre, le Français avait reconnu sa qualité de
détective. Mais avait-il prévenu son maître ? Quel rôle
jouait-il dans tout ceci ? Etait-il complice ou non ? L'affaire était-elle éventée, et par conséquent manquée ?
L'agent passa là quelques heures difficiles, tantôt croyant
tout perdu, tantôt espérant que Fogg ignorait la situation, enfin ne sachant quel parti prendre.

Cependant le calme se rétablit dans son cerveau, et il
résolut d'agir franchement avec Passepartout. S'il ne se
trouvait pas dans les conditions voulues pour arrêter
Fogg à Hong-Kong, et si Fogg se préparait à quitter définitivement cette fois le territoire anglais, lui, Fix, di-
rait tout à Passepartout. Ou le domestique était le complice de son maître, — et celui-ci savait tout, et dans ce
cas l'affaire était définitivement compromise, — ou le domestique n'était pour rien dans le vol, et alors son intérêt serait d'abandonner le voleur.

Telle était donc la situation respective de ces deux
hommes, et au-dessus d'eux Phileas Fogg planait dans

sa majestueuse indifférence. Il accomplissait rationnelle-
ment son orbite autour du monde, sans s'inquiéter des
astéroïdes qui gravitaient autour de lui.

Et cependant, dans le voisinage, il y avait — suivant
l'expression des astronomes — un astre troublant qui
aurait dû produire certaines perturbations sur le cœur
de ce gentleman. Mais non ! Le charme de Mrs. Aouda
n'agissait point, à la grande surprise de Passepartout,
et les perturbations, si elles existaient, eussent été plus
difficiles à calculer que celles d'Uranus qui ont amené la
découverte de Neptune.

Oui ! c'était un étonnement de tous les jours pour
Passepartout, qui lisait tant de reconnaissance envers
son maître dans les yeux de la jeune femme ! Décidément
Phileas Fogg n'avait de cœur que ce qu'il en fallait pour
se conduire héroïquement, mais amoureusement, non !
Quant aux préoccupations que les chances de ce voyage
pouvaient faire naître en lui, il n'y en avait pas trace.
Mais Passepartout, lui, vivait dans des transes conti-
nuelles. Un jour, appuyé sur la rambarde de « l'engine-
room », il regardait la puissante machine qui s'emportait parfois, quand, dans un violent mouvement de tangage, l'hélice s'affolait hors des flots. La vapeur fusait
alors par les soupapes, ce qui provoqua la colère du digne garçon.

« Elles ne sont pas assez chargées, ces soupapes
s'écria-t-il. On ne marche pas ! Voilà bien ces Anglais
Ah ! si c'était un navire américain, on sauterait peut-
être, mais on irait plus vite ! »

8

XVIII

DANS LEQUEL PHILEAS FOGG, PASSEPARTOUT, FIX, CHACUN DE
SON CÔTÉ, VA A SES AFFAIRES.

Pendant les derniers jours de la traversée, le temps fut assez mauvais. Le vent devint très-fort. Fixé dans la partie du nord-ouest, il contraria la marche du paquebot. Le *Rangoon*, trop instable, roula considérablement, et les passagers furent en droit de garder rancune à ces longues lames affadissantes que le vent soulevait du large.

Pendant les journées du 3 et du 4 novembre, ce fut une sorte de tempête. La bourrasque battit la mer avec véhémence. Le *Rangoon* dut mettre à la cape pendant un demi-jour, se maintenant avec dix tours d'hélice seulement, de manière à biaiser avec les lames. Toutes les voiles avaient été serrées, et c'était encore trop de ces agrès qui sifflaient au milieu des rafales.

La vitesse du paquebot, on le conçoit, fut notablement diminuée, et l'on put estimer qu'il arriverait à Hong-Kong avec vingt heures de retard sur l'heure réglementaire, et plus même, si la tempête ne cessait pas.

Phileas Fogg assistait à ce spectacle d'une mer furieuse, qui semblait lutter directement contre lui, avec son habituelle impassibilité. Son front ne s'assombrit pas un instant, et, cependant, un retard de vingt heures pouvait compromettre son voyage en lui faisant manquer le départ du paquebot de Yokohama. Mais cet homme sans nerfs ne ressentait ni impatience ni ennui. Il semblait vraiment que cette tempête rentrât dans son programme, qu'elle fût prévue. Mrs. Aouda, qui s'entretint avec son compagnon de ce contre-temps, le trouva aussi calme que par le passé.

Fix, lui, ne voyait pas ces choses du même œil. Bien au contraire. Cette tempête lui plaisait. Sa satisfaction aurait même été sans bornes, si le *Rangoon* eût été obligé de fuir devant la tourmente. Tous ces retards lui allaient, car ils obligeraient le sieur Fogg à rester quelques jours à Hong-Kong. Enfin, le ciel, avec ses rafales et ses bourrasques, entrait dans son jeu. Il était bien un peu malade, mais qu'importe! Il ne comptait pas ses nausées, et, quand son corps se tordait sous le mal de mer, son esprit s'ébaudissait d'une immense satisfaction.

Quant à Passepartout, on devine dans quelle colère peu dissimulée il passa ce temps d'épreuve. Jusqu'alors tout avait si bien marché! La terre et l'eau semblaient être à la dévotion de son maître. Steamers et railways lui obéissaient. Le vent et la vapeur s'unissaient pour favoriser son voyage. L'heure des mécomptes avait-elle donc enfin sonné? Passepartout, comme si les vingt mille livres du pari eussent dû sortir de sa bourse, ne

vivait plus. Cette tempête l'exaspérait, cette rafale le
mettait en fureur, et il eût volontiers fouetté cette mer
désobéissante! Pauvre garçon! Fix lui cacha soigneusement sa satisfaction personnelle, et il fit bien, car si
Passepartout eût deviné le secret contentement de Fix,
Fix eût passé un mauvais quart d'heure.

Passepartout, pendant toute la durée de la bourrasque, demeura sur le pont du *Rangoon*. Il n'aurait pu
rester en bas; il grimpait dans la mâture; il étonnait
l'équipage et aidait à tout avec une adresse de singe.
Cent fois il interrogea le capitaine, les officiers, les
matelots, qui ne pouvaient s'empêcher de rire en voyant
un garçon si décontenancé. Passepartout voulait absolument savoir combien de temps durerait la tempête.
On le renvoyait alors au baromètre, qui ne se décidait
pas à remonter. Passepartout secouait le baromètre,
mais rien n'y faisait, ni les secousses, ni les injures
dont il accablait l'irresponsable instrument.

Enfin la tourmente s'apaisa. L'état de la mer se modifia dans la journée du 4 novembre. Le vent sauta de
deux quarts dans le sud et redevint favorable.

Passepartout se rasséréna avec le temps. Les huniers
et les basses voiles purent être établies, et le *Rangoon*
reprit sa route avec une merveilleuse vitesse.

Mais on ne pouvait regagner tout le temps perdu. Il
fallait bien en prendre son parti, et la terre ne fut si-
gnalée que le 6, à cinq heures du matin. L'itinéraire de
Phileas Fogg portait l'arrivée du paquebot au 5. Or, il
n'arrivait que le 6. C'était donc vingt-quatre heures de

retard, et le départ pour Yokohama serait nécessairement manqué.

A six heures, le pilote monta à bord du *Rangoon* et
prit place sur la passerelle, afin de diriger le navire à
travers les passes jusqu'au port de Hong-Kong.

Passepartout mourait du désir d'interroger cet homme,
de lui demander si le paquebot de Yokohama avait quitté
Hong-Kong. Mais il n'osait pas, aimant mieux conserver
un peu d'espoir jusqu'au dernier instant. Il avait confié
ses inquiétudes à Fix, qui — le fin renard — essayait
de le consoler, en lui disant que Mr. Fogg en serait quitte
pour prendre le prochain paquebot. Ce qui mettait Passepartout dans une colère bleue.

Mais si Passepartout ne se hasarda pas à interroger
le pilote, Mr. Fogg, après avoir consulté son *Bradshaw*,
demanda de son air tranquille audit pilote s'il savait
quand il partirait un bateau de Hong-Kong pour Yokohama.

« Demain, à la marée du matin, répondit le pilote.

— Ah! » fit Mr. Fogg, sans manifester aucun étonnement.

Passepartout, qui était présent, eût volontiers em-
brassé le pilote, auquel Fix aurait voulu tordre le cou.

« Quel est le nom de ce steamer? demanda Mr. Fogg.

— Le *Carnatic*, répondit le pilote.

— N'était-ce pas hier qu'il devait partir?

— Oui, monsieur, mais on a dû réparer une de ses
chaudières, et son départ a été remis à demain.

— Je vous remercie, » répondit Mr. Fogg, qui de son

8.

pas automatique redescendit dans le salon du *Rangoon*.

Quant à Passepartout, il saisit la main du pilote et l'étreignit vigoureusement en disant :

« Vous, pilote, vous êtes un brave homme ! »

Le pilote ne sut jamais, sans doute, pourquoi ses réponses lui valurent cette amicale expansion. A un coup de sifflet, il remonta sur la passerelle et dirigea le paquebot au milieu de cette flotille de jonques, de tankas, de bateaux-pêcheurs, de navires de toutes sortes, qui encombraient les pertuis de Hong-Kong.

A une heure, le *Rangoon* était à quai, et les passagers débarquaient.

En cette circonstance, le hasard avait singulièrement servi Phileas Fogg, il faut en convenir. Sans cette nécessité de réparer ses chaudières, le *Carnatic* fût parti à la date du 5 novembre, et les voyageurs pour le Japon auraient dû attendre pendant huit jours le départ du paquebot suivant. Mr. Fogg, il est vrai, était en retard de vingt-quatre heures, mais ce retard ne pouvait avoir de conséquences fâcheuses pour le reste du voyage.

En effet, le steamer qui fait de Yokohama à San-Francisco la traversée du Pacifique était en correspondance directe avec le paquebot de Hong-Kong, et il ne pouvait partir avant que celui-ci fût arrivé. Évidemment il y aurait vingt-quatre heures de retard à Yokohama, mais, pendant les vingt-deux jours que dure la traversée du Pacifique, il serait facile de les regagner. Phileas Fogg se trouvait donc, à vingt-quatre heures près, dans les conditions de son programme, trente-cinq jours après avoir quitté Londres.

Le *Carnatic* ne devant partir que le lendemain matin à cinq heures, Mr. Fogg avait devant lui seize heures pour s'occuper de ses affaires, c'est-à-dire de celles qui concernaient Mrs. Aouda. Au débarqué du bateau, il offrit son bras à la jeune femme et la conduisit vers un palanquin. Il demanda aux porteurs de lui indiquer un hôtel, et ceux-ci lui désignèrent l'*Hôtel du Club*. Le palanquin se mit en route, suivi de Passepartout, et vingt minutes après il arrivait à destination.

Un appartement fut retenu pour la jeune femme, et Phileas Fogg veilla à ce qu'elle ne manquât de rien. Puis il dit à Mrs. Aouda qu'il allait immédiatement se mettre à la recherche de ce parent aux soins duquel il devait la laisser à Hong-Kong. En même temps il donnait à Passepartout l'ordre de demeurer à l'hôtel jusqu'à son retour, afin que la jeune femme n'y restât pas seule.

Le gentleman se fit conduire à la Bourse. Là, on connaîtrait immanquablement un personnage tel que l'honorable Jejeeh, qui comptait parmi les plus riches commerçants de la ville.

Le courtier auquel s'adressa Mr. Fogg connaissait en effet le négociant parsi. Mais, depuis deux ans, celui-ci n'habitait plus la Chine. Sa fortune faite, il s'était établi en Europe, — en Hollande, croyait-on, — ce qui s'expliquait par suite de nombreuses relations qu'il avait eues avec ce pays pendant son existence commerciale.

Phileas Fogg revint à l'*Hôtel du Club*. Aussitôt il fit

demander à Mrs. Aouda la permission de se présenter devant elle, et, sans autre préambule, il lui apprit que l'honorable Jejeeh ne résidait plus à Hong-Kong, et qu'il habitait vraisemblablement la Hollande.

A cela, Mrs. Aouda ne répondit rien d'abord. Elle passa sa main sur son front, et resta quelques instants à réfléchir. Puis, de sa douce voix :

« Que dois-je faire, monsieur Fogg ? dit-elle ?

— C'est très-simple, répondit le gentleman. Revenir en Europe.

— Mais je ne puis abuser...

— Vous n'abusez pas, et votre présence ne gêne en rien mon programme. — Passepartout ?

— Monsieur, répondit Passepartout.

— Allez au *Carnatic*, et retenez trois cabines. »

Passepartout, enchanté de continuer son voyage dans la compagnie de la jeune femme, qui était fort gracieuse pour lui, quitta aussitôt l'*Hôtel du Club*.

XIX

OU PASSEPARTOUT PREND UN TROP VIF INTÉRÊT A SON MAÎTRE, ET CE QUI S'ENSUIT.

Hong-Kong n'est qu'un îlot, dont le traité de Nanking, après la guerre de 1842, assura la possession à l'Angle-

terre. En quelques années, le génie colonisateur de la
Grande-Bretagne y avait fondé une ville importante et
créé un port, le port Victoria. Cette île est située à
l'embouchure de la rivière de Canton, et soixante milles
seulement la séparent de la cité portugaise de Macao,
bâtie sur l'autre rive. Hong-Kong devait nécessairement
vaincre Macao dans une lutte commerciale, et maintenant la plus grande partie du transit chinois s'opère par
la ville anglaise. Des docks, des hôpitaux, des wharfs,
des entrepôts, une cathédrale gothique, un « govern-
ment-house», des rues macadamisées, tout ferait croire
qu'une des cités commerçantes des comtés de Kent ou
de Surrey, traversant le sphéroïde terrestre, est venue
ressortir en ce point de la Chine, presque à ses antipodes.

Passepartout, les mains dans les poches, se rendit
donc vers le port Victoria, regardant les palanquins, les
brouettes à voile, encore en faveur dans le Céleste Empire, et toute cette foule de Chinois, de Japonais et
d'Européens, qui se pressait dans les rues. A peu de
choses près, c'était encore Bombay, Calcutta ou Singapore, que le digne garçon retrouvait sur son parcours.
Il y a ainsi comme une traînée de villes anglaises tout
autour du monde.

Passepartout arriva au port Victoria. Là, à l'embouchure de la rivière de Canton, c'était un fourmillemen
de navires de toutes nations, des anglais, des français,
des américains, des hollandais, bâtiments de guerre et
de commerce, des embarcations japonaises ou chinoises,

des jonques, des sempas, des tankas, et même des ba-
zaux-fleurs qui formaient autant de parterres flottants
sur les eaux. En se promenant, Passepartout remarqua
un certain nombre d'indigènes vêtus de jaune, tous très-
avancés en âge. Étant entré chez un barbier chinois
pour se faire raser « à la chinoise », il apprit par le Fi-
garo de l'endroit, qui parlait un assez bon anglais, que
ces vieillards avaient tous quatre-vingts ans au moins,
et qu'à cet âge ils avaient le privilége de porter la couleur jaune, qui est la couleur impériale. Passepartout
trouva cela fort drôle, sans trop savoir pourquoi.

Sa barbe faite, il se rendit au quai d'embarquement
du *Carnatic*, et là il aperçut Fix qui se promenait de
long en large, ce dont il ne fut point étonné. Mais l'inspecteur de police laissait voir sur son visage les marques d'un vif désappointement.

« Bon! se dit Passepartout, cela va mal pour les gentlemen du Reform-Club! »

Et il accosta Fix avec son joyeux sourire, sans vouloir
remarquer l'air vexé de son compagnon.

Or, l'agent avait de bonnes raisons pour pester contre
l'infernale chance qui le poursuivait. Pas de mandat!
Il était évident que le mandat courait après lui, et ne
pourrait l'atteindre que s'il séjournait quelques jours en
cette ville. Or, Hong-Kong étant la dernière terre anglaise
du parcours, le sieur Fogg allait lui échapper définitivement, s'il ne parvenait pas à l'y retenir.

« Eh bien, monsieur Fix, êtes-vous décidé à venir avec
nous jusqu'en Amérique? demanda Passepartout.

— Oui, répondit Fix les dents serrées.

— Allons donc! s'écria Passepartout en faisant entendre un retentissant éclat de rire! Je savais bien que
vous ne pourriez pas vous séparer de nous. Venez retenir
votre place, venez ! »

Et tous deux entrèrent au bureau des transports maritimes et arrêtèrent des cabines pour quatre personnes.
Mais l'employé leur fit observer que les réparations du
Carnatic étant terminées, le paquebot partirait le soir
même à huit heures, et non le lendemain matin, comme
il avait été annoncé.

« Très-bien! répondit Passepartout, cela arrangera
mon maître. Je vais le prévenir. »

A ce moment Fix prit un parti extrême. Il résolut de
tout dire à Passepartout. C'était le seul moyen peut-être
qu'il eût de retenir Phileas Fogg pendant quelques jours
à Hong-Kong.

En quittant le bureau, Fix offrit à son compagnon de
se rafraîchir dans une taverne. Passepartout avait le
temps. Il accepta l'invitation de Fix.

Une taverne s'ouvrait sur le quai. Elle avait un aspect
engageant. Tous deux y entrèrent. C'était une vaste salle
bien décorée, au fond de laquelle s'étendait un lit de
camp, garni de coussins. Sur ce lit étaient rangés un
certain nombre de dormeurs.

Une trentaine de consommateurs occupaient dans la
grande salle de petites tables en jonc tressé. Quelques-
uns vidaient des pintes de bière anglaise, ale ou porter,
d'autres, des brocs de liqueurs alcooliques, gin ou

brandy. En outre, la plupart fumaient de longues pipes
de terre rouge, bourrées de petites boulettes d'opium mélangé d'essence de rose. Puis, de temps en temps, quelque fumeur énervé glissait sous la table, et les garçons
de l'établissement, le prenant par les pieds et par la tête,
le portaient sur le lit de camp près d'un confrère. Une
vingtaine de ces ivrognes étaient ainsi rangés côte à
côte, dans le dernier degré d'abrutissement.

Fix et Passepartout comprirent qu'ils étaient entrés
dans une tabagie hantée de ces misérables, hébétés,
amaigris, idiots, auxquels la mercantile Angleterre vend
annuellement pour deux cent soixante millions de francs
de cette funeste drogue qui s'appelle l'opium ! Tristes
millions que ceux-là, prélevés sur un des plus funestes
vices de la nature humaine.

Le gouvernement chinois a bien essayé de remédier
à un tel abus par des lois sévères, mais en vain. De la
classe riche, à laquelle l'usage de l'opium était d'abord
formellement réservé, cet usage descendit jusqu'aux
classes inférieures, et les ravages ne purent plus être
arrêtés. On fume l'opium partout et toujours dans l'empire du Milieu. Hommes et femmes s'adonnent à cette
passion déplorable, et lorsqu'ils sont accoutumés à cette
inhalation, ils ne peuvent plus s'en passer, à moins
d'éprouver d'horribles contractions de l'estomac. Un
grand fumeur peut fumer jusqu'à huit pipes par jour,
ais il meurt en cinq ans.

Or, c'était dans une des nombreuses tabagies de ce
nre, qui pullulent, même à Hong-Kong, que Fix et

Passepartout étaient entrés avec l'intention de se rafraîchir. Passepartout n'avait pas d'argent, mais il accepta volontiers la « politesse » de son compagnon, quitte à la lui rendre en temps et lieu.

On demanda deux bouteilles de porto, auxquelles le Français fit largement honneur, tandis que Fix, plus réservé, observait son compagnon avec une extrême attention. On causa de choses et d'autres, et surtout de cette excellente idée qu'avait eue Fix de prendre passage sur le *Carnatic*. Et à propos de ce steamer, dont le départ se trouvait avancé de quelques heures, Passepartout, les bouteilles étant vides, se leva, afin d'aller prévenir son maître.

Fix le retint.

« Un instant, dit-il.

— Que voulez-vous, monsieur Fix?

— J'ai à vous parler de choses sérieuses.

— De choses sérieuses! s'écria Passepartout en vidant quelques gouttes de vin restées au fond de son verre. Eh bien, nous en parlerons demain. Je n'ai pas le temps aujourd'hui.

— Restez, répondit Fix. Il s'agit de votre maître! »

Passepartout, à ce mot, regarda attentivement son interlocuteur.

L'expression du visage de Fix lui parut singulière. Il se rassit.

« Qu'est-ce donc que vous avez à me dire? » demanda-t-il.

Fix appuya sa main sur le bras de son compagnon, et baissant la voix :

« Vous avez deviné qui j'étais? lui demanda-t-il.

— Parbleu! dit Passepartout en souriant.

— Alors je vais tout vous avouer...

— Maintenant que je sais tout, mon compère! Ah! voilà qui n'est pas fort! Enfin, allez toujours. Mais auparavant, laissez-moi vous dire que ces gentlemen se sont mis en frais bien inutilement!

— Inutilement! dit Fix. Vous en parlez à votre aise! On voit bien que vous ne connaissez pas l'importance de la somme!

— Mais si, je la connais, répondit Passepartout. Vingt mille livres!

— Cinquante-cinq mille! reprit Fix, en serrant la main du Français.

— Quoi! s'écria Passepartout, monsieur Fogg aurait osé!... Cinquante-cinq mille livres!... Eh bien! raison de plus pour ne pas perdre un instant, ajouta-t-il en se levant de nouveau.

— Cinquante-cinq mille livres! reprit Fix, qui força Passepartout à se rasseoir, après avoir fait apporter un flacon de brandy, — et si je réussis, je gagne une prime de deux mille livres. En voulez-vous cinq cents (12,500 fr.) à la condition de m'aider?

— Vous aider? s'écria Passepartout, dont les yeux étaient démesurément ouverts.

— Oui, m'aider à retenir le sieur Fogg pendant quelques jours à Hong-Kong!

— Hein! fit Passepartout, que dites-vous là? Comment, non content de faire suivre mon maître, de suspecter sa loyauté, ces gentlemen veulent encore lui susciter des obstacles ! J'en suis honteux pour eux !

— Ah ça ! que voulez-vous dire ? demanda Fix.

— Je veux dire que c'est de la pure indélicatesse. Autant dépouiller monsieur Fogg, et lui prendre l'argent dans la poche !

— Eh ! c'est bien à cela que nous comptons arriver !

— Mais c'est un guet-apens ! s'écria Passepartout, — qui s'animait alors sous l'influence du brandy que lui servait Fix, et qu'il buvait sans s'en apercevoir, — un guet-apens véritable ? Des gentlemen ! des collègues !»

Fix commençait à ne plus comprendre.

« Des collègues ! s'écria Passepartout, des membres du Reform-Club ! Sachez, monsieur Fix, que mon maître est un honnête homme, et que, quand il a fait un pari, c'est loyalement qu'il prétend le gagner.

— Mais qui croyez-vous donc que je sois ? demanda Fix, en fixant son regard sur Passepartout.

— Parbleu ! un agent des membres du Reform-Club, qui a mission de contrôler l'itinéraire de mon maître, ce qui est singulièrement humiliant ! Aussi, bien que, depuis quelque temps déjà, j'aie deviné votre qualité, je me suis bien gardé de la révéler à Mr. Fogg !

— Il ne sait rien ?... demanda vivement Fix.

— Rien, » répondit Passepartout en vidant encore une fois son verre.

L'inspecteur de police passa sa main sur son front. Il hésitait avant de reprendre la parole. Que devait-il faire ? L'erreur de Passepartout semblait sincère, mais elle rendait son projet plus difficile. Il était évident que ce garçon parlait avec une absolue bonne foi, et qu'il n'était point le complice de son maître, — ce que Fix aurait pu craindre.

« Eh bien, se dit-il, puisqu'il n'est pas son complice, il m'aidera. »

Le détective avait une seconde fois pris son parti. D'ailleurs, il n'avait plus le temps d'attendre. A tout prix, il fallait arrêter Fogg à Hong-Kong.

« Écoutez, dit Fix d'une voix brève, écoutez-moi bien. Je ne suis pas ce que vous croyez, c'est-à-dire un agent des membres du Reform-Club....

— Bah! dit Passepartout en le regardant d'un air goguenard.

— Je suis un inspecteur de police, chargé d'une mission par l'administration métropolitaine...

— Vous... inspecteur de police!...

— Oui, et je le prouve, reprit Fix. Voici ma commission. »

Et l'agent, tirant un papier de son portefeuille, montra à son compagnon une commission signée du directeur de la police centrale. Passepartout, abasourdi, regardait Fix, sans pouvoir articuler une parole.

« Le pari du sieur Fogg, reprit Fix, n'est qu'un prétexte dont vous êtes dupes, vous et ses collègues du Reform-Club, car il avait intérêt à s'assurer votre inconsciente complicité.

— Mais pourquoi?... s'écria Passepartout.

— Écoutez. Le 28 septembre dernier, un vol de cin-

quante-cinq mille livres a été commis à la Banque d'Angleterre par un individu dont le signalement a pu être
relevé. Or, voici ce signalement, et c'est trait pour trait
celui du sieur Fogg.

— Allons donc! s'écria Passepartout en frappant la
table de son robuste poing. Mon maître est le plus honnête homme du monde !

— Qu'en savez-vous? répondit Fix. Vous ne le connaissez même pas ! Vous êtes entré à son service le jour
de son départ, et il est parti précipitamment sous un
prétexte insensé, sans malles, emportant une grosse
somme en bank-notes! Et vous osez soutenir que c'est
un honnête homme !

— Oui ! oui ! répétait machinalement le pauvre garçon.

— Voulez-vous donc être arrêté comme son complice ? »

Passepartout avait pris sa tête à deux mains. Il n'était
plus reconnaissable. Il n'osait regarder l'inspecteur de
police. Phileas Fogg un voleur, lui, le sauveur d'Aouda,
l'homme généreux et brave ! Et pourtant que de présomptions relevées contre lui ! Passepartout essayait
de repousser les soupçons qui se glissaient dans son
esprit. Il ne voulait pas croire à la culpabilité de son
maître.

« Enfin, que voulez-vous de moi? dit-il à l'agent de
police, en se contenant par un suprême effort.

— Voici, répondit Fix. J'ai filé le sieur Fogg jusqu'ici,
mais je n'ai pas encore reçu le mandat d'arrestation,

que j'ai demandé à Londres. Il faut donc que vous m'aidiez à retenir à Hong-Kong...

— Moi ! que je...

— Et je partage avec vous la prime de deux mille livres promise par la Banque d'Angleterre !

— Jamais ! » répondit Passepartout, qui voulut se lever et retomba, sentant sa raison et ses forces lui échapper à la fois.

« Monsieur Fix, dit-il en balbutiant, quand bien même tout ce que vous m'avez dit serait vrai... quand mon maître serait le voleur que vous cherchez... ce que je nie... j'ai été... je suis à son service... je l'ai vu bon et généreux... Le trahir... jamais... non, pour tout l'or du monde... Je suis d'un village où l'on ne mange pas de ce pain-là !...

— Vous refusez ?

— Je refuse.

— Mettons que je n'ai rien dit, répondit Fix, et buvons.

— Oui, buvons ! »

Passepartout se sentait de plus en plus envahir par l'ivresse. Fix, comprenant qu'il fallait à tout prix le séparer de son maître, voulut l'achever. Sur la table se trouvaient quelques pipes chargées d'opium. Fix en glissa une dans la main de Passepartout, qui la prit, la porta à ses lèvres, l'alluma, respira quelques bouffées, et retomba, la tête alourdie sous l'influence du narcotique.

« Enfin, dit Fix en voyant Passepartout anéanti,

le sieur Fogg ne sera pas prévenu à temps du départ du
Carnatic, et s'il part, du moins partira-t-il sans ce maudit Français ! »

Puis il sortit, après avoir payé la dépense.

XX

DANS LEQUEL FIX ENTRE DIRECTEMENT EN RELATION AVEC PHILEAS FOGG.

Pendant cette scène qui allait peut-être compromettre
si gravement son avenir, Mr. Fogg, accompagnant
Mrs. Aouda, se promenait dans les rues de la ville anglaise. Depuis que Mrs. Aouda avait accepté son offre de
la conduire jusqu'en Europe, il avait dû songer à tous
les détails que comporte un aussi long voyage. Qu'un
Anglais comme lui fît le tour du monde un sac à la
main, passe encore; mais une femme ne pouvait en-
treprendre une pareille traversée dans ces conditions.
De là, nécessité d'acheter les vêtements et objets néces-
saires au voyage. Mr. Fogg s'acquitta de sa tâche avec
le calme qui le caractérisait, et à toutes les excuses ou
objections de la jeune veuve, confuse de tant de complaisance :

« C'est dans l'intérêt de mon voyage, c'est dans mon
programme, » répondait-il invariablement.

Les acquisitions faites, Mr. Fogg et la jeune femme rentrèrent à l'hôtel et dînèrent à la table d'hôte, qui était somptueusement servie. Puis Mrs. Aouda, un peu fatiguée, remonta dans son appartement, après avoir « à l'anglaise » serré la main de son imperturbable sauveur.

L'honorable gentleman, lui, s'absorba pendant toute la soirée dans la lecture du *Times* et de l'*Illustrated-London-News*.

S'il avait été homme à s'étonner de quelque chose, c'eût été de ne point voir apparaître son domestique à l'heure du coucher. Mais, sachant que le paquebot de Yokohama ne devait pas quitter Hong-Kong avant le lendemain matin, il ne s'en préoccupa pas autrement. Le lendemain, Passepartout ne vint point au coup de sonnette de Mr. Fogg.

Ce que pensa l'honorable gentleman en apprenant que son domestique n'était pas rentré à l'hôtel, nul n'aurait pu le dire. Mr. Fogg se contenta de prendre son sac, fit prévenir Mrs. Aouda, et envoya chercher un palanquin.

Il était alors huit heures, et la pleine mer, dont le *Carnatic* devait profiter pour sortir des passes, était indiquée pour neuf heures et demie.

Lorsque le palanquin fut arrivé à la porte de l'hôtel, Mr. Fogg et Mrs. Aouda montèrent dans ce confortable véhicule, et les bagages suivirent derrière sur une brouette.

Une demi-heure plus tard, les voyageurs descendaient sur le quai d'embarquement, et là Mr. Fogg apprenait que le *Carnatic* était parti depuis la veille.

Mr. Fogg, qui comptait trouver, à la fois, et le paquebot et son domestique, en était réduit à se passer de
l'un et de l'autre. Mais aucune marque de désappointement ne parut sur son visage, et comme Mrs. Aouda le
regardait avec inquiétude, il se contenta de répondre :

« C'est un incident, madame, rien de plus. »

En ce moment, un personnage qui l'observait avec
attention s'approcha de lui. C'était l'inspecteur Fix, qui
le salua et lui dit :

« N'êtes-vous pas comme moi, monsieur, un des passagers du *Rangoon,* arrivé hier?

— Oui, monsieur, répondit froidement Mr. Fogg,
mais je n'ai pas l'honneur...

— Pardonnez-moi, mais je croyais trouver ici votre
domestique.

— Savez-vous où il est, monsieur? demanda vivement
la jeune femme.

— Quoi! répondit Fix, feignant la surprise, n'est-il
pas avec vous?

— Non, répondit Mrs. Aouda. Depuis hier, il n'a pas
reparu. Se serait-il embarqué sans nous à bord du *Carnatic?*

— Sans vous, madame?... répondit l'agent. Mais,
excusez ma question, vous comptiez donc partir sur ce
paquebot?

— Oui, monsieur.

— Moi aussi, madame, et vous me voyez très-désappointé. Le *Carnatic,* ayant terminé ses réparations, a
quitté Hong-Kong douze heures plus tôt sans prévenir

9.

personne, et maintenant il faudra attendre huit jours le prochain départ! »

En prononçant ces mots : « huit jours », Fix sentait son cœur bondir de joie. Huit jours ! Fogg retenu huit jours à Hong-Kong ! On aurait le temps de recevoir le mandat d'arrêt. Enfin, la chance se déclarait pour le représentant de la loi.

Que l'on juge donc du coup d'assommoir qu'il reçut, quand il entendit Phileas Fogg dire de sa voix calme :

« Mais il y a d'autres navires que le *Carnatic*, il me semble, dans le port de Hong-Kong. »

Et Mr. Fogg, offrant son bras à Mrs. Aouda, se dirigea vers les docks à la recherche d'un navire en partance.

Fix, abasourdi, suivait. On eût dit qu'un fil le rattachait à cet homme.

Toutefois, la chance sembla véritablement abandonner celui qu'elle avait si bien servi jusqu'alors. Phileas Fogg, pendant trois heures, parcourut le port en tous sens, décidé, s'il le fallait, à fréter un bâtiment pour le transporter à Yokohama ; mais il ne vit que des navires en chargement ou en déchargement, et qui, par conséquent, ne pouvaient appareiller. Fix se reprit à espérer.

Cependant Mr. Fogg ne se déconcertait pas, et il allait continuer ses recherches, dût-il pousser jusqu'à Macao, quand il fut accosté par un marin sur l'avant-port.

« Votre Honneur cherche un bateau? lui dit le marin en se découvrant.

— Vous avez un bateau prêt à partir? demanda
Mr. Fogg.

— Oui, Votre Honneur, un bateau-pilote, n° 43, le
meilleur de la flottille.

— Il marche bien?

— Entre huit et neuf milles, au plus près. Voulez-
vous le voir?

— Oui.

— Votre Honneur sera satisfait. Il s'agit d'une promenade en mer?

— Non. D'un voyage.

— Un voyage?

— Vous chargez-vous de me conduire à Yokohama?»

Le marin, à ces mots, demeura les bras ballants, les
yeux écarquillés.

« Votre Honneur veut rire? dit-il

— Non! j'ai manqué le départ du *Carnatic*, et il faut
que je sois le 14, au plus tard, à Yokohama, pour prendre
le paquebot de San-Francisco.

— Je le regrette, répondit le pilote, mais c'est impossible.

— Je vous offre cent livres (2,500 fr.) par jour, et une
prime de deux cents livres si j'arrive à temps.

— C'est sérieux? demanda le pilote.

— Très-sérieux, » répondit Mr. Fogg.

Le pilote s'était retiré à l'écart. Il regardait la mer,
évidemment combattu entre le désir de gagner une
somme énorme et la crainte de s'aventurer si loin. Fix
était dans des transes mortelles.

Pendant ce temps, Mr. Fogg s'était retourné vers Mrs. Aouda.

« Vous n'aurez pas peur, madame ? lui demanda-t-il.

— Avec vous, non, monsieur Fogg, » répondit la jeune femme.

Le pilote s'était de nouveau avancé vers le gentleman, et tournait son chapeau entre ses mains.

« Eh bien, pilote ? dit Mr. Fogg.

— Eh bien, Votre Honneur, répondit le pilote, je ne puis risquer ni mes hommes, ni moi, ni vous-même, dans une si longue traversée sur un bateau de vingt tonneaux à peine, et à cette époque de l'année. D'ailleurs, nous n'arriverions pas à temps, car il y a seize cent cinquante milles de Hong-Kong à Yoko-hama.

— Seize cents seulement, dit Mr. Fogg.

— C'est la même chose. »

Fix respira un bon coup d'air.

« Mais, ajouta le pilote, il y aurait peut-être moyen de s'arranger autrement. »

Fix ne respira plus.

« Comment ! demanda Phileas Fogg.

— En allant à Nagasaki, à l'extrémité sud du Japon, onze cents milles, ou seulement à Shangaï, à huit cents milles de Hong-Kong. Dans cette dernière traversée, on ne s'éloignerait pas de la côte chinoise, ce qui serait un grand avantage, d'autant plus que les courants y portent au nord.

— Pilote, répondit Phileas Fogg, c'est à Yokohama

que je dois prendre la malle américaine, et non à Shangaï ou à Nagasaki.

— Pourquoi pas? répondit le pilote. Le paquebot de San-Francisco ne part pas de Yokohama. Il fait escale à Yokohama et à Nagasaki, mais son port de départ est Shangaï.

— Vous êtes certain de ce que vous dites?

— Certain.

— Et quand le paquebot quitte-t-il Shangaï?

— Le 11, à sept heures du soir. Nous avons donc quatre jours devant nous. Quatre jours, c'est quatre-vingt-seize heures, et avec une moyenne de huit milles à l'heure, si nous sommes bien servis, si le vent tient au sud-est, si la mer est calme, nous pouvons enlever les huit cents milles qui nous séparent de Shangaï.

— Et vous pourriez partir?...

— Dans une heure. Le temps d'acheter des vivres et d'appareiller.

— Affaire convenue.... Vous êtes le patron du bateau?

— Oui, John Bunsby, patron de la *Tankadère*.

— Voulez-vous des arrhes?

— Si cela ne désoblige pas Votre Honneur.

— Voici deux cents livres à-compte.... Monsieur, ajouta Phileas Fogg en se retournant vers Fix, si vous voulez profiter...

— Monsieur, répondit résolûment Fix, j'allais vous demander cette faveur.

— Bien. Dans une demi-heure nous serons à bord.

— Mais ce pauvre garçon... dit Mrs. Aouda, que la disparition de Passepartout préoccupait extrêmement.

— Je vais faire pour lui tout ce que je puis faire, » répondit Phileas Fogg.

Et, tandis que Fix, nerveux, fiévreux, rageant, se rendait au bateau-pilote, tous deux se dirigèrent vers les bureaux de la police de Hong-Kong. Là, Phileas Fogg donna le signalement de Passepartout, et laissa une somme suffisante pour le rapatrier. Même formalité fut remplie chez l'agent consulaire français, et le palanquin, après avoir touché à l'hôtel, où les bagages furent pris, ramena les voyageurs à l'avant-port.

Trois heures sonnaient. Le bateau-pilote n° 43, son équipage à bord, ses vivres embarqués, était prêt à appareiller.

C'était une charmante petite goëlette de vingt tonneaux que la *Tankadère*, bien pincée de l'avant, très-dégagée dans ses façons, très-allongée dans ses lignes d'eau. On eût dit un yacht de course. Ses cuivres brillants, ses ferrures galvanisées, son pont blanc comme de l'ivoire, indiquaient que le patron John Bunsby s'entendait à la tenir en bon état. Ses deux mâts s'inclinaient un peu sur l'arrière. Elle portait brigantine, misaine, trinquette, focs, flèches, et pouvait gréer une fortune pour le vent arrière. Elle devait merveilleusement marcher, et, de fait, elle avait déjà gagné plusieurs prix dans les « matches » de bateaux-pilotes.

L'équipage de la *Tankadère* se composait du patron John Bunsby et de quatre hommes. C'étaient de ces hardis marins qui, par tous les temps, s'aventurent à la recherche des navires, et connaissent admirablement ces mers. John Bunsby, un homme de quarante-cinq ans environ, vigoureux, noir de hâle, le regard vif, la figure énergique, bien d'aplomb, bien à son affaire, eût inspiré confiance aux plus craintifs.

Phileas Fogg et Mrs. Aouda passèrent à bord. Fix s'y trouvait déjà. Par le capot d'arrière de la goëlette, on descendait dans une chambre carrée, dont les parois s'évidaient en forme de cadres, au-dessus d'un divan circulaire. Au milieu, une table éclairée par une lampe de roulis. C'était petit, mais propre.

« Je regrette de n'avoir pas mieux à vous offrir, » dit Mr. Fogg à Fix, qui s'inclina sans répondre.

L'inspecteur de police éprouvait comme une sorte d'humiliation à profiter ainsi des obligeances du sieur Fogg.

« A coup sûr, pensait-il, c'est un coquin fort poli, mais c'est un coquin ! »

A trois heures dix minutes, les voiles furent hissées. Le pavillon d'Angleterre battait à la corne de la goëlette. Les passagers étaient assis sur le pont. Mr. Fogg et Mrs. Aouda jetèrent un dernier regard sur le quai, afin de voir si Passepartout n'apparaîtrait pas.

Fix n'était pas sans appréhension, car le hasard aurait pu conduire en cet endroit même le malheureux garçon qu'il avait si indignement traité, et alors une explication eût éclaté, dont le détective ne se fût pas tiré à son avantage. Mais le Français ne se montra pas, et, sans doute, l'abrutissant narcotique le tenait encore sous son influence.

Enfin, le patron John Bunsby passa au large, et la *Tankadère*, prenant le vent sous sa brigantine, sa misaine et ses focs, s'élança en bondissant sur les flots.

XXI

OU LE PATRON DE LA « TANKADÈRE » RISQUE FORT DE PERDRE UNE PRIME DE DEUX CENTS LIVRES.

C'était une aventureuse expédition que cette navigation de huit cents milles, sur une embarcation de vingt tonneaux, et surtout à cette époque de l'année. Elles sont généralement mauvaises, ces mers de la Chine, exposées à des coups de vent terribles, principalement pendant les équinoxes, et on était encore aux premiers jours de novembre.

C'eût été, bien évidemment, l'avantage du pilote de conduire ses passagers jusqu'à Yokohama, puisqu'il était payé tant par jour. Mais son imprudence aurait été grande de tenter une telle traversée dans ces conditions, et c'était déjà faire acte d'audace, sinon de témérité, que de remonter jusqu'à Shangaï. Mais John Bunsby avait confiance en sa *Tankadère*, qui s'élevait à la lame comme une mauve, et peut-être n'avait-il pas tort.

Pendant les dernières heures de cette journée, la *Tan-kadère* navigua dans les passes capricieuses de Hong-Kong, et sous toutes les allures, au plus près ou vent arrière, elle se comporta admirablement.

« Je n'ai pas besoin, pilote, dit Phileas Fogg au moment où la goëlette donnait en pleine mer, de vous recommander toute la diligence possible.

— Que Votre Honneur s'en rapporte à moi, répondit John Bunsby. En fait de voiles, nous portons tout ce que le vent permet de porter. Nos flèches n'y ajouteraient rien, et ne serviraient qu'à assommer l'embarcation en nuisant à sa marche.

— C'est votre métier, et non le mien, pilote, et je me fie à vous. »

Phileas Fogg, le corps droit, les jambes écartées, d'aplomb comme un marin, regardait sans broncher la mer houleuse. La jeune femme, assise à l'arrière, se sentait émue en contemplant cet Océan, assombri déjà par le crépuscule, qu'elle bravait sur une frêle embarcation. Au-dessus de sa tête se déployaient les voiles blanches, qui l'emportaient dans l'espace comme de grandes ailes. La goëlette, soulevée par le vent, semblait voler dans l'air.

La nuit vint. La lune entrait dans son premier quartier, et son insuffisante lumière devait s'éteindre bientôt dans les brumes de l'horizon. Des nuages chassaient de l'est et envahissaient déjà une partie du ciel.

Le pilote avait disposé ses feux de position, — précaution indispensable à prendre dans ces mers très-fréquen-

tées aux approches des atterrages. Les rencontres de navires n'y étaient pas rares, et, avec la vitesse dont elle
était animée, la goëlette se fût brisée au moindre choc.

Fix rêvait à l'avant de l'embarcation. Il se tenait à l'é-
cart, sachant Fogg d'un naturel peu causeur. D'ailleurs,
il lui répugnait de parler à cet homme, dont il acceptait
les services. Il songeait aussi à l'avenir. Cela lui paraissait
certain que le sieur Fogg ne s'arrêterait pas à Yokohama,
qu'il prendrait immédiatement le paquebot de San-Francisco afin d'atteindre l'Amérique, dont la vaste étendue
lui assurerait l'impunité avec la sécurité. Le plan de
Phileas Fogg lui semblait on ne peut plus simple.

Au lieu de s'embarquer en Angleterre pour les États-
Unis, comme un coquin vulgaire, ce Fogg avait fait le
grand tour et traversé les trois quarts du globe, afin de
gagner plus sûrement le continent américain, où il man-
gerait tranquillement le million de la Banque, après
avoir dépisté la police. Mais une fois sur la terre de l'U-
nion, que ferait Fix? Abandonnerait-il cet homme? Non,
cent fois non! et jusqu'à ce qu'il eût obtenu un acte d'extradition, il ne le quitterait pas d'une semelle. C'était
son devoir, et il l'accomplirait jusqu'au bout. En tout
cas, une circonstance heureuse s'était produite : Passepartout n'était plus auprès de son maître, et surtout,
après les confidences de Fix, il était important que le
maître et le serviteur ne se revissent jamais.

Phileas Fogg, lui, n'était pas non plus sans songer à
son domestique, si singulièrement disparu. Toutes réflexions faites, il ne lui sembla pas impossible que, par

suite d'un malentendu, le pauvre garçon ne se fût em·
barqué sur le *Carnatic*, au dernier moment. C'était aussi
l'opinion de Mrs. Aouda, qui regrettait profondément
cet honnête serviteur, auquel elle devait tant. Il pouvait
donc se faire qu'on le retrouvât à Yokohama, et, si le
Carnatic l'y avait transporté, il serait aisé de le savoir.

Vers dix heures, la brise vint à fraîchir. Peut-être
eût-il été prudent de prendre un ris, mais le pilote, après
avoir soigneusement observé l'état du ciel, laissa la voiture telle qu'elle était établie. D'ailleurs, la *Tankadère*
portait admirablement la toile, ayant un grand tirant
d'eau, et tout était paré à amener rapidement, en cas de
grain.

A minuit, Phileas Fogg et Mrs. Aouda descendirent
dans la cabine. Fix les y avait précédés, et s'était étendu
sur l'un des cadres. Quant au pilote et à ses hommes,
ils demeurèrent toute la nuit sur le pont.

Le lendemain, 8 novembre, au lever du soleil, la
goëlette avait fait plus de cent milles. Le loch, souvent
jeté, indiquait que la moyenne de sa vitesse était entre
huit et neuf milles. La *Tankadère* avait du largue dans
ses voiles qui portaient toutes, et elle obtenait, sous
cette allure, son maximum de rapidité. Si le vent tenait
dans ces conditions, les chances étaient pour elle.

La *Tankadère*, pendant toute cette journée, ne s'éloi-
gna pas sensiblement de la côte, dont les courants lui
étaient favorables. Elle l'avait à cinq milles au plus par
sa hanche de bâbord, et cette côte, irrégulièrement pro-
filée, apparaissait parfois à travers quelques éclaircies.

Le vent venant de terre, la mer était moins forte par là même : circonstance heureuse pour la goëlette, car les embarcations d'un petit tonnage souffrent surtout de la houle qui rompt leur vitesse, qui « les tue », pour employer l'expression maritime.

Vers midi, la brise mollit un peu et hâla le sud-est. Le pilote fit établir les flèches ; mais au bout de deux heures, il fallut les amener, car le vent fraîchissait à nouveau.

Mr. Fogg et la jeune femme, fort heureusement réfractaires au mal de mer, mangèrent avec appétit les conserves et le biscuit du bord. Fix fut invité à partager leur repas et dut accepter, sachant bien qu'il est aussi nécessaire de lester les estomacs que les bateaux, mais cela le vexait ! Voyager aux frais de cet homme, se nourrir de ses propres vivres, il trouvait à cela quelque chose de peu loyal. Il mangea cependant, — sur le pouce, il est vrai, — mais enfin il mangea.

Toutefois, ce repas terminé, il crut devoir prendre le sieur Fogg à part, et il lui dit :

« Monsieur... »

Ce « monsieur » lui écorchait les lèvres, et il se retenait pour ne pas mettre la main au collet de ce « monsieur ! »

« Monsieur, vous avez été fort obligeant en m'offrant passage à votre bord. Mais, bien que mes ressources ne me permettent pas d'agir aussi largement que vous, j'entends payer ma part...

— Ne parlons pas de cela, monsieur, répondit Mr. Fogg.

— Mais, si, je tiens...

— Non, monsieur, répéta Fogg d'un ton qui n'admettait pas de réplique. Cela entre dans les frais généraux ! »

Fix s'inclina, il étouffait, et, allant s'étendre sur
l'avant de la goëlette, il ne dit plus un mot de la
journée.

Cependant on filait rapidement. John Bunsby avait
bon espoir. Plusieurs fois il dit à Mr. Fogg qu'on arriverait en temps voulu à Shangaï. Mr. Fogg répondit simplement qu'il y comptait. D'ailleurs, tout l'équipage de
la petite goëlette y mettait du zèle. La prime affriolait
ces braves gens. Aussi, pas une écoute qui ne fût
consciencieusement raidie! Pas une voile qui ne fût
vigoureusement étarquée! Pas une embardée que l'on
pût reprocher à l'homme de barre! On n'eût pas
manœuvré plus sévèrement dans une régate du Royal-
Yacht-Club.

Le soir, le pilote avait relevé au loch un parcours de
deux cent vingt milles depuis Hong-Kong, et Phileas
Fogg pouvait espérer qu'en arrivant à Yokohama, il
n'aurait aucun retard à inscrire à son programme. Ainsi
donc, le premier contre-temps sérieux qu'il eût éprouvé
depuis son départ de Londres ne lui causerait probablement aucun préjudice.

Pendant la nuit, vers les premières heures du matin,
la *Tankadère* entrait franchement dans le détroit de Fo-
Kien, qui sépare la grande île Formose de la côte chinoise, et elle coupait le tropique du Cancer. La mer

était très-dure dans ce détroit, plein de remous formés par les contre-courants. La goëlette fatigua beaucoup. Les lames courtes brisaient sa marche. Il devint très-difficile de se tenir debout sur le pont.

Avec le lever du jour, le vent fraîchit encore. Il y avait dans le ciel l'apparence d'un coup de vent. Du reste, le baromètre annonçait un changement prochain de l'atmosphère; sa marche diurne était irrégulière, et le mercure oscillait capricieusement. On voyait aussi la mer se soulever vers le sud-est en longues houles « qui sentaient la tempête ». La veille, le soleil s'était couché dans une brume rouge, au milieu des scintillations phosphorescentes de l'Océan.

Le pilote examina longtemps ce mauvais aspect du ciel et murmura entre ses dents des choses peu intelligibles. A un certain moment, se trouvant près de son passager :

« On peut tout dire à Votre Honneur ? dit-il à voix basse.

— Tout, répondit Phileas Fogg.

— Eh bien, nous allons avoir un coup de vent.

— Viendra-t-il du nord ou du sud ? demanda simplement Mr. Fogg.

— Du sud. Voyez. C'est un typhon qui se prépare !

— Va pour le typhon du sud, puisqu'il nous poussera du bon côté, répondit Mr. Fogg.

— Si vous le prenez comme cela ! répliqua le pilote, je n'ai plus rien à dire. »

Les pressentiments de John Bunsby ne le trompaient

pas. A une époque moins avancée de l'année, le typhon, suivant l'expression d'un célèbre météorologiste, se fût écoulé comme une cascade lumineuse de flammes électriques, mais, en équinoxe d'hiver, il était à craindre qu'il ne se déchaînât avec violence.

Le pilote prit ses précautions par avance. Il fit serrer toutes les voiles de la goëlette et amener les vergues sur le pont. Les mâts de flèche furent dépassés. On rentra le bout-dehors. Les panneaux furent condamnés avec soin. Pas une goutte d'eau ne pouvait, dès lors, pénétrer dans la coque de l'embarcation. Une seule voile triangulaire, un tourmentin de forte toile, fut hissé en guise de trinquette, de manière à maintenir la goëlette vent arrière. Et on attendit.

John Bunsby avait engagé ses passagers à descendre dans la cabine; mais, dans un étroit espace, à peu près privé d'air, et par les secousses de la houle, cet emprisonnement n'avait rien d'agréable. Ni Mr. Fogg, ni Mrs. Aouda, ni Fix lui-même, ne consentirent à quitter le pont.

Vers huit heures, la bourrasque de pluie et de rafale tomba à bord. Rien qu'avec son petit morceau de toile, la *Tankadère* fut enlevée comme une plume par ce vent dont on ne saurait donner une idée exacte, quand il souffle en tempête. Comparer sa vitesse à la quadruple vitesse d'une locomotive lancée à toute vapeur, ce serait rester au-dessous de la vérité.

Pendant toute la journée, l'embarcation courut ainsi vers le nord, emportée par les lames monstrueuses, en

conservant heureusement une rapidité égale à la leur.
Vingt fois elle faillit être coiffée par une de ces montagnes d'eau qui se dressaient à l'arrière; mais un adroit
coup de barre, donné par le pilote, parait la catastrophe.
Les passagers étaient quelquefois couverts en grand par
les embruns qu'ils recevaient philosophiquement. Fix
maugréait sans doute, mais l'intrépide Aouda, les yeux
fixés sur son compagnon, dont elle ne pouvait qu'admi-
rer le sang-froid, se montrait digne de lui et bravait la
tourmente à ses côtés. Quant à Phileas Fogg, il semblait
que ce typhon fît partie de son programme.

Jusqu'alors la *Tankadère* avait toujours fait route au
nord; mais vers le soir, comme on pouvait le craindre,
le vent, tournant de trois quarts, hâla le nord-ouest. La
goëlette, prêtant alors le flanc à la lame, fut effroyable-
ment secouée. La mer la frappait avec une violence bien
faite pour effrayer, quand on ne sait pas avec quelle
solidité toutes les parties d'un bâtiment sont reliées
entre elles.

Avec la nuit, la tempête s'accentua encore. En voyant
l'obscurité se faire, et avec l'obscurité s'accroître la
tourmente, John Bunsby ressentit de vives inquiétudes.
Il se demanda s'il ne serait pas temps de relâcher, et il
consulta son équipage.

Ses hommes consultés, John Bunsby s'approcha de
Mr. Fogg, et lui dit :

« Je crois, Votre Honneur, que nous ferions bien de
gagner un des ports de la côte.

— Je le crois aussi, répondit Phileas Fogg.

— Ah ! fit le pilote, mais lequel ?

— Je n'en connais qu'un, répondit tranquillement Mr. Fogg.

— Et c'est !...

— Shangaï. »

Cette réponse, le pilote fut d'abord quelques instants sans comprendre ce qu'elle signifiait, ce qu'elle renfermait d'obstination et de ténacité. Puis il s'écria :

« Eh bien, oui ! Votre Honneur a raison. A Shangaï ! »

Et la direction de la *Tankadère* fut imperturbablement maintenue vers le nord.

Nuit vraiment terrible ! Ce fut un miracle si la petite goëlette ne chavira pas. Deux fois elle fut engagée, et tout aurait été enlevé à bord, si les saisines eussent manqué. Mrs. Aouda était brisée mais elle ne fit pas entendre une plainte. Plus d'une fois Mr. Frogg dut se précipiter vers elle pour la protéger contre la violence des lames.

Le jour reparut. La tempête se déchaînait encore avec une extrême fureur. Toutefois, le vent retomba dans le sud-est. C'était une modification favorable, et la *Tankadère* fit de nouveau route sur cette mer démontée, dont les lames se heurtaient alors à celles que provoquait la nouvelle aire du vent. De là un choc de contre-houles qui eût écrasé une embarcation moins solidement construite.

De temps en temps on apercevait la côte à travers les brumes déchirées, mais pas un navire en vue. La *Tankadère* était seule à tenir la mer.

10

A midi, il y eut quelques symptômes d'accalmie, qui, avec l'abaissement du soleil sur l'horizon, se prononcè- rent plus nettement.

Le peu de durée de la tempête tenait à sa violence même. Les passagers, absolument brisés, purent man- ger un peu et prendre quelque repos.

La nuit fut relativement paisible. Le pilote fit rétablir ses voiles au bas ris. La vitesse de l'embarcation fut considérable. Le lendemain, 11, au lever du jour, re- connaissance faite de la côte, John Bunsby put affirmer qu'on n'était pas à cent milles de Shangaï.

Cent milles, et il ne restait plus que cette journée pour les faire! C'était le soir même que Mr. Fogg devait arriver à Shangaï, s'il ne voulait pas manquer le départ du paquebot de Yokohama. Sans cette tempête, pendant laquelle il perdit plusieurs heures, il n'eût pas été en ce moment à trente milles du port.

La brise mollissait sensiblement, mais heureusement la mer tombait avec elle. La goëlette se couvrit de toile. Flèches, voiles d'étais, contre-foc, tout portait, et la mer écumait sous l'étrave.

A midi, la *Tankadère* n'était pas à plus de quarante- cinq milles de Shangaï. Il lui restait six heures encore pour gagner ce port avant le départ du paquebot de Yokohama.

Les craintes furent vives à bord. On voulait arriver à tout prix. Tous — Phileas Fogg excepté sans doute — sentaient leur cœur battre d'impatience. Il fallait que la petite goëlette se maintînt dans une moyenne de neuf milles à l'heure, et le vent mollissait toujours! C'était une brise irrégulière, des bouffées capricieuses venant de la côte. Elles passaient, et la mer se déridait aussitôt après leur passage.

Cependant l'embarcation était si légère, ses voiles hautes, d'un fin tissu, ramassaient si bien les folles brises, que, le courant aidant, à six heures, John Bunsby ne comptait plus que dix milles jusqu'à la rivière de Shangaï, car la ville elle-même est située à une distance de douze milles au moins au-dessus de l'embouchure.

A sept heures, on était encore à trois milles de Shangaï. Un formidable juron s'échappa des lèvres du pilote... La prime de deux cents livres allait évidemment lui échapper. Il regarda Mr. Fogg. Mr. Fogg était impassible, et cependant sa fortune entière se jouait à ce moment...

A ce moment aussi, un long fuseau noir, couronné d'un panache de fumée, apparut au ras de l'eau. C'était le paquebot américain, qui sortait à l'heure réglementaire.

« Malédiction! s'écria John Bunsby, qui repoussa la barre d'un bras désespéré.

— Des signaux! » dit simplement Phileas Fogg.

Un petit canon de bronze s'allongeait à l'avant de la *Tankadère*. Il servait à faire des signaux par les temps de brume.

Le canon fut chargé jusqu'à la gueule, mais au moment où le pilote allait appliquer un charbon ardent sur la lumière :

« Le pavillon en berne, » dit Mr. Fogg.

Le pavillon fut amené à mi-mât. C'était un signal de détresse, et l'on pouvait espérer que le paquebot américain, l'apercevant, modifierait un instant sa route pour rallier l'embarcation.

« Feu ! » dit Mr. Fogg.

Et la détonation du petit canon de bronze éclata dans l'air.

XXII

OU PASSEPARTOUT VOIT BIEN QUE, MÊME AUX ANTIPODES, IL EST PRUDENT D'AVOIR QUELQUE ARGENT DANS SA POCHE.

Le *Carnatic*, ayant quitté Hong-Kong, le 7 novembre, à six heures et demie du soir, se dirigeait à toute vapeur vers les terres du Japon. Il emportait un plein chargement de marchandises et de passagers. Deux cabines de l'arrière restaient inoccupées. C'étaient celles qui avaient été retenues pour le compte de Mr. Phileas Fogg.

Le lendemain matin, les hommes de l'avant pouvaient voir, non sans quelque surprise, un passager, l'œil à demi hébété, la démarche branlante, la tête ébouriffée, qui sortait du capot des secondes et venait en titubant s'asseoir sur une drôme.

Ce passager, c'était Passepartout en personne. Voici ce qui était arrivé.

Quelques instants après que Fix eut quitté la tabagie, deux garçons avaient enlevé Passepartout profondément endormi, et l'avaient couché sur le lit réservé aux fumeurs. Mais trois heures plus tard, Passepartout, poursuivi jusque dans ses cauchemars par une idée fixe, se réveillait et luttait contre l'action stupéfiante du narcotique. La pensée du devoir non accompli secouait sa torpeur. Il quittait ce lit d'ivrognes, et trébuchant, s'appuyant aux murailles, tombant et se relevant, mais toujours et irrésistiblement poussé par une sorte d'instinct, il sortait de la tabagie, criant comme dans un rêve : le *Carnatic! le Carnatic!*

Le paquebot était là fumant, prêt à partir. Passepartout n'avait que quelques pas à faire. Il s'élança sur le pont volant, il franchit la coupée et tomba inanimé à l'avant, au moment où le *Carnatic* larguait ses amarres.

Quelques matelots, en gens habitués à ces sortes de scènes, descendirent le pauvre garçon dans une cabine des secondes, et Passepartout ne se réveilla que le lendemain matin, à cent cinquante milles des terres de la Chine.

Voilà donc pourquoi, ce matin-là, Passepartout se trouvait sur le pont du *Carnatic,* et venait humer à pleines gorgées es fraîches brises de la mer. Cet air pur le dégrisa. Il commença à rassembler ses idées et n'y parvint pas sans peine. Mais, enfin, il se rappela les scènes de la veille, les confidences de Fix, la tabagie, etc.

« Il est évident, se dit-il, que j'ai été abominablement

10.

grisé! Que va dire Mr. Fogg? En tout cas, je n'ai pas manqué le bateau, et c'est le principal. »

Puis, songeant à Fix :

« Pour celui-là, se dit-il, j'espère bien que nous en sommes débarrassés, et qu'il n'a pas osé, après ce qu'il m'a proposé, nous suivre sur le *Carnatic*. Un inspecteur de police, un détective aux trousses de mon maître, accusé de ce vol commis à la Banque d'Angleterre! Allons donc! Mr. Fogg est un voleur comme je suis un assassin! »

Passepartout devait-il raconter ces choses à son maître? Convenait-il de lui apprendre le rôle joué par Fix dans cette affaire? Ne ferait-il pas mieux d'attendre son arrivée à Londres, pour lui dire qu'un agent de la police métropolitaine l'avait filé autour du monde, et pour en rire avec lui? Oui, sans doute. En tout cas, question à examiner. Le plus pressé, c'était de rejoindre Mr. Fogg et de lui faire agréer ses excuses pour cette inqualifiable conduite.

Passepartout se leva donc. La mer était houleuse, et le paquebot roulait fortement. Le digne garçon, aux jambes peu solides encore, gagna tant bien que mal l'arrière du navire.

Sur le pont, il ne vit personne qui ressemblât ni à son maître, ni à Mrs. Aouda.

« Bon, fit-il, Mrs. Aouda est encore couchée à cette heure. Quant à Mr. Fogg, il aura trouvé quelque joueur de whist, et suivant son habitude... »

Ce disant, Passepartout descendit au salon. Mr. Fogg

n'y était pas. Passepartout n'avait qu'une chose à faire:
c'était de demander au purser quelle cabine occupait
Mr. Fogg. Le purser lui répondit qu'il ne connaissait
aucun passager de ce nom.

« Pardonnez-moi, dit Passepartout en insistant. Il
s'agit d'un gentleman, grand, froid, peu communicatif,
accompagné d'une jeune dame...

— Nous n'avons pas de jeune dame à bord, répondit
le purser. Au surplus, voici la liste des passagers.
Vous pouvez la consulter. »

Passepartout consulta la liste.... Le nom de son
maître n'y figurait pas.

Il eut comme un éblouissement. Puis une idée lui
traversa le cerveau.

« Ah çà ! je suis bien sur le *Carnatic* ? s'écria-t-il.

— Oui, répondit le purser.

— En route pour Yokohama ?

— Parfaitement. »

Passepartout avait eu un instant cette crainte de s'être
trompé de navire ! Mais s'il était sur le *Carnatic*, il était
certain que son maître ne s'y trouvait pas.

Passepartout se laissa tomber sur un fauteuil. C'était
un coup de foudre. Et, soudain, la lumière se fit en
lui. Il se rappela que l'heure du départ du *Carnatic* avait
été avancée, qu'il devait prévenir son maître, et qu'il ne
l'avait pas fait ! C'était donc sa faute si Mr. Fogg et
Mrs. Aouda avaient manqué ce départ !

Sa faute, oui, mais plus encore celle du traître qui,
pour le séparer de son maître, pour retenir celui-ci à

Hong-Kong, l'avait enivré ! Car il comprit enfin la manœuvre de l'inspecteur de police. Et maintenant, Mr. Fogg, à coup sûr ruiné, son pari perdu, arrêté, emprisonné peut-être !... Passepartout, à cette pensée, s'arracha les cheveux. Ah ! si jamais Fix lui tombait sous la main, quel règlement de comptes !

Enfin, après le premier moment d'accablement, Passepartout reprit son sang-froid et étudia la situation. Elle était peu enviable. Le Français se trouvait en route pour le Japon. Certain d'y arriver, comment en reviendrait-il ? Il avait la poche vide. Pas un shilling, pas un penny ! Toutefois, son passage et sa nourriture à bord étaient payés d'avance. Il avait donc cinq ou six jours devant lui pour prendre un parti. S'il mangea et but pendant cette traversée, cela ne saurait se décrire. Il mangea pour son maître, pour Mrs. Aouda et pour lui-même. Il mangea comme si le Japon, où il allait aborder, eût été un pays désert, dépourvu de toute substance comestible.

Le 13, à la marée du matin, le *Carnatic* entrait dans le port de Yokohama.

Ce point est une relâche importante du Pacifique, où font escale tous les steamers employés au service de la poste et des voyageurs entre l'Amérique du Nord, la Chine, le Japon et les îles de la Malaisie. Yokohama est située dans la baie même de Yeddo, à peu de distance de cette immense ville, seconde capitale de l'empire japonais, autrefois résidence du taïkoun, du temps que cet empereur civil existait, et rivale de Meako, la

grande cité qu'habite le mikado, empereur ecclésiastique, descendant des dieux.

Le *Carnatic* vint se ranger au quai de Yokohama,
près des jetées du port et des magasins de la douane,
au milieu de nombreux navires appartenant à toutes les
nations.

Passepartout mit le pied, sans aucun enthousiasme,
sur cette terre si curieuse des Fils du Soleil. Il n'avait
rien de mieux à faire que de prendre le hasard pour
guide, et d'aller à l'aventure par les rues de la ville.

Passepartout se trouva d'abord dans une cité absolument européenne, avec des maisons à basses façades,
ornées de vérandahs sous lesquelles se développaient
d'élégants péristyles, et qui couvrait de ses rues, de ses
places, de ses docks, de ses entrepôts, tout l'espace compris depuis le promontoire du Traité jusqu'à la rivière. Là,
comme à Hong-Kong, comme à Calcutta, fourmillait un
pêle-mêle de gens de toutes races, Américains, Anglais,
Chinois, Hollandais, marchands prêts à tout vendre et à
tout acheter, au milieu desquels le Français se trouvait
aussi étranger que s'il eût été jeté au pays des Hotten-
tots.

Passepartout avait bien une ressource : c'était de se
recommander près des agents consulaires français ou
anglais établis à Yokohama ; mais il lui répugnait de
raconter son histoire, si intimement mêlée à celle de
son maître, et avant d'en venir là, il voulait avoir épuisé
toutes les autres chances.

Donc, après avoir parcouru la partie européenne de

la ville, sans que le hasard l'eût en rien servi, il entra
dans la partie japonaise, décidé, s'il le fallait, à pousser
jusqu'à Yeddo.

Cette portion indigène de Yokohama est appelée
Benten, du nom d'une déesse de la mer, adorée sur les
îles voisines. Là se voyaient d'admirables allées de
sapins et de cèdres, des portes sacrées d'une architecture étrange, des ponts enfouis au milieu des bambous
et des roseaux, des temples abrités sous le couvert immense et mélancolique des cèdres séculaires, des bon-
zeries au fond desquelles végétaient les prêtres du
bouddhisme et les sectateurs de la religion de Confucius,
des rues interminables où l'on eût pu recueillir une
moisson d'enfants au teint rose et aux joues rouges,
petits bonshommes qu'on eût dit découpés dans quelque paravent indigène, et qui se jouaient au milieu de
caniches à jambes courtes et de chats jaunâtres, sans
queue, très-paresseux et très-caressants.

Dans les rues, ce n'était que fourmillement, va-et-
vient incessant : bonzes passant processionnellement
en frappant leurs tambourins monotones, yakounines,
officiers de douane ou de police, à chapeaux pointus
incrustés de laque et portant deux sabres à leur ceinture, soldats vêtus de cotonnades bleues à raies
blanches et armés du fusil à percussion, hommes
d'armes du mikado, ensachés dans leur pourpoint de
soie, avec haubert et cotte de mailles, et nombre d'autres militaires de toutes conditions, — car, au Japon, la
profession de soldat est autant estimée qu'elle est dédai-

gnée en Chine. Puis, des frères quêteurs, des pèlerins
en longues robes, de simples civils, chevelure lisse et
d'un noir d'ébène, tête grosse, buste long, jambes
grêles, taille peu élevée, teint coloré depuis les sombres
nuances du cuivre jusqu'au blanc mat, mais jamais
jaune comme celui des Chinois, dont les Japonais dif-
fèrent essentiellement. Enfin, entre les voitures, les
palanquins, les chevaux, les porteurs, les brouettes à
voile, les « norimons » à parois de laque, les « cangos »
moelleux, véritables litières en bambous, on voyait
circuler, à petits pas de leur petit pied, chaussé de souliers de toile, de sandales de paille ou de socques en
bois ouvragé, quelques femmes peu jolies, les yeux
bridés, la poitrine déprimée, les dents noircies au goût
du jour, mais portant avec élégance le vêtement na-
tional, le « kirimon », sorte de robe de chambre croisée
d'une écharpe de soie, dont la large ceinture s'épanouis-
sait derrière en un nœud extravagant, — que les mo-
dernes Parisiennes semblent avoir emprunté aux Japonaises.

Passepartout se promena pendant quelques heures
au milieu de cette foule bigarrée, regardant aussi les
curieuses et opulentes boutiques, les bazars où s'en-
tasse tout le clinquant de l'orfévrerie japonaise, les
« restaurations » ornées de banderoles et de bannières,
dans lesquelles il lui était interdit d'entrer, et ces maisons de thé où se boit à pleine tasse l'eau chaude odorante, avec le « saki », liqueur tirée du riz en fermenta-
tion, et ces confortables tabagies où l'on fume un tabac

très-fin, et non l'opium, dont l'usage est à peu près inconnu au Japon.

Puis Passepartout se trouva dans les champs, au milieu des immenses rizières. Là s'épanouissaient, avec des fleurs qui jetaient leurs dernières couleurs et leurs derniers parfums, des camélias éclatants, portés non plus sur des arbrisseaux, mais sur des arbres, et, dans les enclos de bambous, des cerisiers, des pruniers, des pommiers, que les indigènes cultivent plutôt pour leurs fleurs que pour leurs fruits, et que des mannequins grimaçants, des tourniquets criards défendent contre le bec des moineaux, des pigeons, des corbeaux et autres volatiles voraces. Pas de cèdre majestueux qui n'abritât quelque grand aigle; pas de saule pleureur qui ne recouvrît de son feuillage quelque héron, mélancoliquement perché sur une patte; enfin, partout des corneilles, des canards, des éperviers, des oies sauvages, et grand nombre de ces grues que les Japonais traitent de « Seigneuries », et qui symbolisent pour eux la longévité et le bonheur.

En errant ainsi, Passepartout aperçut quelques violettes entre les herbes :

« Bon ! dit-il, voilà mon souper. »

Mais les ayant senties, il ne leur trouva aucun parfum.

« Pas de chance ! » pensa-t-il.

Certes, l'honnête garçon avait, par prévision, aussi copieusement déjeuné qu'il avait pu avant de quitter le *Carnatic ;* mais après une journée de promenade, il

se sentit l'estomac très-creux. Il avait bien remarqué
que moutons, chèvres ou porcs, manquaient absolument
aux étalages des bouchers indigènes, et, comme il savait
que c'est un sacrilége de tuer les bœufs, uniquement
réservés aux besoins de l'agriculture, il en avait conclu
que la viande était rare au Japon. Il ne se trompait pas;
mais à défaut de viande de boucherie, son estomac se
fût fort accommodé des quartiers de sanglier ou de
daim, des perdrix ou des cailles, de la volaille ou du
poisson, dont les Japonais se nourrissent presque exclu-
sivement avec le produit des rizières. Mais il dut faire
contre fortune bon cœur, et remit au lendemain le soin
de pourvoir à sa nourriture.

La nuit vint. Passepartout rentra dans la ville indigène, et il erra dans les rues au milieu des lanternes
multicolores, regardant les groupes de baladins exécuter
leurs prestigieux exercices, et les astrologues en plein
vent qui amassaient la foule autour de leur lunette. Puis
il revit la rade, émaillée des feux de pêcheurs, qui atti-
raient le poisson à la lueur de résines enflammées.

Enfin les rues se dépeuplèrent. A la foule succédèrent les rondes des yakounines. Ces officiers, dans leurs
magnifiques costumes et au milieu de leur suite, res
semblaient à des ambassadeurs, et Passepartout ré
pétait plaisamment, chaque fois qu'il rencontrait quelque patrouille éblouissante :

« Allons, bon ! encore une ambassade japonaise qui
part pour l'Europe ! »

11

XXIII

DANS LEQUEL LE NEZ DE PASSEPARTOUT S'ALLONGE DÉMESURÉMENT.

Le lendemain, Passepartout, éreinté, affamé, se dit qu'il fallait manger à tout prix, et que le plus tôt serait le mieux. Il avait bien cette ressource de vendre sa montre, mais il fût plutôt mort de faim. C'était alors le cas ou jamais, pour ce brave garçon, d'utiliser la voix ʳte, sinon mélodieuse, dont la nature l'avait gratifié.

‹ . savait quelques refrains de France et d'Angleterre, et il résolut de les essayer. Les Japonais devaient certainement être amateurs de musique, puisque tout se fait chez eux aux sons des cymbales, du tam-tam et des tambours, et ils ne pouvaient qu'apprécier les talents d'un virtuose européen.

Mais peut-être était-il un peu matin pour organiser un concert, et les dilettanti, inopinément réveillés, n'auraient peut-être pas payé le chanteur en monnaie à l'effigie du mikado.

Passepartout se décida donc à attendre quelques heures; mais, tout en cheminant, il fit cette réflexion qu'il semblerait trop bien vêtu pour un artiste ambulant, et l'idée lui vint alors d'échanger ses vêtements contre une défroque plus en harmonie avec sa position. Cet échange devait, d'ailleurs, produire une soulte, qu'il pourrait immédiatement appliquer à satisfaire son appétit.

Cette résolution prise, restait à l'exécuter. Ce ne fut qu'après de longues recherches que Passepartout découvrit un brocanteur indigène, auquel il exposa sa demande. L'habit européen plut au brocanteur, et bientôt Passepartout sortait affublé d'une vieille robe japonaise et coiffé d'une sorte de turban à côtes, décoloré sous l'action du temps. Mais, en retour, quelques piécettes d'argent résonnaient dans sa poche.

« Bon, pensa-t-il, je me figurerai que nous sommes en carnaval! »

Le premier soin de Passepartout, ainsi « japonaisé », fut d'entrer dans une « tea-house » de modeste apparence, et là, d'un reste de volaille et de quelques poignées de riz, il déjeuna en homme pour qui le dîner serait encore un problème à résoudre.

« Maintenant, se dit-il quand il fut copieusement restauré, il s'agit de ne pas perdre la tête. Je n'ai plus la ressource de vendre cette défroque contre une autre encore plus japonaise. Il faut donc aviser au moyen de quitter le plus promptement possible ce pays du Soleil, dont je ne garderai qu'un lamentable souvenir! »

Passepartout songea alors à visiter les paquebots en partance pour l'Amérique. Il comptait s'offrir en qualité de cuisinier ou de domestique, ne demandant pour toute rétribution que le passage et la nourriture. Une fois à San-Francisco, il verrait à se tirer d'affaire. L'important, s'était de traverser ces quatre mille sept cents milles du

Pacifique qui s'étendent entre le Japon et le Nouveau-Monde.

Passepartout, n'étant point homme à laisser languir une idée, se dirigea vers le port de Yokohama. Mais à mesure qu'il s'approchait des docks, son projet, qui lui avait paru si simple au moment où il en avait eu l'idée, lui semblait de plus en plus inexécutable. Pourquoi aurait-on besoin d'un cuisinier o. d'un domestique à bord d'un paquebot américain, et quelle confiance inspirerait-il, affublé de la sorte? Quelles recommandations faire valoir? Quelles références indiquer?

Comme il réfléchissait ainsi, ses regards tombèrent sur une immense affiche qu'une sorte de clown promenait dans les rues de Yokohama. Cette affiche était ainsi libellée en anglais :

TROUPE JAPONAISE ACROBATIQUE
DE
L'HONORABLE WILLIAM BATULCAR

DERNIÈRES REPRÉSENTATIONS
Avant leur départ pour les États-Unis d'Amérique
DES
LONGS-NEZ-LONGS-NEZ
Sous l'invocation directe du dieu Tingou.
GRANDE ATTRACTION!

« Les États-Unis d'Amérique! s'écria Passepartout, voilà justement mon affaire !... »

Il suivit l'homme-affiche, et, à sa suite, il rentra bientôt dans la ville japonaise. Un quart d'heure plus tard, il s'arrêtait devant une vaste case, que couronnaient plusie... faisceaux de banderoles, et dont les parois extér... représentaient, sans perspective, mais en couleurs violentes, toute une bande de jongleurs.

C'était l'établissement de l'honorable Batulcar, sorte de Barnum américain, directeur d'une troupe de saltimbanques, jongleurs, clowns, acrobates, équilibristes, gymnastes, qui, suivant l'affiche, donnait ses dernières représentations avant de quitter l'empire du Soleil pour les États de l'Union.

Passepartout entra sous un péristyle qui précédait la case, et demanda Mr. Batulcar. Mr. Batulcar apparut en personne.

« Que voulez-vous ? dit-il à Passepartout, qu'il prit d'abord pour un indigène.

— Avez-vous besoin d'un domestique ? demanda Passepartout.

— Un domestique, s'écria le Barnum en caressant l'épaisse barbiche grise qui foisonnait sous son menton, j'en ai deux, obéissants, fidèles, qui ne m'ont jamais quitté, et qui me servent pour rien, à condition que je les nourrisse..... Et les voilà, ajouta-t-il en montrant ses deux bras robustes, sillonnés de veines grosses comme des cordes de contre-basse.

— Ainsi, je ne puis vous être bon à rien ?

— A rien.

— Diable ! ça m'aurait pourtant fort convenu de partir avec vous.

— Ah çà, dit l'honorable Batulcar, vous êtes Japonais comme je suis un singe! Pourquoi donc êtes-vous habillé de la sorte?

— On s'habille comme on peut!

— Vrai, cela. Vous êtes un Français, vous?

— Oui, un Parisien de Paris.

— Alors, vous devez savoir faire des grimaces?

— Ma foi, répondit Passepartout, vexé de voir sa nationalité provoquer cette demande, nous autres Français, nous savons faire des grimaces, c'est vrai, mais pas mieux que les Américains!

— Juste. Eh bien, si je ne vous prends pas comme domestique, je peux vous prendre comme clown. Vous comprenez, mon brave. En France, on exhibe des farceurs étrangers, et à l'étranger, des farceurs français!

— Ah!

— Vous êtes vigoureux, d'ailleurs?

— Surtout quand je sors de table.

— Et vous savez chanter?

— Oui, répondit Passepartout, qui avait autrefois fait sa partie dans quelques concerts de rue.

— Mais savez-vous chanter la tête en bas, avec une toupie tournante sur la plante du pied gauche, et un sabre en équilibre sur la plante du pied droit?

— Parbleu! répondit Passepartout, qui se rappelait les premiers exercices de son jeune âge.

— C'est que, voyez-vous, tout est là! » répondit l'honorable Batulcar.

L'engagement fut conclu *hic et nunc.*

Enfin, Passepartout avait trouvé une position. Il était engagé pour tout faire dans la célèbre troupe japonaise. C'était peu flatteur, mais avant huit jours il serait en route pour San-Francisco.

La représentation, annoncée à grand fracas par l'honorable Batulcar, devait commencer à trois heures, et bientôt les formidables instruments d'un orchestre japonais, tambours et tam-tams, tonnaient à la porte. On comprend bien que Passepartout n'avait pu étudier un rôle, mais il devait prêter l'appui de ses solides épaules dans le grand exercice de la « grappe humaine » exécuté par les Longs-Nez du dieu Tingou. Ce « great attraction » de la représentation devait clore la série des exercices.

Avant trois heures, les spectateurs avaient envahi la vaste case. Européens et indigènes, Chinois et Japonais, hommes, femmes et enfants, se précipitaient sur les étroites banquettes et dans les loges qui faisaient face à la scène. Les musiciens étaient rentré. à l'intérieur, et l'orchestre au complet, gongs, tam-tams, cliquettes, flûtes, tambourins et grosses caisses, opéraient avec fureur.

Cette représentation fut ce que sont toutes ces exhibitions d'acrobates. Mais il faut bien avouer que les Japonais sont les premiers équilibristes du monde. L'un, armé de son éventail et de petits morceaux de papier, exécutait l'exercice si gracieux des papillons et des fleurs. Un autre, avec la fumée odorante de sa pipe, traçait rapidement dans l'air une série de mots bleuâtres, qui formaient

un compliment à l'adresse de l'assemblée. Celui-ci jon-
glait avec des bougies allumées, qu'il éteignit successivement quand elles passèrent devant ses lèvres, et qu'il
ralluma l'une à l'autre sans interrompre un seul instant
sa prestigieuse jonglerie. Celui-là reproduisit, au moyen
de toupies tournantes, les plus invraisemblables combi-
naisons; sous sa main, ces ronflantes machines semblaient s'animer d'une vie propre dans leur interminable
giration; elles couraient sur des tuyaux de pipe, sur des
tranchants de sabre, sur des fils de fer, véritables cheveux tendus d'un côté de la scène à l'autre; elles faisaient
le tour de grands vases de cristal, elles gravissaient des
échelles de bambou, elles se dispersaient dans tous les
coins, produisant des effets harmoniques d'un étrange
caractère en combinant leurs tonalités diverses. Les
jongleurs jonglaient avec elles, et elles tournaient dans
l'air; ils les lançaient comme des volants, avec des ra-
quettes de bois, et elles tournaient toujours; ils les
fourraient dans leur poche, et quand ils les retiraient,
elles tournaient encore, — jusqu'au moment où un ressort détendu les faisait s'épanouir en gerbes d'artifice !

Inutile de décrire ici les prodigieux exercices des
acrobates et gymnastes de la troupe. Les tours de l'é-
chelle, de la perche, de la boule, des tonneaux, etc..
furent exécutés avec une précision remarquable. Mais le
principal attrait de la représentation était l'exhibition
de ces « Longs-Nez », étonnants équilibristes que l'Europe ne connaît pas encore.

Ces Longs-Nez forment une corporation particulière

placés sous l'invocation directe du dieu Tingou. Vêtus comme des héros du moyen âge, ils portaient une
splendide paire d'ailes à leurs épaules. Mais ce qui les
distinguait plus spécialement, c'était ce long nez dont
leur face était agrémentée, et surtout l'usage qu'ils en
faisaient. Ces nez n'étaient rien moins que des bambous,
longs de cinq, de six, de dix pieds, les uns droits, les
autres courbés, ceux-ci lisses, ceux-là verruqueux. Or,
c'était sur ces appendices, fixés d'une façon solide, que
s'opéraient tous leurs exercices d'équilibre. Une douzaine
de ces sectateurs du dieu Tingou se couchèrent sur le
dos, et leurs camarades vinrent s'ébattre sur leurs nez,
dressés comme des paratonnerres, sautant, voltigeant
de celui-ci à celui-là, et exécutant les tours les plus invraisemblables.

Pour terminer, on avait spécialement annoncé au public la pyramide humaine, dans laquelle une cinquantaine de Longs-Nez devaient figurer le « Char de Jaggernaut ». Mais au lieu de former cette pyramide en prenant
leurs épaules pour point d'appui, les artistes de l'honorable Batulcar ne devaient s'emmancher que par leur nez.
Or, l'un de ceux qui formaient la base du char avait
quitté la troupe, et comme il suffisait d'être vigoureux
et adroit, Passepartout avait été choisi pour le rem-
placer.

Certes, le digne garçon se sentit tout piteux, quand
— triste souvenir de sa jeunesse — il eut endossé son
costume du moyen âge, orné d'ailes multicolores, et
qu'un nez de six pieds lui eût été appliqué sur la face!

11.

Mais enfin, ce nez, c'était son gagne-pain, et il en prit son parti.

Passepartout entra en scène, et vint se ranger avec ceux de ses collègues qui devaient figurer la base du Char de Jaggernaut. Tous s'étendirent à terre, le nez dressé vers le ciel. Une seconde section d'équilibristes vint se poser sur ces longs appendices, une troisième s'étagea au-dessus, puis une quatrième, et sur ces nez qui ne se touchaient que par leur pointe, un monument humain s'éleva bientôt jusqu'aux frises du théâtre.

Or, les applaudissements redoublaient, et les instruments de l'orchestre éclataient comme autant de tonnerres, quand la pyramide s'ébranla, l'équilibre se rompit, un des nez de la base vint à manquer, et le monument s'écroula comme un château de cartes...

C'était la faute à Passepartout qui, abandonnant son poste, franchissant la rampe sans le secours de ses ailes, et grimpant à la galerie de droite, tombait aux pieds d'un spectateur en s'écriant :

« Ah ! mon maître ! mon maître !

— Vous ?

— Moi !

— Eh bien ! en ce cas, au paquebot, mon garçon !.. »

Mr. Fogg, Mrs. Aouda, qui l'accompagnait, Passepartout s'étaient précipités par les couloirs au dehors de la case. Mais, là, ils trouvèrent l'honorable Batulcar, furieux, qui réclamait des dommages-intérêts pour « la casse ». Phileas Fogg apaisa sa fureur en lui jetant une

poignée de bank-notes. Et, à six heures et demie, au moment où il allait partir, Mr. Fogg et Mrs. Aouda mettaient
le pied sur le paquebot américain, suivis de Passepartout, les ailes au dos, et sur la face ce nez de six pieds
qu'il n'avait pas encore pu arracher de son visage!

XXIV

PENDANT LEQUEL S'ACCOMPLIT LA TRAVERSÉE DE L'OCÉAN PACIFIQUE.

Ce qui était arrivé en vue de Shangaï, on le comprend.
Les signaux faits par la *Tankadère* avaient été aperçus
du paquebot de Yokohama. Le capitaine, voyant un pavillon en berne, s'était dirigé vers la petite goëlette.
Quelques instants après, Philéas Fogg, soldant son passage au prix convenu, mettait dans la poche du patron
John Bunsby cinq cent cinquante livres (14,750 francs).
Puis l'honorable gentleman, Mrs. Aouda et Fix étaient
montés à bord du steamer, qui avait aussitôt fait route
pour Nagasaki et Yokohama.

Arrivé le matin même, 14 novembre, à l'heure réglementaire, Philéas Fogg, laissant Fix aller à ses affaires,
s'était rendu à bord du *Carnatic*, et là il apprenait, à la
grande joie de Mrs. Aouda, — et peut-être à la sienne,
mais du moins il n'en laissa rien paraître, — que le

Français Passepartout était effectivement arrivé la veille à Yokohama.

Phileas Fogg, qui devait repartir le soir même pour San-Francisco, se mit immédiatement à la recherche de son domestique. Il s'adressa, mais en vain, aux agents consulaires français et anglais, et, après avoir inutilement parcouru les rues de Yokohama, il désespérait de retrouver Passepartout, quand le hasard, ou peut-être une sorte de pressentiment, le fit entrer dans la case de l'honorable Batulcar. Il n'eût certes point reconnu son serviteur sous cet excentrique accoutrement de héraut; mais celui-ci, dans sa position renversée, aperçut son maître à la galerie. Il ne put retenir un mouvement de son nez. De là rupture de l'équilibre, et ce qui s'ensuivit.

Voilà ce que Passepartout apprit de la bouche même de Mrs. Aouda, qui lui raconta alors comment s'était faite cette traversée de Hong-Kong à Yokohama, en compagnie d'un sieur Fix, sur la goëlette la *Tankadère*.

Au nom de Fix, Passepartout ne sourcilla pas. Il pensait que le moment n'était pas venu de dire à son maître ce qui s'était passé entre l'inspecteur de police et lui. Aussi, dans l'histoire que Passepartout fit de ses aventures, il s'accusa et s'excusa seulement d'avoir été surpris par l'ivresse de l'opium dans une tabagie de Yokohama.

Mr. Fogg écouta froidement ce récit, sans répondre ; puis il ouvrit à son domestique un crédit suffisant pour que celui-ci pût se procurer à bord des habits plus convenables Et, en effet, une heure ne s'était pas écoulée, que l'honnête garçon, ayant coupé son nez et rogné ses ailes, n'avait plus rien en lui qui rappelât le sectateur du dieu Tingou.

Le paquebot faisant la traversée de Yokohama à San-Francisco appartenait à la Compagnie du « Pacific Mail steam », et se nommait le *General-Grant*. C'était un vaste steamer à roues, jaugeant deux mille cinq cents tonnes, bien aménagé et doué d'une grande vitesse. Un énorme balancier s'élevait et s'abaissait successivement au-dessus du pont; à l'une de ses extrémités s'articulait la tige d'un piston, et à l'autre celle d'une bielle, qui, transformant le mouvement rectiligne en mouvement circulaire, s'appliquait directement à l'arbre des roues. Le *General-Grant* était gréé en trois-mâts goëlette, et il possédait une grande surface de voilure, qui aidait puissamment la vapeur. A filer ses douze milles à l'heure, le paquebot ne devait pas employer plus de vingt et un jours pour traverser le Pacifique. Phileas Fogg était donc autorisé à croire que, rendu le 2 décembre à San-Francisco, il serait le 11 à New-York et le 20 à Londres, — gagnant ainsi de quelques heures cette date fatale du 21 décembre.

Les passagers étaient assez nombreux à bord du steamer, des Anglais, beaucoup d'Américains, une véritable émigration de coolies pour l'Amérique, et un certain nombre d'officiers de l'armée des Indes, qui utilisaient leur congé en faisant le tour du monde.

Pendant cette traversée, il ne se produisit aucun incident nautique. Le paquebot, soutenu sur ses larges

roues, appuyé par sa forte voiture, roulait peu. L'océan
Pacifique justifiait assez son nom. Mr. Fogg était aussi
calme, aussi peu communicatif que d'ordinaire. Sa jeune
compagne se sentait de plus en plus attachée à cet homme
par d'autres liens que ceux de la reconnaissance. Cette
silencieuse nature, si généreuse en somme, l'impression-
nait plus qu'elle ne le croyait, et c'était presque à son
insu qu'elle se laissait aller à des sentiments dont l'énig-
matique Fogg ne semblait aucunement subir l'influence.

En outre, Mrs. Aouda s'intéressait prodigieusement
aux projets du gentleman. Elle s'inquiétait des contra-
riétés qui pouvaient compromettre le succès du voyage.
Souvent elle causait avec Passepartout, qui n'était point
sans lire entre les lignes dans le cœur de Mrs. Aouda. Ce
brave garçon avait, maintenant, à l'égard de son maître, la foi du charbonnier; il ne tarissait pas en éloges
sur l'honnêteté, la générosité, le dévouement de Phileas Fogg; puis il rassurait Mrs. Aouda sur l'issue du
voyage, répétant que le plus difficile était fait, que
l'on était sorti de ces pays fantastiques de la Chine et du
Japon, que l'on retournait aux contrées civilisées, et
enfin qu'un train de San-Francisco à New-York et un
transatlantique de New-York à Londres suffiraient, sans
doute, pour achever cet impossible tour du monde dans
les délais convenus.

Neuf jours après avoir quitté Yokohama, Phileas Fogg
avait exactement parcouru la moitié du globe terrestre.

En effet, le *General-Grant*, le 23 novembre, passait au
cent quatre-vingtième méridien, celui sur lequel se

trouvent, dans l'hémisphère austral, les antipodes de
Londres. Sur quatre-vingts jours mis à sa disposition,
Mr. Fogg, il est vrai, en avait employé cinquante-deux
et il ne lui en restait plus que vingt-huit à dépenser.
Mais il faut remarquer que si le gentleman se trouvait à
moitié route seulement « par la différence des méridiens, » il avait en réalité accompli plus des deux tiers
du parcours total. Quels détours forcés, en effet, de
Londres à Aden, d'Aden à Bombay, de Calcutta à Singapore, de Singapore à Yokohama ! A suivre circulaire-
ment le cinquantième parallèle, qui est celui de Londres,
la distance n'eût été que de douze mille milles environ,
tandis que Phileas Fogg était forcé, par les caprices des
moyens de locomotion, d'en parcourir vingt-six mille
dont il avait fait environ dix-sept mille cinq cents, à cette
date du 23 novembre. Mais maintenant la route était
droite, et Fix n'était plus là pour y accumuler les obstacles !

Il arriva aussi que, ce 23 novembre, Passepartout
éprouva une grande joie. On se rappelle que l'entêté
s'était obstiné à garder l'heure de Londres à sa fameuse
montre de famille, tenant pour fausses toutes les heures
des pays qu'il traversait. Or, ce jour-là, bien qu'il ne l'eût
jamais ni avancée ni retardée, sa montre se trouva d'accord avec les chronomètres du bord.

Si Passepartout triompha, cela se comprend de reste.
Il aurait bien voulu savoir ce que Fix aurait pu dire, s'il
eût été présent.

« Ce coquin qui me racontait un tas d'histoires sur les

méridiens, sur le soleil, sur la lune! répétait Passepartout. Hein! ces gens-là! Si on les écoutait, on ferait de
la belle horlogerie! J'étais bien sûr qu'un jour ou l'autre,
.e soleil se déciderait à se régler sur ma montre!... »

Passepartout ignorait ceci : c'est que si le cadran de
sa montre eût été divisé en vingt-quatre heures comme
les horloges italiennes, il n'aurait eu aucun motif de
triompher, car les aiguilles de son instrument, quand il
était neuf heures du matin à bord, auraient indiqué neuf
heures du soir, c'est-à-dire la vingt et unième heure depuis minuit, — différence précisément égale à celle qui
existe entre Londres et le cent quatre-vingtième méridien.

Mais si Fix avait été capable d'expliquer cet effet pure-
ment physique, Passepartout, sans doute, eût été incapable, sinon de le comprendre, du moins de l'admettre.
Et en tout cas, si, par impossible, l'inspecteur de police
se fût inopinément montré à bord en ce moment, il est
probable que Passepartout, à bon droit rancunier, eût
traité avec lui un sujet tout différent et d'une toute autre
manière.

Or, où était Fix en ce moment?...

Fix était précisément à bord du *General-Grant*.

En effet, en arrivant à Yokohama, l'agent, abandonnant Mr. Fogg qu'il comptait retrouver dans la journée,
s'était immédiatement rendu chez le consul anglais. Là,
il avait enfin trouvé le mandat, qui, courant après lui
depuis Bombay, avait déjà quarante jours de date, —
mandat qui lui avait été expédié de Hong-Kong par

ce même *Carnatic* à bord duquel on le croyait. Qu'on juge du désappointement du détective ! Le mandat devenait inutile ! Le sieur Fogg avait quitté les possessions anglaises ! Un acte d'extradition était maintenant nécessaire pour l'arrêter !

« Soit ! se dit Fix, après le premier moment de colère, mon mandat n'est plus bon ici, il le sera en Angleterre. Ce coquin a tout l'air de revenir dans sa patrie, croyant avoir dépisté la police. Bien. Je le suivrai jusque-là. Quant à l'argent, Dieu veuille qu'il en reste ! Mais en voyages, en primes, en procès, en amendes, en éléphants, en frais de toute sorte, mon homme a déjà laissé plus de cinq mille livres sur sa route. Après tout, la Banque est riche ! »

Son parti pris, il s'embarqua aussitôt sur le *General-Grant*. Il était à bord, quand Mr. Fogg et Mrs. Aouda y arrivèrent. A son extrême surprise, il reconnut Passepartout sous son costume de héraut. Il se cacha aussitôt dans sa cabine, afin d'éviter un explication qui pouvait tout compromettre,—et, grâce au nombre des passagers, il comptait bien n'être point aperçu de son ennemi, lorsque ce jour-là précisément il se trouva face à face avec lui sur l'avant du navire.

Passepartout sauta à la gorge de Fix, sans autre explication, et, au grand plaisir de certains Américains qui parièrent immédiatement pour lui, il administra au malheureux inspecteur une volée superbe, qui démontra la haute supériorité de la boxe française sur la boxe anglaise.

Quand Passepartout eut fini, il se trouva plus calme et comme soulagé. Fix se releva, en assez mauvais état, et, regardant son adversaire, il lui dit froidement:

« Est-ce fini ?

— Oui, pour l'instant.

— Alors venez me parler.

— Que je...

— Dans l'intérêt de votre maître. »

Passepartout, comme subjugué par ce sang-froid, suivit l'inspecteur de police, et tous deux s'assirent à l'avant du steamer.

« Vous m'avez rossé, dit Fix. Bien. Je m'y attendais. A présent, écoutez-moi. Jusqu'ici j'ai été l'adversaire de Mr. Fogg, mais maintenant je suis dans son jeu.

— Enfin ! s'écria Passepartout, vous le croyez un honnête homme ?

— Non, répondit froidement Fix, je le crois un coquin... Chut ! ne bougez pas et laissez-moi dire. Tant que Mr. Fogg a été sur les possessions anglaises, j'ai eu intérêt à le retenir en attendant un mandat d'arrestation. J'ai tout fait pour cela. J'ai lancé contre lui les prêtres de Bombay, je vous ai enivré à Hong-Kong, je vous ai séparé de votre maître, je lui ai fait manquer le paquebot de Yokohama... »

Passepartout écoutait, les poings fermés.

« Maintenant, reprit Fix, Mr. Fogg semble retourner en Angleterre ? Soit, je le suivrai jusque-là. Mais, désormais, je mettrai à écarter les obstacles de sa route autant de soin et de zèle que j'en ai mis jusqu'ici à les accumuler. Vous le voyez, mon jeu est changé, et il est changé parce que mon intérêt le veut. J'ajoute que votre intérêt est pareil au mien, car c'est en Angleterre seulement que vous saurez si vous êtes au·service d'un criminel ou d'un honnête homme! »

Passepartout avait très-attentivement écouté Fix, et il fut convaincu que Fix parlait avec une entière bonne foi.

« Sommes-nous amis? demanda Fix.

— Amis, non, répondit Passepartout. Alliés, oui, et sous bénéfice d'inventaire, car, à la moindre apparence de trahison, je vous tords le cou.

— Convenu, » dit tranquillement l'inspecteur de police.

Onze jours après, le 3 décembre, le *General-Grant* entrait dans la baie de la Porte-d'Or et arrivait à San-Francisco.

Mr. Fogg n'avait encore ni gagné ni perdu un seul jour.

XXV

OU L'ON DONNE UN LÉGER APERÇU DE SAN-FRANCISCO, UN JOUR DE MEETING.

Il était sept heures du matin, quand Phileas Fogg, Mrs. Aouda et Passepartout prirent pied sur le continent américain, — si toutefois on peut donner ce nom au

quai flottant sur lequel ils débarquèrent. Ces quais,
montant et descendant avec la marée, facilitent le chargement et le déchargement des navires. Là s'embossent
les clippers de toutes dimensions, les steamers de toutes
nationalités, et ces steam-boats à plusieurs étages, qui
font le service du Sacramento et de ses affluents. Là
s'entassent aussi les produits d'un commerce qui s'étend
au Mexique, au Pérou, au Chili, au Brésil, à l'Europe, à
l'Asie, à toutes les îles de l'océan Pacifique.

Passepartout, dans sa joie de toucher enfin la terre
américaine, avait cru devoir opérer son débarquement
en exécutant un saut périlleux du plus beau style. Mais
quand il retomba sur le quai dont le plancher était ver-
moulu, il faillit passer au travers. Tout décontenancé de
la façon dont il avait « pris pied » sur le nouveau continent, l'honnête garçon poussa un cri formidable, qui fit
envoler une innombrable troupe de cormorans et de pé-
licans, hôtes habituels des quais mobiles.

Mr. Fogg, aussitôt débarqué, s'informa de l'heure à
laquelle partait le premier train pour New-York. C'était
à six heures du soir. Mr. Fogg avait donc une journée
entière à dépenser dans la capitale californienne. Il fit
venir une voiture pour Mrs. Aouda et pour lui. Passepartout monta sur le siége, et le véhicule, à trois dollars
la course, se dirigea vers International-Hôtel.

De la place élevée qu'il occupait, Passepartout observait avec curiosité la grande ville américaine : larges
rues, maisons basses bien alignées, églises et temples
d'un gothique anglo-saxon, docks immenses, entrepôts

comme des palais, les uns en bois, les autres en briques ;
dans les rues, voitures nombreuses, omnibus, " cars "
de tramways, et sur les trottoirs encombrés, non-seulement des Américains et des Européens, mais aussi des
Chinois et des Indiens, — enfin de quoi composer une
population de plus de deux cent mille habitants.

Passepartout fut assez surpris de ce qu'il voyait. Il en
était encore à la cité légendaire de 1849, à la ville des
bandits, des incendiaires et des assassins, accourus à la
conquête des pépites, immense capharnaüm de tous
les déclassés, où l'on jouait la poudre d'or, un revolver d'une main et un couteau de l'autre. Mais « ce
beau temps » était passé. San-Francisco présentait l'aspect d'une grande ville commerçante. La haute tour de
l'hôtel de ville, où veillent les guetteurs, dominait tout
cet ensemble de rues et d'avenues, se coupant à angles
droits, entre lesquels s'épanouissaient des squares verdoyants, puis une ville chinoise qui semblait avoir été
importée du Céleste Empire dans une boîte à joujoux.
Plus de sombreros, plus de chemises rouges à la mode
des coureurs de placers, plus d'Indiens emplumés, mais
des chapeaux de soie et des habits noirs, que portaient
un grand nombre de gentlemen doués d'une activité
dévorante. Certaines rues, entre autres Montgommery-
street, — le Régent-street de Londres, le boulevard des
Italiens de Paris, le Broodway de New-York, — étaient
bordées de magasins splendides, qui offraient à leur
étalage les produits du monde entier.

Lorsque Passepartout arriva à International-Hôtel,

il ne lui semblait pas qu'il eût quitté l'Angleterre.

Le rez-de-chaussée de l'hôtel était occupé par un immense « bar », sorte de buffet ouvert *gratis* à tout passant. Viande sèche, soupe aux huîtres, biscuit et chester, s'y débitaient sans que le consommateur eût à délier sa bourse. Il ne payait que sa boisson, ale, porto ou xérès, si sa fantaisie le portait à se rafraîchir. Cela parut « très-américain » à Passepartout.

Le restaurant de l'hôtel était confortable. Mr. Fogg et Mrs. Aouda s'installèrent devant une table et furent abondamment servis dans des plats lilliputiens par des nègres du plus beau noir.

Après déjeuner, Phileas Fogg, accompagné de Mrs. Aouda, quitta l'hôtel pour se rendre aux bureaux du consul anglais afin d'y faire viser son passe-port. Sur le trottoir, il trouva son domestique, qui lui demanda si, avant de prendre le chemin de fer du Pacifique, il ne serait pas prudent d'acheter quelques douzaines de carabines Enfield ou de revolvers Colt. Passepartout avait entendu parler de Sioux et de Pawnies, qui arrêtent les trains comme de simples voleurs espagnols. Mr. Fogg répondit que c'était là une précaution inutile, mais il le laissa libre d'agir comme il lui conviendrait. Puis il se dirigea vers les bureaux de l'agent consulaire.

Phileas Fogg n'avait pas fait deux cents pas que, « par le plus grand des hasards, » il rencontrait Fix. L'inspecteur se montra extrêmement surpris. Comment ! Mr. Fogg et lui avaient fait ensemble la traversée du Pacifique, et ils ne s'étaient pas rencontrés à bord ! En tout cas, Fix ne pouvait être qu'honoré de revoir le gentleman auquel il devait tant, et, ses affaires le rappelant en Europe, il serait enchanté de poursuivre son voyage en une si agréable compagnie.

Mr. Fogg répondit que l'honneur serait pour lui, et Fix — qui tenait à ne point le perdre de vue — lui demanda la permission de visiter avec lui cette curieuse ville de San-Francisco. Ce qui fut accordé.

Voici donc Mrs. Aouda, Phileas Fogg et Fix flânant par les rues. Ils se trouvèrent bientôt dans Montgommery-street, où l'affluence du populaire était énorme. Sur les trottoirs, au milieu de la chaussée, sur les rails des tramways, malgré le passage incessant des coaches et des omnibus, au seuil des boutiques, aux fenêtres de toutes les maisons, et même jusque sur les toits, foule innombrable. Des hommes-affiches circulaient au milieu des groupes. Des bannières et des banderoles flottaient au vent. Des cris éclataient de toutes parts.

« Hurrah pour Kamerfield !

— Hurrah pour Mandiboy ! »

C'était un meeting. Ce fut du moins la pensée de Fix, et il communiqua son idée à Mr. Fogg, en ajoutant :

« Nous ferons peut-être bien, monsieur, de ne point ous mêler à cette cohue. Il n'y a que de mauvais coups à recevoir.

— En effet, répondit Phileas Fogg, et les coups de poing, pour être politiques, n'en sont pas moins des coups de poing ! »

Fix crut devoir sourire en entendant cette observation.

et, afin de voir sans être pris dans la bagarre, Mrs. Aouda, Phileas Fogg et lui prirent place sur le palier supérieur d'un escalier que desservait une terrasse, située en contre-haut de Mongommery-street. Devant eux, de l'autre côté de la rue, entre le wharf d'un marchand de charbon et le magasin d'un négociant en pétrole, se développait un large bureau en plein vent, vers lequel les divers courants de la foule semblaient converger.

Et maintenant, pourquoi ce meeting? A quelle occasion se tenait-il? Phileas Fogg l'ignorait absolument. S'agissait-il de la nomination d'un haut fonctionnaire militaire ou civil, d'un gouverneur d'Etat ou d'un membre du Congrès? Il était permis de le conjecter, à voir l'animation extraordinaire qui passionnait la ville.

En ce moment, un mouvement considérable se produisit dans la foule. Toutes les mains étaient en l'air. Quelques-unes, solidement fermées, semblaient se lever et s'abattre rapidement au milieu des cris, — manière énergique, sans doute, de formuler un vote. Des remous agitaient la masse qui refluait. Les bannières oscillaient, disparaissaient un instant et reparaissaient en loques. Les ondulations de la houle se propageaient jusqu'à l'escalier, tandis que toutes les têtes moutonnaient à la surface comme une mer soudainement remuée par un grain. Le nombre des chapeaux noirs diminuait à vu d'œil, et la plupart semblaient avoir perdu de leur hauteur normale.

« C'est évidemment un meeting, dit Fix, et la question qui l'a provoqué doit être palpitante. Je ne serais point étonné qu'il fût encore question de l'affaire de l'*Alabama*, bien qu'elle soit résolue.

— Peut-être, répondit simplement Mr. Fogg.

— En tout cas, reprit Fix , deux champions sont en présence l'un de l'autre, l'honorable Kamerfield et l'honorable Mandiboy. »

Mrs. Aouda, au bras de Phileas Fogg, regardait avec surprise cette scène tumultueuse, et Fix allait demander à l'un de ses voisins la raison de cette effervescence populaire, quand un mouvement plus accusé se prononça. Les hurrahs, agrémentés d'injures, redoublèrent. La hampe des bannières se transforma en arme offensive. Plus de mains, des poings partout. Du haut des voitures arrêtées, et des omnibus enrayés dans leur course, s'échangeaient force horions. Tout servait de projectiles. Bottes et souliers décrivaient dans l'air des trajectoires très-tendues, et il sembla même que quelques revolvers mêlaient aux vociférations de la foule leurs détonations nationales.

La cohue se rapprocha de l'escalier et reflua sur les premières marches L'un des partis était évidemment repoussé, sans que les simples spectateurs pussent reconnaître si l'avantage restait à Mandiboy ou à Kamerfield.

«Je crois prudent de nous retirer, dit Fix, qui ne tenait pas à ce que « son homme » reçût un mauvais coup ou se fît une mauvaise affaire. S'il est question de l'Angleterre dans tout ceci et qu'on nous reconnaisse , nous serons fort compromis dans la bagarre !

12

— Un citoyen anglais.... » répondit Phileas Fogg.

Mais le gentleman ne put achever sa phrase. Derrière lui, de cette terrasse qui précédait l'escalier, partirent des hurlements épouvantables. On criait : « Hurrah Hip! Hip! pour Mandiboy! » C'était une troupe d'électeurs qui arrivait à la rescousse, prenant en flanc le partisans de Kamerfield.

Mr. Fogg, Mrs. Aouda, Fix se trouvèrent entre deu feux. Il était trop tard pour s'échapper. Ce torrent d'hommes, armés de cannes plombées et de casse-tête, était irrésistible. Phileas Fogg et Fix, en préservant la jeune femme, furent horriblement bousculés. Mr. Fogg, non moins flegmatique que d'habitude, voulut se défendre avec ces armes naturelles que la nature a mises au bout des bras de tout Anglais, mais inutilement. Un énorme gaillard à barbiche rouge, au teint coloré, large d'épaules, qui paraissait être le chef de la bande, leva son formidable poing sur Mr. Fogg, et il eût fort endommagé le gentleman, si Fix, par dévouement, n'eût reçu le coup à sa place. Une énorme bosse se développa instantanément sous le chapeau de soie du détective, transformé en simple toque.

« Yankee! dit Mr. Fogg, en lançant à son adversair un regard de profond mépris.

— English! répondit l'autre.

— Nous nous retrouverons!

— Quand il vous plaira.

— Votre nom?

— Phileas Fogg. Le vôtre?

— Le colonel Stamp Proctor. »

Puis, cela dit, la marée passa. Fix fut renversé et se
releva, les habits déchirés, mais sans meurtrissure sérieuse. Son paletot de voyage s'était séparé en deux parties inégales, et son pantalon ressemblait à ces culottes
dont certains Indiens — affaire de mode — ne se vê-
tent qu'après en avoir préalablement enlevé le fond.
Mais, en somme, Mrs. Aouda avait été épargnée, et, seul,
Fix en était pour son coup de poing.

« Merci, dit Mr. Fogg à l'inspecteur, dès qu'ils furent
hors de la foule.

— Il n'y a pas de quoi, répondit Fix, mais venez.

— Où?

— Chez un marchand de confection. »

En effet, cette visite était opportune. Les habits de
Phileas Fogg et de Fix étaient en lambeaux, comme si
ces deux gentlemen se fussent battus pour le compte des
honorables Kamerfield et Mandiboy.

Une heure après, ils étaient convenablement vêtus et
coiffés. Puis ils revinrent à International-Hôtel.

Là, Passepartout attendait son maître, armé d'une
demi-douzaine de revolvers-poignards à six coups et à
inflammation centrale. Quand il aperçut Fix en compagnie de Mr. Fogg, son front s'obscurcit. Mais Mrs. Aouda,
ayant fait en quelques mots le récit de ce qui s'était
passé, Passepartout se rasséréna. Evidemment Fix
n'était plus un ennemi, c'était un allié. Il tenait sa parole.

Le dîner terminé, un coach fut amené, qui devait con-

duire à la gare les voyageurs et leurs colis. Au moment
de monter en voiture, Mr. Fogg dit à Fix :

« Vous n'avez pas revu ce colonel Proctor ?

— Non, répondit Fix.

— Je reviendrai en Amérique pour le retrouver, dit
froidement Phileas Fogg. Il ne serait pas convenable
qu'un citoyen anglais se laissât traiter de cette façon. »

L'inspecteur sourit et ne répondit pas. Mais, on le voit,
Mr. Fogg était de cette race d'Anglais qui, s'ils ne to-
lèrent pas le duel chez eux, se battent à l'étranger,
quand il s'agit de soutenir leur honneur.

A six heures moins un quart, les voyageurs atteignaient
la gare et trouvaient le train prêt à partir.

Au moment où Mr. Fogg allait s'embarquer, il avise
un employé, et le rejoignant :

« Mon ami, lui dit-il, n'y a-t-il pas eu quelques trou
bles aujourd'hui à San-Francisco?

— C'était un meeting, monsieur, répondit l'employé.

— Cependant, j'ai cru remarquer une certaine animation dans les rues.

— Il s'agissait simplement d'un meeting organisé
pour une élection.

— L'élection d'un général en chef, sans doute? de
manda Mr. Fogg.

— Non, monsieur, d'un juge de paix. »

Sur cette réponse, Phileas Fogg monta dans le wagon,
et le train partit à toute vapeur.

XXVI

DANS LEQUEL ON PREND LE TRAIN EXPRESS DU CHEMIN DE FER
DU PACIFIQUE.

« Ocean to Ocean », — ainsi disent les Américains,
— et ces trois mots devraient être la dénomination générale du « grand trunk », qui traverse les États-Unis
d'Amérique dans leur plus grande largeur. Mais, en
réalité, le « Pacific rail-road » se divise en deux parties distinctes : « Central Pacific » entre San-Francisco et Odgen, et « Union Pacific » entre Ogden et
Omaha. Là se raccordent cinq lignes distinctes, qui
mettent Omaha en communication fréquente avec New-
York.

New-York et San-Francisco sont donc présentement
réunis par un ruban de métal non interrompu qui ne
mesure pas moins de trois mille sept cent quatre-vingt-
six milles. Entre Omaha et le Pacifique, le chemin de
fer franchit une contrée encore fréquentée par les Indiens
et les fauves, — vaste étendue de territoire que les Mormons commencèrent à coloniser vers 1845, après qu'ils
eurent été chassés de l'Illinois.

Autrefois, dans les circonstances les plus favorables,
on employait six mois pour aller de New-York à San-
Francisco. Maintenant, on met sept jours.

12 .

C'est en 1862 que, malgré l'opposition des députés du Sud, qui voulaient une ligne plus méridionale, le tracé du rail-road fut arrêté entre le quarante et unième et le quarante-deuxième parallèle. Le président Lincoln, de si regrettée mémoire, fixa lui-même, dans l'Etat de Nebraska, à la ville d'Omaha, la tête de ligne du nouveau réseau. Les travaux furent aussitôt commencés et poursuivis avec cette activité américaine, qui n'est ni paperassière ni bureaucratique. La rapidité de la main-d'œuvre ne devait nuire en aucune façon à la bonne exécution du chemin. Dans la prairie, on avançait à raison d'un mille et demi par jour. Une locomotive, roulant sur les rails de la veille, apportait les rails du lendemain, et courait à leur surface au fur et à mesure qu'ils éta'ent posés.

Le Pacific rail-road jette plusieurs embranchements sur son parcours, dans les Etats de Iowa, du Kansas, du Colorado et de l'Oregon. En quittant Omaha, il longe la rive gauche de Platte-river jusqu'à l'embouchure de la branche du nord, suit la branche du sud, traverse les terrains de Laramie et les montagnes Wahsatch, contourne le lac Salé, arrive à Lake-Salt-City, la capitale des Mormons, s'enfonce dans la vallée de la Tuilla, longe le désert américain, les monts de Cédar et Humboldt, Humboldt-river, la Sierra-Nevada, et redescend par Sacramento jusqu'au Pacifique, sans que ce tracé dépasse en pente cent douze pieds par mille, même dans la traversée des montagnes Rocheuses.

Telle était cette longue artère que les trains parcouraient en sept jours, et qui allait permettre à l'honorable Phileas Fogg — il l'espérait du moins — de prendre, le 11, à New-York, le paquebot de Liverpool.

Le wagon occupé par Phileas Fogg était une sorte de long omnibus qui reposait sur deux trains formés de quatre roues chacun, dont la mobilité permet d'attaquer des courbes de petit rayon. A l'intérieur, point de compartiments : deux files de siéges, disposés de chaque côté, perpendiculairement à l'axe, et entre lesquels était réservé un passage conduisant aux cabinets de toilette et autres, dont chaque wagon est pourvu. Sur toute la longueur du train, les voitures communiquaient entre elles par des passerelles, et les voyageurs pouvaient circuler d'une extrémité à l'autre du convoi, qui mettait à leur disposition des wagons-salons, des wagons-terrasses, des wagons-restaurants et des wagons à cafés. Il n'y manquait que des wagons-théâtres. Mais il y en aura un jour.

Sur les passerelles circulaient incessamment des marchands de livres et de journaux, débitant leur marchandise, et des vendeurs de liqueurs, de comestibles, de cigares, qui ne manquaient point de chalands.

Les voyageurs étaient partis de la station d'Oakland à six heures du soir. Il faisait déjà nuit, — une nuit froide, sombre, avec un ciel couvert dont les nuages menaçaient de se résoudre en neige. Le train ne marchait pas avec une grande rapidité. En tenant compte des arrêts, il ne parcourait pas plus de vingt milles à l'heure, vitesse qui devait, cependant, lui permettre de franchir les Etats-Unis dans les temps réglementaires.

On causait peu dans le wagon. D'ailleurs, le sommeil
allait bientôt gagner les voyageurs. Passepartout se
trouvait placé auprès de l'inspecteur de police, mais il
ne lui parlait pas. Depuis les derniers événements, leurs
relations s'étaient notablement refroidies. Plus de sym-
pathie, plus d'intimité. Fix n'avait rien changé à sa manière d'être, mais Passepartout se tenait, au contraire,
sur une extrême réserve, prêt au moindre soupçon à
étrangler son ancien ami.

Une heure après le départ du train, la neige tomba, —
neige fine, qui ne pouvait, fort heureusement, retarder
la marche du convoi. On n'apercevait plus à travers les
fenêtres qu'une immense nappe blanche, sur laquelle,
en déroulant ses volutes, la vapeur de la locomotive
paraissait grisâtre.

A huit heures, un « stewart » entra dans le wagon et
annonça aux voyageurs que l heure du coucher était
sonnée. Ce wagon était un « sleeping-car », qui, en
quelques minutes, fut transformé en dortoir. Les dos-
siers des bancs se replièrent, des couchettes soigneusement paquetées se déroulèrent par un système ingénieux,
des cabines furent improvisées en quelques instants, et
chaque voyageur eut bientôt à sa disposition un lit confortable, que d'épais rideaux défendaient contre tout
regard indiscret. Les draps étaient blancs, les oreillers
moelleux. Il n'y avait plus qu'à se coucher et à dormir,
— ce que chacun fit, comme s'il se fût trouvé dans la
cabine confortable d'un paquebot, — pendant que le

train filait à toute vapeur à travers l'État de Californie.

Dans cette portion du territoire qui s'étend entre San-Francisco et Sacramento, le sol est peu accidenté. Cette partie du chemin de fer, sous le nom de « Central Pacific road », prit d'abord Sacramento pour point de départ, et s'avança vers l'est à la rencontre de celui qui partait d'Omaha. De San-Francisco à la capitale de la Californie, la ligne courait directement au nord-est, en longeant American-river, qui se jette dans la baie de San-Pablo. Les cent vingt milles compris entre ces deux importantes cités furent franchis en six heures, et vers minuit, pendant qu'ils dormaient de leur premier sommeil, les voyageurs passèrent à Sacramento. Ils ne virent donc rien de cette ville considérable, siége de la législature de l'État de Californie, ni ses beaux quais, ni ses rues larges, ni ses hôtels splendides, ni ses squares, ni ses temples.

En sortant de Sacramento, le train, après avoir dépassé les stations de Junction, de Roclin, d'Auburn et de Colfax, s'engagea dans le massif de la Sierra-Nevada. Il était sept heures du matin quand fut traversée la station de Cisco. Une heure après, le dortoir était redevenu un wagon ordinaire, et les voyageurs pouvaient à travers les vitres entrevoir les points de vue pittoresques de ce montagneux pays. Le tracé du train obéissait aux caprices de la Sierra, ici accroché aux flancs de la montagne, là suspendu au-dessus des précipices, évitant les angles brusques par des courbes audacieuses, s'élançant dans les gorges étroites que l'on devait croire sans issues. La locomotive, étincelante comme une châsse, avec son grand fanal qui jetait de fauves lueurs, sa cloche argentée, son « chasse-vache », qui s'étendait comme un éperon, mêlait ses sifflements et ses mugissements à ceux des torrents et des cascades, et tordait sa fumée à la noire ramure des sapins.

Peu ou point de tunnels, ni de ponts sur le parcours. Le rail-road contournait le flanc des montagnes, ne cherchant pas dans la ligne droite le plus court chemin d'un point à un autre, et ne violentant pas la nature.

Vers neuf heures, par la vallée de Carson, le train pénétrait dans l'État de Nevada, suivant toujours la direction du nord-est. A midi, il quittait Reno, où les voyageurs eurent vingt minutes pour déjeuner.

Depuis ce point, la voie ferrée, côtoyant Humboldt-river, s'éleva pendant quelques milles vers le nord, en suivant son cours. Puis elle s'infléchit vers l'est, et ne devait plus quitter le cours d'eau avant d'avoir atteint les Humboldt-Ranges, qui lui donnent naissance, presque à l'extrémité orientale de l'État de Nevada.

Après avoir déjeuné, Mr. Fogg, Mrs. Aouda et leurs compagnons reprirent leur place dans le wagon. Phileas Fogg, la jeune femme, Fix et Passepartout, confortablement assis, regardaient le paysage varié qui passait sous leurs yeux, — vastes prairies, montagnes se profilant à l'horizon, « creeks » roulant leurs eaux écumeuses. Parfois, un grand troupeau de bisons, se massant au loin, apparaissait comme une digue mobile. Ces innom-

brables armées de ruminants opposent souvent un insurmontable obstacle au passage des trains. On a vu des
milliers de ces animaux défiler pendant plusieurs
heures, en rangs pressés, au travers du rail-road. La
locomotive est alors forcée de s'arrêter et d'attendre que
la voie soit redevenue libre.

· Ce fut même ce qui arriva dans cette occasion. Vers
trois heures du soir, un troupeau de dix à douze mille
têtes barra le rail-road. La machine, après avoir mo-
déré sa vitesse, essaya d'engager son éperon dans le
flanc de l'immense colonne, mais elle dut s'arrêter devant l'impénétrable masse.

On voyait ces ruminants — ces buffalos, comme
les appellent improprement les Américains — marcher
ainsi de leur pas tranquille, poussant parfois des beu-
glements formidables. Ils avaient une taille supérieure
à celle des taureaux d'Europe, les jambes et la queue
courtes, le garrot saillant qui formait une bosse mus-
culaire, les cornes écartées à la base, la tête, le cou et
les épaules recouverts d'une crinière à longs poils. Il ne
fallait pas songer à arrêter cette migration. Quand les
bisons ont adopté une direction, rien ne pourrait ni
enrayer ni modifier leur marche. C'est un torrent de
chair vivante qu'aucune digue ne saurait contenir.

Les voyageurs, dispersés sur les passerelles, regar-
laient ce curieux spectacle. Mais celui qui devait être
le plus pressé de tous, Phileas Fogg, était demeuré à
sa place et attendait philosophiquement qu'il plût aux
buffles de lui livrer passage. Passepartout était furieux

du retard que causait cette agglomération d'animaux. Il
eût voulu décharger contre eux son arsenal de revolvers.

« Quel pays ! s'écria-t-il ! De simples bœufs qui arrêtent des trains, et qui s'en vont là, processionnellement, sans plus se hâter que s'ils ne gênaient pas la
circulation ! Pardieu ! je voudrais bien savoir si Mr. Fogg
avait prévu ce contre-temps dans son programme ! Et ce
mécanicien qui n'ose pas lancer sa machine à travers ce
bétail encombrant ! »

Le mécanicien n'avait point tenté de renverser
l'obstacle, et il avait prudemment agi. Il eût écrasé sans
doute les premiers buffles attaqués par l'éperon de la
locomotive ; mais, si puissante qu'elle fût, la machine
eût été arrêtée bientôt, un déraillement se serait inévitablement produit, et le train fût resté en détresse.

Le mieux était donc d'attendre patiemment, quitte
ensuite à regagner le temps perdu par une accélération
de la marche du train. Le défilé des bisons dura trois
grandes heures, et la voie ne redevint libre qu'à la nuit
tombante. A ce moment, les derniers rangs du troupeau
traversaient les rails, tandis que les premiers disparaissaient au-dessous de l'horizon du sud.

Il était donc huit heures, quand le train franchit les
défilés des Humboldt-Ranges, et neuf heures et demie
lorsqu'il pénétra sur le territoire de l'Utah, la région
du grand lac Salé, le curieux pays des Mormons.

XXVII

ANS LEQUEL PASSEPARTOUT SUIT, AVEC UNE VITESSE DE VINGT MILLES A L'HEURE, UN COURS D'HISTOIRE MORMONE.

Pendant la nuit du 5 au 6 décembre, le train courut au sud-est sur un espace de cinquante milles environ; puis il remonta d'autant vers le nord-est, en s'approchant du grand lac Salé.

Passepartout, vers neuf heures du matin, vint prendre l'air sur les passerelles. Le temps était froid, le ciel gris, mais il ne neigeait plus. Le disque du soleil, élargi par les brumes, apparaissait comme une énorme pièce d'or, et Passepartout s'occupait à en calculer la valeur en livres sterling, quand il fut distrait de cet utile travail par l'apparition d'un personnage assez étrange.

Ce personnage, qui avait pris le train à la station d'Elko, était un homme de haute taille, très-brun, moustaches noires, bas noirs, chapeau de soie noir, gilet noir, pantalon noir, cravate blanche, gants de peau de chien. On eût dit un révérend. Il allait d'une extrémité du train à l'autre, et, sur la portière de chaque wagon, il collait avec des pains à cacheter une notice écrite à la main.

Passepartout s'approcha et lut sur une de ces notices que l'honorable « elder » William Hitch, missionnaire

13

mormon, profitant de sa présence sur le train n° 48,
ferait, de 11 heures à midi, dans le car n° 117, une
conférence sur le Mormonisme, — invitant à l'entendre
tous les gentlemen soucieux de s'instruire touchant les
mystères de la religion des « Saints des derniers jours ».

« Certes, j'irai, » se dit Passepartout, qui ne connaissait
guère du Mormonisme que ses usages polygames, base
de la société mormone.

La nouvelle se répandit rapidement dans le train, qui
emportait une centaine de voyageurs. Sur ce nombre,
trente au plus, alléchés par l'appât de la conférence, occupaient à onze heures les banquettes du car n° 117.
Passepartout figurait au premier rang des fidèles. Ni
son maître, ni Fix n'avaient cru devoir se déranger.

A l'heure dite, l'elder William Hitch se leva, et d'une
voix assez irritée, comme s'il eût été contredit d'avance,
il s'écria :

« Je vous dis, moi, que Joe Smyth est un martyr, que
son frère Hyram est un martyr, et que les persécutions
du gouvernement de l'Union contre les prophètes vont
faire également un martyr de Brigham Young ! Qui ose-
rait soutenir le contraire ? »

Personne ne se hasarda à contredire le missionnaire,
dont l'exaltation contrastait avec sa physionomie naturellement calme. Mais, sans doute, sa colère s'expliquait par ce fait que le Mormonisme était actuellement
soumis à de dures épreuves. Et, en effet, le gouvernement
des Etats-Unis venait, non sans peine, de réduire ces fanatiques indépendants. Il s'était rendu maître de l'Utah,

et l'avait soumis aux lois de l'Union, après avoir emprisonné Brigham Young, accusé de rébellion et de poly-
gamie. Depuis cette époque, les disciples du prophète
redoublaient leurs efforts, et, en attendant les actes, ils
résistaient par la parole aux prétentions du Congrès.

On le voit, l'elder William Hitch faisait du prosé-
lytisme jusqu'en chemin de fer.

Et alors il raconta, en passionnant son récit par les
éclats de sa voix et la violence de ses gestes, l'histoire du
Mormonisme, depuis les temps bibliques : « comment,
dans Israël, un prophète mormon de la tribu de Joseph
publia les annales de la religion nouvelle, et les légua
à son fils Morom ; comment, bien des siècles plus tard
une traduction de ce précieux livre, écrit en caractères
égyptiens, fut faite par Joseph Smyth junior, fermier
de l'État de Vermont, qui se révéla comme prophète
mystique en 1825 ; comment, enfin, un messager céleste
lui apparut dans une forêt lumineuse et lui remit les annales du Seigneur. »

En ce moment, quelques auditeurs, peu intéressés par
le récit rétrospectif du missionnaire, quittèrent le wagon ; mais William Hitch, continuant, raconta « comment
Smyth junior, réunissant son père, ses deux frères et
quelques disciples, fonda la religion des Saints des derniers jours, — religion qui, adoptée non-seulement en
Amérique, mais en Angleterre, en Scandinavie, en Al-
lemagne, compte parmi ses fidèles des artisans et aussi
nombre de gens exerçant des professions libérales ; comment une colonie fut fondée dans l'Ohio ; comment un

temple fut élevé au prix de deux cent mille dollars
et une ville bâtie à Kirkland ; comment Smyth devint un
audacieux banquier et reçut d'un simple montreur de
momies un papyrus contenant un récit écrit de la main
d'Abraham et autres célèbres Egyptiens. »

Cette narration devenant un peu longue, les rangs
des auditeurs s'éclaircirent encore, et le public ne se
composa plus que d'une vingtaine de personnes.

Mais l'elder, sans s'inquiéter de cette désertion, raconta avec détails « comme quoi Joe Smyth fit banque-
route en 1837 ; comme quoi ses actionnaires ruinés
l'enduisirent de goudron et le roulèrent dans la plume ;
comme quoi on le retrouva, plus honorable et plus
honoré que jamais, quelques années après, à Indépendance, dans le Missouri, et chef d'une communauté flo-
rissante, qui ne comptait pas moins de trois mille disciples, et qu'alors, poursuivi par la haine des gentils, il
dut fuir dans le Far-West américain. ».

Dix auditeurs étaient encore là, et parmi eux l'honnête
Passepartout, qui écoutait de toutes ses oreilles. Ce fut
ainsi qu'il apprit « comment, après de longues persécutions, Smyth reparut dans l'Illinois et fonda en 1839,
sur les bords du Mississipi, Nauvoo-la-Belle, dont la
population s'éleva jusqu'à vingt-cinq mille âmes ; comment Smyth en devint le maire, le juge suprême et le
général en chef ; comment, en 1843, il posa sa candida-
ture à la présidence des Etats-Unis, et comment enfin,
attiré dans un guet-apens, à Carthage, il fut jeté en prison et assassiné par une bande d'hommes masqués. »

En ce moment, Passepartout était absolument seul dans le wagon, et l'elder, le regardant en face, le fascinant par ses paroles, lui rappela que, deux ans après l'assassinat de Smyth, son successeur, le prophète inspiré, Brigham Young, abandonnant Nauvoo, vint s'établir aux bords du lac Salé, et que là, sur cet admirable territoire, au milieu de cette contrée fertile, sur le chemin des émigrants qui traversaient l'Utah pour se rendre en Californie, la nouvelle colonie, grâce aux principes polygames du Mormonisme, prit une extension énorme.

« Et voilà, ajouta William Hitch, voilà pourquoi la jalousie du Congrès s'est exercée contre nous ! pourquoi les soldats de l'Union ont foulé le sol de l'Utah ! pourquoi notre chef, le prophète Brigham Young, a été emprisonné au mépris de toute justice ! Céderons-nous à la force? Jamais ! Chassés du Vermont, chassés de l'Illinois, chassés de l'Ohio, chassés du Missouri, chassés de l'Utah, nous retrouverons encore quelque territoire indépendant où nous planterons notre tente.... Et vous, mon fidèle, ajouta l'elder en fixant sur son unique auditeur des regards courroucés, planterez-vous la vôtre à l'ombre de notre drapeau?

— Non, » répondit bravement Passepartout, qui s'enfuit à son tour, laissant l'énergumène prêcher dans le désert.

Mais pendant cette conférence, le train avait marché rapidement, et, vers midi et demi, il touchait à sa pointe nord-ouest le grand lac Salé. De là, on pouvait em-

brasser, sur un vaste périmètre, l'aspect de cette mer in-
térieure, qui porte aussi le nom de mer Morte et dans laquelle se jette un Jourdain d'Amérique. Lac admirable,
encadré de belles roches sauvages, à larges assises,
encroûtées de sel blanc, superbe nappe d'eau qui couvrait autrefois un espace plus considérable ; mais avec
le temps, ses bords, montant peu à peu, ont réduit sa
superficie en accroissant sa profondeur.

Le lac Salé, long de soixante-dix milles environ,
large de trente-cinq, est situé à trois mille huit cents
pieds au-dessus du niveau de la mer. Bien différent du
lac Asphaltite, dont la dépression accuse douze cents
pieds au-dessous, sa salure est considérable, et ses eaux
tiennent en dissolution le quart de leur poids de matière
solide. Leur pesanteur spécifique est de 1170, celle de
l'eau distillée étant 1000. Aussi les poissons n'y peuvent vivre. Ceux qu'y jettent le Jourdain, le Weber et
autre creeks, y périssent bientôt ; mais il n'est pas vrai
que la densité de ses eaux soit telle qu'un homme n'y
puisse plonger.

Autour du lac, la campagne était admirablement
cultivée, car les Mormons s'entendent aux travaux de
la terre : des ranchos et des corrals pour les animaux
domestiques, des champs de blé, de maïs, de sorgho,
des prairies luxuriantes, partout des haies de rosiers
sauvages, des bouquets d'acacias et d'euphorbes, tel
eût été l'aspect de cette contrée, six mois plus tard ;
mais en ce moment le sol disparaissait sous une mince
couche de neige, qui le poudrait légèrement.

A deux heures, les voyageurs descendaient à la station d'Ogden. Le train ne devant repartir qu'à six heures,
Mr. Fogg, Mrs. Aouda et leurs deux compagnons avaient
donc le temps de se rendre à la Cité des Saints par le
petit embranchement qui se détache de la station d'Ogden.
Deux heures suffisaient à visiter cette ville absolument
américaine et, comme telle, bâtie sur le patron de
toutes les villes de l'Union, vastes échiquiers à longues
lignes froides, avec « la tristesse lugubre des angles
droits », suivant l'expression de Victor Hugo. Le fon-
dateur de la Cité des Saints ne pouvait échapper à ce
besoin de symétrie qui distingue les Anglo-Saxons.
Dans ce singulier pays, où les hommes ne sont certainement pas à la hauteur des institutions, tout se fait
« carrément », les villes, les maisons et les sottises.

A trois heures, les voyageurs se promenaient donc par
les rues de la cité, bâtie entre la rive du Jourdain et
les premières ondulations des monts Wahsatch. Ils y
remarquèrent peu ou point d'églises, mais, comme monuments, la maison du prophète, la Court-house et l'arsenal ; puis, des maisons de briques bleuâtres avec
verandahs et galeries, entourées de jardins, bordées
d'acacias, de palmiers et de caroubiers. Un mur d'ar-
gile et de cailloux, construit en 1853, ceignait la ville.
Dans la principale rue, où se tient le marché, s'élevaient quelques hôtels ornés de pavillons, et entre
autres Lake-Salt-house.

Mr. Fogg et ses compagnons ne trouvèrent pas la
cité fort peuplée. Les rues étaient presque désertes, —

sauf toutefois la partie du Temple, qu'ils n'atteigni-
rent qu'après avoir traversé plusieurs quartiers entourés
de palissades. Les femmes étaient assez nombreuses, ce
qui s'explique par la composition singulière des ménages
mormons. Il ne faut pas croire, cependant, que tous les
Mormons soient polygames. On est libre, mais il est bon
de remarquer que ce sont les citoyennes de l'Utah qui
tiennent surtout à être épousées, car, suivant la religion
du pays, le ciel mormon n'admet point à la possession
de ses béatitudes les célibataires du sexe féminin. Ces
pauvres créatures ne paraissaient ni aisées, ni heureuses.
Quelques-unes, les plus riches sans doute, portaient une
jaquette de soie noire ouverte à la taille, sous une capu-
che ou un châle fort modeste. Les autres n'étaient vêtues
que d'indienne.

Passepartout, lui, en sa qualité de garçon convaincu,
ne regardait pas sans un certain effroi ces Mormones
chargées de faire à plusieurs le bonheur d'un seul Mormon. Dans son bon sens, c'était le mari qu'il plaignait
surtout. Cela lui paraissait terrible d'avoir à guider
tant de dames à la fois au travers des vicissitudes de la
vie, à les conduire ainsi en troupe jusqu'au paradis
mormon, avec cette perspective de les y retrouver pour
l'éternité en compagnie du glorieux Smyth, qui devait
faire l'ornement de ce lieu de délices. Décidément, il ne
se sentait pas la vocation, et il trouvait — peut-être
s'abusait-il en ceci — que les citoyennes de Great-Lake-
city jetaient sur sa personne des regards un peu inquié-
tants.

Très-heureusement, son séjour dans la Cité des Saints ne devait pas se prolonger. A quatre heures moins quelques minutes, les voyageurs se retrouvaient à la gare et reprenaient place dans leurs wagons.

Le coup de sifflet se fit entendre; mais au moment où les roues motrices de la locomotive, patinant sur les rails, commençaient à imprimer au train quelque vitesse, ces cris : « Arrêtez ! arrêtez ! » retentirent.

On n'arrête pas un train en marche. Le gentleman qui proférait ces cris était évidemment un Mormon attardé. Il courait à perdre haleine. Heureusement pour lui, la gare n'avait ni portes ni barrières. Il s'élança donc sur la voie, sauta sur le marchepied de la dernière voiture, et tomba essoufflé sur une des banquettes du wagon.

Passepartout, qui avait suivi avec émotion les incidents de cette gymnastique, vint contempler ce retardataire, auquel il s'intéressa vivement, quand il apprit que ce citoyen de l'Utah n'avait ainsi pris la fuite qu'à la suite d'une scène de ménage.

Lorsque le Mormon eut repris haleine, Passepartout se hasarda à lui demander poliment combien il avait de femmes, à lui tout seul, — et à la façon dont il venait de décamper, il lui en supposait une vingtaine au moins.

« Une, monsieur ! répondit le Mormon en levant les bras au ciel, une, et c'était assez ! »

13.

XXVIII

DANS LEQUEL PASSEPARTOUT NE PUT PARVENIR A FAIRE ENTENDRE LE LANGAGE DE LA RAISON.

Le train, en quittant Great-Salt-Lake et la station d'Ogden, s'éleva pendant une heure vers le nord, jusqu'à Veber-river, ayant franchi neuf cents milles environ depuis San-Francisco. A partir de ce point, il reprit la direction de l'est à travers le massif accidenté des monts Wahsatch. C'est dans cette partie du territoire, comprise entre ces montagnes et les montagnes Rocheuses proprement dites, que les ingénieurs américains ont été aux prises avec les plus sérieuses difficultés. Aussi, dans ce parcours, la subvention du gouvernement de l'Union s'est-elle élevée à quarante-huit mille dollars par mille, tandis qu'elle n'était que de seize mille dollars en plaine; mais les ingénieurs, ainsi qu'il a été dit, n'ont pas violenté la nature, ils ont rusé avec elle, tournant les difficultés, et pour atteindre le grand bassin, un seul tunnel, long de quatorze mille pieds, a été percé dans tout le parcours du rail-road.

C'était au lac Salé même que le tracé avait atteint jusqu'alors sa plus haute cote d'altitude. Depuis ce point, son profil décrivait une courbe très-allongée, s'abaissant vers la vallée du Bitter-creek, pour remonter jusqu'au point de partage des eaux entre l'Atlantique et le Pacifique. Les rios étaient nombreux dans cette montagneuse région. Il fallut franchir sur des ponceaux le Muddy, le Green et autres. Passepartout était devenu plus impatient à mesure qu'il s'approchait du but. Mais Fix, à son tour, aurait voulu être déjà sorti de cette difficile contrée. Il craignait les retards, il redoutait les accidents, et était plus pressé que Phileas Fogg lui-même de mettre le pied sur la terre anglaise!

A dix heures du soir, le train s'arrêtait à la station de Fort-Bridger, qu'il quitta presque aussitôt, et, vingt milles plus loin, il entrait dans l'État de Wyoming, — l'ancien Dakota, — en suivant toute la vallée de Bitter-creek, d'où s'écoulent une partie des eaux qui forment le système hydrographique du Colorado.

Le lendemain, 7 décembre, il y eut un quart d'heure d'arrêt à la station de Green-river. La neige avait tombé pendant la nuit assez abondamment, mais, mêlée à de la pluie, à demi-fondue, elle ne pouvait gêner la marche du train. Toutefois, ce mauvais temps ne laissa pas d'inquiéter Passepartout, car l'accumulation des neiges, en embourbant les roues des wagons, eût certainement compromis le voyage.

« Aussi, quelle idée, se disait-il, mon maître a-t-il eue de voyager pendant l'hiver! Ne pouvait-il attendre la belle saison pour augmenter ses chances? »

Mais, en ce moment, où l'honnête garçon ne se préoccupait que de l'état du ciel et de l'abaissement de la température, Mrs. Aouda éprouvait des craintes plus vives, qui provenaient d'une toute autre cause.

En effet, quelques voyageurs étaient descendus de leur wagon, et se promenaient sur le quai de la gare de Green-river, en attendant le départ du train. Or, à travers la vitre, la jeune femme reconnut parmi eux le colonel Stamp Proctor, cet Américain qui s'était si grossièrement comporté à l'égard de Phileas Fogg pendant le meeting de San-Francisco. Mrs. Aouda, ne voulant pas être vue, se rejeta en arrière.

Cette circonstance impressionna vivement la jeune femme. Elle s'était attachée à l'homme qui, si froidement que ce fût, lui donnait chaque jour les marques du plus absolu dévouement. Elle ne comprenait pas, sans doute, toute la profondeur du sentiment que lui inspirait son sauveur, et à ce sentiment elle ne donnait encore que le nom de reconnaissance, mais, à son insu, il y avait plus que cela. Aussi son cœur se serra-t-il, quand elle reconnut le grossier personnage auquel Mr. Fogg voulait tôt ou tard demander raison de sa conduite. Évidemment, c'était le hasard seul qui avait amené dans ce train le colonel Proctor, mais enfin il y était, et il fallait empêcher à tout prix que Phileas Fogg aperçût son adversaire.

Mrs. Aouda, lorsque le train se fut remis en route, profita d'un moment où sommeillait Mr. Fogg pour mettre Fix et Passepartout au courant de la situation.

« Ce Proctor est dans le train ! s'écria Fix. Eh' bien, rassurez-vous, madame, avant d'avoir affaire au sieur... à Mr. Fogg, il aura affaire à moi ! Il me semble que, dans tout ceci, c'est encore moi qui ai reçu les plus graves insultes !

— Et, de plus, ajouta Passepartout, je me charge de lui, tout colonel qu'il est.

— Monsieur Fix, reprit Mrs. Aouda, Mr. Fogg ne laissera à personne le soin de le venger. Il est homme, il l'a dit, à revenir en Amérique pour retrouver cet insulteur. Si donc il aperçoit le colonel Proctor, nous ne pourrons empêcher une rencontre, qui peut amener de déplorables résultats. Il faut donc qu'il ne le voie pas.

— Vous avez raison, madame, répondit Fix, une rencontre pourrait tout perdre. Vainqueur ou vaincu, Mr. Fogg serait retardé, et...

— Et, ajouta Passepartout, cela ferait le jeu des gentlemen du Reform-Club. Dans quatre jours nous serons à New-York ! Eh bien, si pendant quatre jours mon maître ne quitte pas son wagon, on peut espérer que le hasard ne le mettra pas face à face avec ce maudit Américain, que Dieu confonde ! Or, nous saurons bien l'empêcher... »

La conversation fut suspendue. Mr. Fogg s'était réveillé, et regardait la campagne à travers la vitre tachetée de neige. Mais, plus tard, et sans être entendu de son maître ni de Mrs. Aouda, Passepartout dit à l'inspecteur de police :

« Est-ce que vraiment vous vous battriez pour lui ?

— Je ferai tout pour le ramener vivant en Europe ! » répondit simplement Fix, d'un ton qui marquait une implacable volonté.

Passepartout sentit comme un frisson lui courir par le corps, mais ses convictions à l'endroit de son maître ne faiblirent pas.

Et maintenant, y avait-il un moyen quelconque de retenir Mr. Fogg dans ce compartiment pour prévenir toute rencontre entre le colonel et lui? Cela ne pouvait être difficile, le gentleman étant d'un naturel peu remuant et peu curieux. En tout cas, l'inspecteur de police crut avoir trouvé ce moyen, car, quelques instants plus tard, il disait à Phileas Fogg :

« Ce sont de longues et lentes heures, monsieur, que celles que l'on passe ainsi en chemin de fer.

— En effet, répondit le gentleman, mais elles passent.

— A bord des paquebots, reprit l'inspecteur, vous aviez l'habitude de faire votre whist?

— Oui, répondit Phileas Fogg, mais ici ce serait difficile. Je n'ai ni cartes ni partenaires.

— Oh! les cartes, nous trouverons bien à les acheter. On vend de tout dans les wagons américains. Quant aux partenaires, si, par hasard, madame...

— Certainement, monsieur, répondit vivement la jeune femme, je connais le whist. Cela fait partie de l'éducation anglaise.

— Et moi, reprit Fix, j'ai quelques prétentions à bien jouer ce jeu. Or, à nous trois et un mort...

— Comme il vous plaira, monsieur, » répondit Phileas Fogg, enchanté de reprendre son jeu favori, — même en chemin de fer.

Passepartout fut dépêché à la recherche du stewart, et il revint bientôt avec deux jeux complets, des fiches, des jetons et une tablette recouverte de drap. Rien ne manquait. Le jeu commença. Mrs. Aouda savait très-suffisamment le whist, et elle reçut même quelques compliments du sévère Phileas Fogg. Quant à l'inspecteur, il était tout simplement de première force, et digne de tenir tête au gentleman.

« Maintenant, se dit Passepartout à lui-même, nous le tenons. Il ne bougera plus ! »

A onze heures du matin, le train avait atteint le point de partage des eaux des deux océans. C'était à Passe-Bridger, à une hauteur de sept mille cinq cent vingt-quatre pieds anglais au-dessus du niveau de la mer, un des plus hauts points touchés par le profil du tracé dans ce passage à travers les montagnes Rocheuses. Après deux cents milles environ, les voyageurs se trouveraient enfin sur ces longues plaines qui s'étendent jusqu'à l'Atlantique, et que la nature rendait si propices à l'établissement d'une voie ferrée.

Sur le versant du bassin atlantique se développaient déjà les premiers rios, affluents ou sous-affluents de North-Platte-river. Tout l'horizon du nord et de l'est était couvert par cette immense courtine semi-circulaire, qui forme la portion septentrionale des Rocky-Mountains, dominée par le pic de Laramie. Entre cette courbure et la ligne de fer s'étendaient de vastes plaines, largement arrosées. Sur la droite du rail-road s'étageaient les premières rampes du massif montagneux qui s'arrondit au sud jusqu'aux sources de la rivière de l'Arkansas, l'un des grands tributaires du Missouri.

A midi et demi, les voyageurs entrevoyaient un instant le fort Halleck, qui commande cette contrée. Encore quelques heures, et la traversée des montagnes Rocheuses serait accomplie. On pouvait donc espérer qu'aucun accident ne signalerait le passage du train à travers cette difficile région. La neige avait cessé de tomber. Le temps se mettait au froid sec. De grands oiseaux, effrayés par la locomotive, s'enfuyaient au loin. Aucun fauve, ours ou loup, ne se montrait sur la plaine. C'était le désert dans son immense nudité.

Après un déjeuner assez confortable, servi dans le wagon même, Mr. Fogg et ses partenaires venaient de reprendre leur interminable whist, quand de violents coups de sifflet se firent entendre. Le train s'arrêta.

Passepartout mit la tête à la portière et ne vit rien qui motivât cet arrêt. Aucune station n'était en vue.

Mrs. Aouda et Fix purent craindre un instant que Mr. Fogg ne songeât à descendre sur la voie. Mais le gentleman se contenta de dire à son domestique :

« Voyez donc ce que c'est. »

Passepartout s'élança hors du wagon. Une quarantaine de voyageurs avaient déjà quitté leurs places, et parmi eux le colonel Stamp Proctor.

Le train était arrêté devant un signal tourné au rouge qui fermait la voie. Le mécanicien et le conducteur, étant descendus, discutaient assez vivement avec un garde-voie, que le chef de gare de Medicine-Bow, la

station prochaine, avait envoyé au-devant du train. Des
voyageurs s'étaient approchés et prenaient part à la discussion, — entre autres le susdit colonel Proctor, avec
son verbe haut et ses gestes impérieux.

Passepartout, ayant rejoint le groupe, entendit le
garde-voie qui disait :

« Non ! il n'y a pas moyen de passer ! Le pont de Medicine-Bow est ébranlé et ne supporterait pas le poids
du train. »

Ce pont, dont il était question, était un pont suspendu, jeté sur un rapide, à un mille de l'endroit où le
convoi s'était arrêté. Au dire du garde-voie, il menaçait
ruine, plusieurs des fils étaient rompus, et il était impossible d'en risquer le passage. Le garde-voie n'exa-
gérait donc en aucune façon en affirmant qu'on ne
pouvait passer. Et d'ailleurs, avec les habitudes d'insou-
ciance des Américains, on peut dire que, quand ils se
mettent à être prudents, il y aurait folie à ne pas
l'être.

Passepartout, n'osant aller prévenir son maître, écoutait, les dents serrées, immobile comme une statue.

« Ah çà ! s'écria le colonel Proctor, nous n'allons pas,
j'imagine, rester ici à prendre racine dans la neige !

— Colonel, répondit le conducteur, on a télégraphié à
la station d'Omaha pour demander un train, mais il n'est
pas probable qu'il arrive à Medicine-Bow avant six
heures.

— Six heures ! s'écria Passepartout.

— Sans doute, répondit le conducteur. D'ailleurs, ce

temps nous sera nécessaire pour gagner à pied la station.

— Cependant elle n'est qu'à un mille de nous, dit un
des voyageurs.

— Un mille, en effet, mais de l'autre côté de la rivière.

— Et cette rivière, ne peut-on la traverser en bateau?
demanda le colonel.

— Impossible. Le creek est grossi par les pluies. C'est
un rapide, et nous serons forcés de faire un détour de
dix milles au nord pour trouver un gué. »

Le colonel lança une bordée de jurons, s'en prenant à
la compagnie, s'en prenant au conducteur, et Passepartout, furieux, n'était pas loin de faire chorus avec lui.
Il y avait là un obstacle matériel contre lequel échoue-
raient, cette fois, toutes les bank-notes de son maître.

Au surplus, le désappointement était général parmi les
voyageurs, qui, sans compter le retard, se voyaient obli-
gés à faire une quinzaine de milles à travers la plaine
couverte de neige. Aussi était-ce un brouhaha, des ex-
clamations, des vociférations, qui auraient certainement
attiré l'attention de Phileas Fogg, si ce gentleman n'eût
été absorbé par son jeu.

Cependant Passepartout se trouvait dans la nécessité
de le prévenir, et, la tête basse, il se dirigeait vers le
wagon, quand le mécanicien du train, — un vrai Yankee,
nommé Forster, — élevant la voix, dit :

« Messieurs, il y aurait peut-être moyen de passer.

— Sur le pont? répondit un voyageur.

— Sur le pont.

— Avec notre train? demanda le colonel.

— Avec notre train. »

Passepartout s'était arrêté, et dévorait les paroles du mécanicien.

« Mais le pont menace ruine! reprit le conducteur.

— N'importe, répondit Forster. Je crois qu'en lançant le train avec son maximum de vitesse, on aurait quelques chances de passer.

— Diable! » fit Passepartout.

Mais un certain nombre de voyageurs avaient été immédiatement séduits par la proposition. Elle plaisait particulièrement au colonel Proctor. Ce cerveau brûlé trouvait la chose très-faisable. Il rappela même que des ingénieurs avaient eu l'idée de passer les rivières « sans pont » avec des trains rigides lancés à toute vitesse, etc. Et, en fin de compte, tous les intéressés dans la question se rangèrent à l'avis du mécanicien.

« Nous avons cinquante chances pour passer, disait l'un.

— Soixante, disait l'autre.

— Quatre-vingts!... quatre-vingt-dix sur cent! »

Passepartout était ahuri, quoiqu'il fût prêt à tout tenter pour opérer le passage du Medicine-creek, mais la tentative lui semblait un peu trop « américaine ».

« D'ailleurs, pensa-t-il, il y a une chose bien plus simple à faire, et ces gens-là n'y songent même pas!... Monsieur, dit-il à un des voyageurs, le moyen proposé par le mécanicien me paraît un peu hasardé, mais...

— Quatre-vingts chances! répondit le voyageur, qui lui tourna le dos.

— Je sais bien, répondit Passepartout en s'adressant à un autre gentleman, mais une simple réflexion...

— Pas de réflexion, c'est inutile! répondit l'Américain interpellé en haussant les épaules, puisque le mécanicien assure qu'on passera!

— Sans doute, reprit Passepartout, on passera, mais il serait peut-être plus prudent...

— Quoi! prudent! s'écria le colonel Proctor, que ce mot, entendu par hasard, fit bondir. A grande vitesse, on vous dit! Comprenez-vous? A grande vitesse!

— Je sais... je comprends... répétait Passepartout, auquel personne ne laissait achever sa phrase, mais il serait, sinon plus prudent, puisque le mot vous choque, du moins plus naturel...

— Qui? que? quoi? Qu'a-t-il donc celui-là avec son naturel?... » s'écria-t-on de toutes parts.

Le pauvre garçon ne savait plus de qui se faire entendre.

« Est-ce que vous avez peur? lui demanda le colonel Proctor.

— Moi, peur! s'écria Passepartout. Eh bien, soit! Je montrerai à ces gens-là qu'un Français peut être aussi Américain qu'eux!

— En voiture! en voiture! criait le conducteur.

— Oui! en voiture, répétait Passepartout, en voiture! Et tout de suite! Mais on ne m'empêchera pas de penser qu'il eût été plus naturel de nous faire d'abord passer à pied sur ce pont, nous autres voyageurs, puis le train ensuite !... »

Mais personne n'entendit cette sage réflexion, et per-sonne n'eût voulu en reconnaître la justesse.

Les voyageurs étaient réintégrés dans leur wagon. Passepartout reprit sa place, sans rien dire de ce qui s'était passé. Les joueurs étaient tout entiers à leur whist.

La locomotive siffla vigoureusement. Le mécanicien, renversant la vapeur, ramena son train en arrière pen-dant près d'un mille, — reculant comme un sauteur qui veut prendre son élan.

Puis, à un second coup de sifflet, la marche en avant recommença : elle s'accéléra; bientôt la vitesse devint effroyable; on n'entendait plus qu'un seul hennisse-ment sortant de la locomotive; les pistons battaient vingt coups à la seconde ; les essieux des roues fumaient dans les boîtes à graisse. On sentait, pour ainsi dire, que le train tout entier, marchant avec une rapidité de cent milles à l'heure, ne pesait plus sur les rails. La vi-tesse mangeait la pesanteur.

Et l'on passa ! Et ce fut comme un éclair. On ne vit rien du pont. Le convoi sauta, on peut le dire, d'une rive à l'autre, et le mécanicien ne parvint à arrêter sa machine emportée qu'à cinq milles au delà de la sta-tion.

Mais à peine le train avait-il franchi la rivière, que le pont, définitivement ruiné, s'abîmait avec fracas dans le rapide de Medicine-Bow.

XXIX

OU IL SERA FAIT LE RÉCIT D'INCIDENTS DIVERS QUI NE SE
RENCONTRENT QUE SUR LES RAIL-ROADS DE L'UNION.

Le soir même, le train poursuivait sa route sans obstacles, dépassait le fort Sauders, franchissait la passe
de Cheyenne et arrivait à la passe d'Evans. En cet endroit, le rail-road atteignait le plus haut point du parcours, soit huit mille quatre-vingt-onze pieds au-dessus du niveau de l'Océan. Les voyageurs n'avaient plus
qu'à descendre jusqu'à l'Atlantique sur ces plaines sans
limites, nivelées par la nature.

Là se trouvait sur le « grand trunk » l'embranchement de Denver-city, la principale ville du Colorado.
Ce territoire est riche en mines d'or et d'argent, et plus
de cinquante mille habitants y ont déjà fixé leur demeure.

A ce moment, treize cent quatre-vingt-deux milles
avaient été faits depuis San-Francisco, en trois jours
et trois nuits. Quatre nuits et quatre jours, selon toute
prévision, devaient suffire pour atteindre New-York.
Phileas Fogg se maintenait donc dans les délais réglementaires.

Pendant la nuit, on laissa sur la gauche le camp Wal-
bah. Le Lodge-pole-creek courait parallèlement à la

voie, en suivant la frontière rectiligne commune aux
États du Wyoming et du Colorado. A onze heures, on
entrait dans le Nebraska, on passait près du Sedgwick,
et l'on touchait à Julesburgh, placé sur la branche sud
de Platte-river.

C'est à ce point que se fit l'inauguration de l'Union-
pacific-road, le 23 octobre 1867, et dont l'ingénieur en
chef fut le général J.-M. Dodge. Là s'arrêtèrent les deux
puissantes locomotives, remorquant les neuf wagons
des invités, au nombre desquels figurait le vice-prési-
dent, M. Thomas C. Durant ; là retentirent les acclama-
tions ; là, les Sioux et les Pawnies donnèrent le spectacle
d'une petite guerre indienne ; là, les feux d'artifice éclatèrent ; là, enfin, se publia, au moyen d'une imprimerie
portative, le premier numéro du journal *Railway-Pio-
neer*. Ainsi fut célébrée l'inauguration de ce grand chemin de fer, instrument de progrès et de civilisation, jeté
à travers le désert et destiné à relier entre elles des
villes et des cités qui n'existaient pas encore. Le sifflet
de la locomotive, plus puissant que la lyre d'Am-
phion, allait bientôt les faire surgir du sol américain.

A huit heures du matin, le fort Mac-Pherson était
laissé en arrière. Trois cent cinquante-sept milles séparent ce point d'Omaha. La voie ferrée suivait, sur sa
rive gauche, les capricieuses sinuosités de la branche
sud de Platte-river. A neuf heures, on arrivait à l'importante ville de North-Platte, bâtie entre ces deux bras
du grand cours d'eau, qui se rejoignent autour d'elle

pour ne plus former qu'une seule artère, — affluent considérable dont les eaux se confondent avec celles du Missouri, un peu au-dessus d'Omaha.

Le cent-unième méridien était franchi.

Mr. Fogg et ses partenaires avaient repris leur jeu. Aucun d'eux ne se plaignait de la longueur de la route, — pas même le mort. Fix avait commencé par gagner quelques guinées, qu'il était en train de reperdre, mais il ne se montrait pas moins passionné que Mr. Fogg Pendant cette matinée, la chance favorisa singulièrement ce gentleman. Les atouts et les honneurs pleuvaient dans ses mains. A un certain moment, après avoir combiné un coup audacieux, il se préparait à jouer pique, quand, derrière la banquette, une voix se fit entendre, qui disait :

« Moi, je jouerais carreau... »

Mr. Fogg, Mrs. Aouda, Fix, levèrent la tête. Le colonel Proctor était près d'eux.

Stamp Proctor et Phileas Fogg se reconnurent aussitôt.

« Ah! c'est vous, monsieur l'Anglais, s'écria le colonel, c'est vous qui voulez jouer pique!

— Et qui le joue, répondit froidement Phileas Fogg, en abattant un dix de cette couleur.

— Eh bien, il me plaît que ce soit carreau, » répliqua le colonel Proctor d'une voix irritée.

Et il fit un geste pour saisir la carte jouée, en ajoutant :

« Vous n'entendez rien à ce jeu.

— Peut-être serai-je plus habile à un autre, dit Phileas Fogg, qui se leva.

— Il ne tient qu'à vous d'en essayer, fils de John Bull! » répliqua le grossier personnage.

Mrs. Aouda était devenue pâle. Tout son sang lui refluait au cœur. Elle avait saisi le bras de Phileas Fogg, qui la repoussa doucement. Passepartout était prêt à se jeter sur l'Américain, qui regardait son adversaire de l'air le plus insultant. Mais Fix s'était levé, et, allant au colonel Proctor, il lui dit :

« Vous oubliez que c'est moi à qui vous avez affaire, monsieur, moi que vous avez, non-seulement injurié, mais frappé !

— Monsieur Fix, dit Mr. Fogg, je vous demande pardon, mais ceci me regarde seul. En prétendant que j'avais tort de jouer pique, le colonel m'a fait une nouvelle injure, et il m'en rendra raison.

— Quand vous voudrez, et où vous voudrez, répondit l'Américain, et à l'arme qui vous plaira ! »

Mrs. Aouda essaya vainement de retenir Mr. Fogg. L'inspecteur tenta inutilement de reprendre la querelle à son compte. Passepartout voulait jeter le colonel par la portière, mais un signe de son maître l'arrêta. Phileas Fogg quitta le wagon, et l'Américain le suivit sur la passerelle.

« Monsieur, dit Mr. Fogg à son adversaire, je suis fort pressé de retourner en Europe, et un retard quelconque préjudicierait beaucoup à mes intérêts.

— Eh bien ! qu'est-ce que cela me fait ? répondit le colonel Proctor.

— Monsieur, reprit très-poliment Mr. Fogg, après

14

notre rencontre à San-Francisco, j'avais formé le projet de venir vous retrouver en Amérique, dès que j'aurais terminé les affaires qui m'appellent sur l'ancien continent.

— Vraiment !

— Voulez-vous me donner rendez-vous dans six mois?

— Pourquoi pas dans six ans?

— Je dis six mois, répondit Mr. Fogg, et je serai exact au rendez-vous.

— Des défaites, tout cela ! s'écria Stamp Proctor. Tout de suite ou pas.

— Soit, répondit Mr. Fogg, Vous allez à New-York?

— Non.

— A Chicago ?

— Non.

— A Omaha?

— Peu vous importe ! Connaissez-vous Plum-Creek?

— Non, répondit Mr. Fogg.

— C'est la station prochaine. Le train y sera dans une heure. Il y stationnera dix minutes. En dix minutes, on peut échanger quelques coups de revolver.

— Soit, répondit Mr. Fogg. Je m'arrêterai à Plum-Creek.

— Et je crois même que vous y resterez ! ajouta l'Américain avec une insolence sans pareille.

— Qui sait, monsieur? » répondit Mr. Fogg, et il rentra dans son wagon, aussi froid que d'habitude.

Là, le gentleman commença par rassurer Mrs. Aouda,

lui disa⁊' que les fanfarons n'étaient jamais à craindre.
Puis il pria Fix de lui servir de témoin dans la rencontre qu' allait avoir lieu. Fix ne pouvait refuser, et Phileas Fogg reprit tranquillement son jeu interrompu, en
jouant pique avec un calme parfait.

A onze heures, le sifflet de la locomotive annonça l'approche de la station de Plum-Creek. Mr. Fogg se leva,
et, suivi de Fix, il se rendit sur la passerelle. Passepartout l'accompagnait, portant une paire de revolvers.
Mrs. Aouda était restée dans le wagon, pâle comme une
morte.

En ce moment, la porte de l'autre wagon s'ouvrit, et
le colonel Proctor apparut également sur la passerelle,
suivi de son témoin, un Yankee de sa trempe. Mais à
l'instant où les deux adversaires allaient descendre sur
la voie, le conducteur accourut et leur cria :

« On ne descend pas, messieurs.

— Et pourquoi ? demanda le colonel.

— Nous avons vingt minutes de retard, et le train ne
s'arrête pas.

— Mais je dois me battre avec monsieur.

— Je le regrette, répondit l'employé, mais nous repar-
tons immédiatement. Voici la cloche qui sonne ! »

La cloche sonnait, en effet, et le train se remit en route.

« Je suis vraiment désolé, messieurs, dit alors le conducteur. En toute autre circonstance, j'aurais pu vous
obliger. Mais, après tout, puisque vous n'avez pas eu le
temps de vous battre ici, qui vous empêche de vous
battre en route ?

— Cela ne conviendra peut-être pas à monsieur ! dit le colonel Proctor d'un air goguenard.

— Cela me convient parfaitement, répondit Phileas Fogg.

— Allons, décidément, nous sommes en Amérique ! pensa Passepartout, et le conducteur de train est un gentleman du meilleur monde ! »

Et ce disant il suivit son maître.

Les deux adversaires, leurs témoins, précédés du conducteur, se rendirent, en passant d'un wagon à l'autre, à l'arrière du train. Le dernier wagon n'était occupé que par une dizaine de voyageurs. Le conducteur leur demanda s'ils voulaient bien, pour quelques instants, laisser la place libre à deux gentlemen qui avaient une affaire d'honneur à vider.

Comment donc ! Mais les voyageurs étaient trop heureux de pouvoir être agréables aux deux gentlemen, et ils se retirèrent sur les passerelles.

Ce wagon, long d'une cinquantaine de pieds, se prêtait très-convenablement à la circonstance. Les deux adversaires pouvaient marcher l'un sur l'autre entre les banquettes et s'arquebuser à leur aise. Jamais duel ne fut plus facile à régler. Mr. Fogg et le colonel Proctor, munis chacun de deux revolvers à six coups, entrèrent dans le wagon. Leurs témoins, restés en dehors, les y enfermèrent. Au premier coup de sifflet de la locomotive, ils devaient commencer le feu... Puis, après un laps de deux minutes, on retirerait du wagon ce qui resterait des deux gentlemen.

Rien de plus simple en vérité. C'était même si simple, que Fix et Passepartout sentaient leur cœur battre à se briser.

On attendait donc le coup de sifflet convenu, quand soudain des cris sauvages retentirent. Des détonations les accompagnèrent, mais elles ne venaient point du wagon réservé aux duellistes. Ces détonations se prolongeaient, au contraire, jusqu'à l'avant et sur toute la ligne du train. Des cris de frayeur se faisaient entendre à l'intérieur du convoi.

Le colonel Proctor et Mr. Fogg, revolver au poing, sortirent aussitôt du wagon et se précipitèrent vers l'avant, où retentissaient plus bruyamment les détonations et les cris.

Ils avaient compris que le train était attaqué par une bande de Sioux.

Ces hardis Indiens n'en étaient pas à leur coup d'essai, et plus d'une fois déjà ils avaient arrêté les convois. Suivant leur habitude, sans attendre l'arrêt du train, s'élançant sur les marchepieds au nombre d'une centaine, ils avaient escaladé les wagons comme fait un clown d'un cheval au galop.

Ces Sioux étaient munis de fusils. De là les détonations auxquelles les voyageurs, presque tous armés, ripostaient par des coups de revolvers. Tout d'abord, les Indiens s'étaient précipités sur la machine. Le mécanicie et le chauffeur avaient été à demi assommés à coups d casse-tête. Un chef sioux, voulant arrêter le train, mais ne sachant pas manœuvrer la manette du régulateur, avait largement ouvert l'introduction de la vapeur

14.

au lieu de la fermer, et la locomotive, emportée, courait avec une vitesse effroyable.

En même temps, les Sioux avaient envahi les wagons; ils couraient comme des singes en fureur sur les impériales, ils enfonçaient les portières et luttaient corps à corps avec les voyageurs. Hors du wagon de bagages, forcé et pillé, les colis étaient précipités sur la voie. Cris et coups de feu ne discontinuaient pas.

Cependant les voyageurs se défendaient avec courage. Certains wagons, barricadés, soutenaient un siége, comme de véritables forts ambulants, emportés avec une rapidité de cent milles à l'heure.

Dès le début de l'attaque, Mrs. Aouda s'était courageusement comportée. Le revolver à la main, elle se défendait héroïquement, tirant à travers les vitres brisées, lorsque quelque sauvage se présentait à elle. Une vingtaine de Sioux, frappés à mort, étaient tombés sur la voie, et les roues des wagons écrasaient comme des vers ceux d'entre eux qui glissaient sur les rails du haut des passerelles.

Plusieurs voyageurs, grièvement atteints par les balles ou les casse-tête, gisaient sur les banquettes.

Cependant il fallait en finir. Cette lutte durait déjà depuis dix minutes, et ne pouvait que se terminer à l'avantage des Sioux, si le train ne s'arrêtait pas. En effet, la station du fort Kearney n'était pas à deux milles de distance. Là se trouvait un poste américain, mais ce poste passé, entre le fort Kearney et la station suivante, les Sioux seraient les maîtres du train.

Le conducteur se battait aux côtés de Mr. Fogg, quand une balle le renversa. En tombant, cet homme s'écria:

« Nous sommes perdus, si le train ne s'arrête pas avant cinq minutes!

— Il s'arrêtera! dit Phileas Fogg, qui voulut s'élancer hors du wagon.

— Restez, monsieur, lui cria Passepartout. Cela me regarde! »

Phileas Fogg n'eut pas le temps d'arrêter ce courageux garçon, qui, ouvrant une portière sans être vu des Indiens, parvint à se glisser sous le wagon. Et alors, tandis que la lutte continuait, pendant que les balles se croisaient au-dessus de sa tête, retrouvant son agilité, sa souplesse de clown, se faufilant sous les wagons, s'accrochant aux chaînes, s'aidant du levier des freins et des longerons des châssis, rampant d'une voiture à l'autre avec une adresse merveilleuse, il gagna ainsi l'avant du train. Il n'avait pas été vu, il n'avait pu l'être.

Là, suspendu d'une main entre le wagon des bagages et le tender, de l'autre il décrocha les chaînes de sûreté; mais par suite de la traction opérée, il n'aurait jamais pu parvenir à dévisser la barre d'attelage, si une secousse que la machine éprouva n'eut fait sauter cette barre, et le train, détaché, resta peu à peu en arrière, tandis que la locomotive s'enfuyait avec une nouvelle vitesse.

Emporté par la force acquise, le train roula encore pendant quelques minutes, mais les freins furent manœuvrés à l'intérieur des wagons, et le convoi s'arrêta enfin, à moins de cent pas de la station de Kearney.

Là, les soldats du fort, attirés par les coups de feu, accoururent en hâte. Les Sioux ne les avaient pas attendus, et, avant l'arrêt complet du train, toute la bande avait décampé.

Mais quand les voyageurs se comptèrent sur le quai de la station, ils reconnurent que plusieurs manquaient à l'appel, et entre autres le courageux Français, dont le dévouement venait de les sauver.

XXX

DANS LEQUEL PHILEAS FOGG FAIT TOUT SIMPLEMENT SON DEVOIR.

Trois voyageurs, Passepartout compris, avaient disparu. Avaient-ils été tués dans la lutte ? Etaient-ils prisonniers des Sioux ? On ne pouvait encore le savoir.

Les blessés étaient assez nombreux, mais on reconnut qu'aucun n'était atteint mortellement. Un des plus grièvement frappé, c'était le colonel Proctor, qui s'était bravement battu, et qu'une balle à l'aine avait renversé. Il fut transporté à la gare avec d'autres voyageurs, dont l'état réclamait des soins immédiats.

Mrs. Aouda était sauve. Phileas Fogg, qui ne s'était pas épargné, n'avait pas une égratignure. Fix était blessé au bras, blessure sans importance. Mais Passepartout manquait, et des larmes coulaient des yeux de la jeune femme.

Cependant tous les voyageurs avaient quitté le train. Les roues des wagons étaient tachées de sang. Aux moyeux et aux rayons pendaient d'informes lambeaux de chair. On voyait à perte de vue sur la plaine blanche de longues traînées rouges. Les derniers Indiens disparaissaient alors dans le sud, du côté de Republican-river.

Mr. Fogg, les bras croisés, restait immobile. Il avait une grave décision à prendre. Mrs. Aouda, près de lui, le regardait sans prononcer une parole... Il comprit ce regard. Si son serviteur était prisonnier, ne devait-il pas tout risquer pour l'arracher aux Indiens?...

« Je le retrouverai mort ou vivant, dit-il simplement à Mrs. Aouda.

— Ah! monsieur... monsieur Fogg! s'écria la jeune femme, en saisissant les mains de son compagnon qu'elle couvrit de larmes.

— Vivant! ajouta Mr. Fogg, si nous ne perdons pas une minute! »

Par cette résolution, Phileas Fogg se sacrifiait tout entier. Il venait de prononcer sa ruine. Un seul jour de retard lui faisait manquer le paquebot à New-York. Son pari était irrévocablement perdu. Mais devant cette pensée : « C'est mon devoir! » il n'avait pas hésité.

Le capitaine commandant le fort Kearney était là.

Ses soldats — une centaine d'hommes environ — s'étaient mis sur la défensive pour le cas où les Sioux auraient dirigé une attaque directe contre la gare.

« Monsieur, dit Mr. Fogg au capitaine, trois voyageurs ont disparu.

— Morts ? demanda le capitaine.

— Morts ou prisonniers, répondit Phileas Fogg. Là est une incertitude qu'il faut faire cesser. Votre intention est-elle de poursuivre les Sioux ?

— Cela est grave, monsieur, dit le capitaine. Ces Indiens peuvent fuir jusqu'au delà de l'Arkansas ! Je ne saurais abandonner le fort qui m'est confié.

— Monsieur, reprit Phileas Fogg, il s'agit de la vie de trois hommes.

— Sans doute... mais puis-je risquer la vie de cinquante pour en sauver trois ?

— Je ne sais si vous le pouvez, monsieur, mais vous le devez.

— Monsieur, répondit le capitaine, personne ici n'a à m'apprendre quel est mon devoir.

— Soit, dit froidement Phileas Fogg. J'irai seul !

— Vous, monsieur ! s'écria Fix, qui s'était approché, aller seul à la poursuite des Indiens !

— Voulez-vous donc que je laisse périr ce malheureux, à qui tout ce qui est vivant ici doit la vie ? J'irai.

— Eh bien, non, vous n'irez pas seul ! s'écria le capitaine, ému malgré lui. Non! Vous êtes un brave cœur !.... Trente hommes de bonne volonté ! » ajouta-t-il en se tournant vers ses soldats.

Toute la compagnie s'avança en masse. Le capitaine n'eut qu'à choisir parmi ces braves gens. Trente soldats furent désignés, et un vieux sergent se mit à leur tête.

« Merci, capitaine ! dit Mr. Fogg.

— Vous me permettrez de vous accompagner ? demanda Fix au gentleman.

— Vous ferez comme il vous plaira, monsieur, lui répondit Phileas Fogg. Mais si vous voulez me rendre service, vous resterez près de Mrs. Aouda. Au cas où il m'arriverait malheur... »

Une pâleur subite envahit la figure de l'inspecteur de police. Se séparer de l'homme qu'il avait suivi pas à pas et avec tant de persistance ! Le laisser s'aventurer ainsi dans ce désert ! Fix regarda attentivement le gentleman, et, quoi qu'il en eût, malgré ses préventions, en dépit du combat qui se livrait en lui, il baissa les yeux devant ce regard calme et franc.

« Je resterai, » dit-il.

Quelques instants après, Mr. Fogg avait serré la main de la jeune femme ; puis, après lui avoir remis son précieux sac de voyage, il partait avec le sergent et sa petite troupe.

Mais avant de partir, il avait dit aux soldats :

« Mes amis, il y a mille livres pour vous si nous sauvons les prisonniers ! »

Il était alors midi et quelques minutes.

Mrs. Aouda s'était retirée dans une chambre de la gare, et là, seule, elle attendait, songeant à Phileas Fogg, à cette générosité simple et grande, à ce tranquille courage. Mr. Fogg avait sacrifié sa fortune, et maintenant il jouait sa vie, tout cela sans hésitation, par devoir, sans phrases. Phileas Fogg était un héros à ses yeux.

L'inspecteur Fix, lui, ne pensait pas ainsi, et il ne pouvait contenir son agitation. Il se promenait fébrilement sur le quai de la gare. Un moment subjugué, il redevenait lui-même. Fogg parti, il comprenait la sottise qu'il avait faite de le laisser partir. Quoi! cet homme qu'il venait de suivre autour du monde, il avait consenti à s'en séparer! Sa nature reprenait le dessus, il s'incriminait, il s'accusait, il se traitait comme s'il eût été le directeur de la police métropolitaine, admonestant un agent pris en flagrant délit de naïveté.

« J'ai été inepte! pensait-il. L'autre lui aura appris qui j'étais! Il est parti, il ne reviendra pas! Où le reprendre maintenant? Mais comment ai-je pu me laisser fasciner ainsi, moi, Fix, moi, qui ai en poche son ordre d'arrestation! Décidément je ne suis qu'une bête! »

Ainsi raisonnait l'inspecteur de police, tandis que les heures s'écoulaient si lentement à son gré. Il ne savait que faire. Quelquefois, il avait envie de tout dire à Mrs. Aouda. Mais il comprenait comment il serait reçu par la jeune femme. Quel parti prendre? Il était tenté de s'en aller à travers les longues plaines blanches, à la poursuite de ce Fogg! Il ne lui semblait pas impossible de le retrouver. Les pas du détachement étaient encore imprimés sur la neige!... Mais bientôt, sous une couche nouvelle, toute empreinte s'effaça.

Alors le découragement prit Fix. Il éprouva comme

une insurmontable envie d'abandonner la partie. Or,
précisément, cette occasion de quitter la station de
Kearney et de poursuivre ce voyage, si fécond en décon-
venues, lui fut offerte.

En effet, vers deux heures après midi, pendant que la
neige tombait à gros flocons, on entendit de longs sifflets
qui venaient de l'est. Une énorme ombre, précédée d'une
lueur fauve, s'avançait lentement, considérablement
grandie par les brumes, qui lui donnaient un aspect fan-
tastique.

Cependant on n'attendait encore aucun train venant
de l'est. Les secours réclamés par le télégraphe ne pouvaient arriver sitôt, et le train d'Omaha à San-Francisco
ne devait passer que le lendemain. — On fut bientôt
fixé.

Cette locomotive, qui marchait à petite vapeur, en jetant de grands coups de sifflet, c'était celle qui, après
avoir été détachée du train, avait continué sa route avec
une si effrayante vitesse, emportant le chauffeur et le
mécanicien inanimés. Elle avait couru sur les rails pendant plusieurs milles; puis, le feu avait baissé, faute de
combustible; la vapeur s'était détendue, et une heure
après, ralentissant peu à peu sa marche, la machine
s'arrêtait enfin à vingt milles au delà de la station de
Kearney.

Ni le mécanicien, ni le chauffeur n'avaient succombé,
et, après un évanouissement assez prolongé, ils étaient
revenus à eux.

La machine était alors arrêtée. Quand il se vit dans le

15

désert, la locomotive seule, n'ayant plus de wagons à sa suite, le mécanicien comprit ce qui s'était passé. Comment la locomotive avait été détachée du train, il ne put le deviner, mais il n'était pas douteux, pour lui, que le train, resté en arrière, se trouvât en détresse.

Le mécanicien n'hésita pas sur ce qu'il devait faire. Continuer la route dans la direction d'Omaha était prudent; retourner vers le train, que les Indiens pillaient peut-être encore, était dangereux... N'importe! Des pelletées de charbon et de bois furent engouffrées dans le foyer de sa chaudière, le feu se ranima, la pression monta de nouveau, et, vers deux heures après midi, la machine revenait en arrière vers la station de Kearney. C'était elle qui sifflait dans la brume.

Ce fut une grande satisfaction pour les voyageurs, quand ils virent la locomotive se mettre en tête du train. Ils allaient pouvoir continuer ce voyage si malheureusement interrompu.

A l'arrivée de la machine, Mrs. Aouda avait quitté la gare, et s'adressant au conducteur :

« Vous allez partir? lui demanda-t-elle.

— A l'instant, madame.

— Mais ces prisonniers... nos malheureux compagnons...

— Je ne puis interrompre le service répondit le conducteur. Nous avons déjà trois heures de retard.

— Et quand passera l'autre train venant de San-Francisco?

— Demain soir, madame.

— Demain soir! mais il sera trop tard. Il faut attendre...

— C'est impossible, répondit le conducteur. Si vous voulez partir, montez en voiture.

— Je ne partirai pas, » répondit la jeune femme.

Fix avait entendu cette conversation. Quelques instants auparavant, quand tout moyen de locomotion lui manquait, il était décidé à quitter Kearney, et maintenant que le train était là, prêt à s'élancer, qu'il n'avait plus qu'à reprendre sa place dans le wagon, une irrésistible force le rattachait au sol. Ce quai de la gare lui brûlait les pieds, et il ne pouvait s'en arracher. Le combat recommençait en lui. La colère de l'insuccès l'étouffait. Il voulait lutter jusqu'au bout.

Cependant les voyageurs et quelques blessés — entre autres le colonel Proctor, dont l'état était grave — avaient pris place dans les wagons. On entendait les bourdonnements de la chaudière surchauffée, et la vapeur s'échappait par les soupapes. Le mécanicien siffla, le train se mit en marche, et disparut bientôt, mêlant sa fumée blanche au tourbillon des neiges.

L'inspecteur Fix était resté.

Quelques heures s'écoulèrent. Le temps était fort mauvais, le froid très-vif. Fix, assis sur un banc dans la gare, restait immobile. On eût pu croire qu'il dormait. Mrs. Aouda, malgré la rafale, quittait à chaque instant la chambre qui avait été mise à sa disposition. Elle venait à l'extrémité du quai, cherchant à voir à travers la tempête de neige, voulant percer cette brume qui réduisait l'horizon autour d'elle, écoutant si quelque bruit se ferait entendre. Mais rien. Elle rentrait alors, toute transie, pour revenir quelques moments plus tard, et toujours inutilement.

Le soir se fit. Le petit détachement n'était pas de retour. Où était-il en ce moment? Avait-il pu rejoindre les Indiens? Y avait-il eu lutte, ou ces soldats, perdus dans la brume, erraient-ils au hasard? Le capitaine du fort Kearney était très-inquiet, bien qu'il ne voulût rien laisser paraître de son inquiétude.

La nuit vint, la neige tomba moins abondamment, mais l'intensité du froid s'accrut. Le regard le plus intrépide n'eût pas considéré sans épouvante cette obscure immensité. Un absolu silence régnait sur la plaine. Ni le vol d'un oiseau, ni la passée d'un fauve, n'en troublait le calme infini.

Pendant toute cette nuit, Mrs. Aouda, l'esprit plein de pressentiments sinistres, le cœur rempli d'angoisses, erra sur la lisière de la prairie. Son imagination l'emportait au loin et lui montrait mille dangers. Ce qu'elle souffrit pendant ces longues heures ne saurait s'exprimer.

Fix était toujours immobile à la même place, mais, lui non plus, il ne dormait pas. A un certain moment, un homme s'était approché, lui avait parlé même, mais l'agent l'avait renvoyé, après avoir répondu à ses paroles par un signe négatif.

La nuit s'écoula ainsi. A l'aube, le disque à demi éteint du soleil se leva sur un horizon embrumé. Cepen-

dant la portée du regard pouvait s'étendre à une distance de deux milles. C'était vers le sud que Phileas Fogg et le détachement s'étaient dirigés... Le sud
était absolument désert. Il était alors sept heures du
matin.

Le capitaine, extrèmement soucieux, ne savait quel
parti prendre. Devait-il envoyer un second détachement
au secours du premier? Devait-il sacrifier de nouveaux
hommes avec si peu de chances de sauver ceux qui
étaient sacrifiés tout d'abord? Mais son hésitation ne
dura pas, et d'un geste, appelant un de ses lieutenants,
il lui donnait l'ordre de pousser une reconnaissance
dans le sud, — quand des coups de feu éclatèrent. Était-
ce un signal? Les soldats se jetèrent hors du fort, et à
un demi-mille ils aperçurent une petite troupe qui revenait en bon ordre.

Mr. Fogg marchait en tête, et près de lui Passepartout
et les deux autres voyageurs, arrachés aux mains des
Sioux.

Il y avait eu combat à dix milles au sud de Kearney.
Peu d'instants avant l'arrivée du détachement, Passepartout et ses deux compagnons luttaient déjà contre leurs
gardiens, et le Français en avait assommé trois à coups
de poing, quand son maître et les soldats se précipitèrent à leur secours.

Tous, les sauveurs et les sauvés, furent accueillis par
des cris de joie, et Phileas Fogg distribua aux soldats la
prime qu'il leur avait promise, tandis que Passepartout
se répétait, non sans quelque raison :

« Décidément, il faut avouer que je coûte cher à mon maître ! »

Fix, sans prononcer une parole, regardait Mr. Fogg, et il eût été difficile d'analyser les impressions qui se combattaient alors en lui. Quant à Mrs. Aouda, elle avait pris la main du gentleman, et elle la serrait dans les siennes, sans pouvoir prononcer une parole !

Cependant Passepartout, dès son arrivée, avait cherché le train dans la gare. Il croyait le trouver là, prêt à filer sur Omaha, et il espérait que l'on pourrait encore regagner le temps perdu.

« Le train, le train ! s'écria-t-il.

— Parti, répondit Fix.

— Et le train suivant, quand passera-t-il? demanda Phileas Fogg.

— Ce soir seulement.

— Ah ! » répondit simplement l'impassible gentleman.

XXXI

DANS LEQUEL L'INSPECTEUR FIX PREND TRÈS-SÉRIEUSEMENT LES INTÉRÊTS DE PHILEAS FOGG.

Phileas Fogg se trouvait en retard de vingt heures. Passepartout, la cause involontaire de ce retard, était désespéré. Il avait décidément ruiné son maître !

En ce moment, l'inspecteur s'approcha de Mr. Fogg, et, le regardant bien en face :

« Très-sérieusement, monsieur, lui demanda-t-il, vous êtes pressé ?

— Très-sérieusement, répondit Phileas Fogg.

— J'insiste, reprit Fix. Vous avez bien intérêt à être à New-York le 11, avant neuf heures du soir, heure du départ du paquebot de Liverpool?

— Un intérêt majeur.

— Et si votre voyage n'eût pas été interrompu par cette attaque d'Indiens, vous seriez arrivé à New-York le 11, dès le matin?

— Oui, avec douze heures d'avance sur le paquebot.

— Bien. Vous avez donc vingt heures de retard. Entre vingt et douze, l'écart est de huit. C'est huit heures à regagner. Voulez-vous tenter de le faire.

— A pied? demanda Mr. Fogg.

— Non, en traîneau, répondit Fix, en traîneau à voile. Un homme m'a proposé ce moyen de transport. »

C'était l'homme qui avait parlé à l'inspecteur de police pendant la nuit, et dont Fix avait refusé l'offre.

Phileas Fogg ne répondit pas à Fix; mais Fix lui ayant montré l'homme en question qui se promenait devant la gare, le gentleman alla à lui. Un instant après, Phileas Fogg et cet Américain, nommé Mudge, entraient dans une hutte construite au bas du fort Kearney.

Là, Mr. Fogg examina un assez singulier véhicule, sorte de châssis, établi sur deux longues poutres, un peu relevées à l'avant comme les semelles d'un traîneau, et sur lequel cinq ou six personnes pouvaient prendre place. Au tiers du châssis, sur l'avant, se dressait un mât très-élevé, sur lequel s'enverguait une immense brigantine. Ce mât, solidement retenu par des haubans métalliques, tendait un étai de fer qui servait à guinder un foc de grande dimension. A l'arrière, une sorte de gouvernail-godille permettait de diriger l'appareil.

C'était, on le voit, un traîneau gréé en sloop. Pendant l'hiver, sur la plaine glacée, lorsque les trains sont arrêtés par les neiges, ces véhicules font des traversées extrêmement rapides d'une station à l'autre. Ils sont, d'ailleurs, prodigieusement voilés, — plus voilés même que ne peut l'être un cotre de course, exposé à chavirer, — et, vent arrière, ils glissent à la surface des prairies avec une rapidité égale, sinon supérieure, à celle des express.

En quelques instants, un marché fut conclu entre Mr. Fogg et le patron de cette embarcation de terre. Le vent était bon. Il soufflait de l'ouest en grande brise. La neige était durcie, et Mudge se faisait fort de conduire Mr. Fogg en quelques heures à la station d'Omaha. Là, les trains sont fréquents et les voies nombreuses, qui conduisent à Chicago et à New-York. Il n'était pas impossible que le retard fût regagné. Il n'y avait donc pas à hésiter à tenter l'aventure.

Mr. Fogg, ne voulant pas exposer Mrs. Aouda aux tortures d'une traversée en plein air, par ce froid que la vitesse rendrait plus insupportable encore, lui proposa de rester sous la garde de Passepartout à la station de

Kearney. L'honnête garçon se chargerait de ramener la jeune femme en Europe par une route meilleure et dans des conditions plus acceptables.

Mrs. Aouda refusa de se séparer de Mr. Fogg, et Paspartout se sentit très-heureux de cette détermination. En effet, pour rien au monde il n'eût voulu quitter son maître, puisque Fix devait l'accompagner.

Quant à ce que pensait alors l'inspecteur de police, ce serait difficile à dire. Sa conviction avait-elle été ébranlée par le retour de Phileas Fogg, ou bien le tenait-il pour un coquin extrêmement fort, qui, son tour du monde accompli, devait croire qu'il serait absolument en sûreté en Angleterre? Peut-être l'opinion de Fix touchant Phileas Fogg était-elle en effet modifiée. Mais il n'en était pas moins décidé à faire son devoir, et, plus impatient que tous, à presser de tout son pouvoir le retour en Angleterre.

A huit heures, le traîneau était prêt à partir. Les voyageurs — on serait tenté de dire les passagers — y prenaient place et se serraient étroitement dans leurs couvertures de voyage. Les deux immenses voiles étaient hissées, et, sous l'impulsion du vent, le véhicule filait sur la neige durcie avec une rapidité de quarante milles à l'heure.

La distance qui sépare le fort Kearney d'Omaha est, en droite ligne, — à vol d'abeille, comme disent les Américains, — de deux cents milles au plus. Si le vent tenait, en cinq heures cette distance pouvait être franchie. Si aucun incident ne se produisait, à une heure

15.

après midi le traîneau devait avoir atteint Omaha.

Quelle traversée ! Les voyageurs, pressés les uns contre les autres, ne pouvaient se parler. Le froid, accru par la vitesse, leur eût coupé la parole. Le traîneau glissait aussi légèrement à la surface de la plaine qu'une embarcation à la surface des eaux, — avec la houle en moins. Quand la brise arrivait en rasant la terre, il semblait que le traîneau fût enlevé du sol par ses voiles, vastes ailes d'une immense envergure. Mudge, au gouvernail, se maintenait dans la ligne droite, et, d'un coup de godille, il rectifiait les embardées que l'appareil tendait à faire. Toute la toile portait. Le foc avait été perqué et n'était plus abrité par la brigantine. Un mât de hune fut guindé, et une flèche, tendue au vent, ajouta sa puissance d'impulsion à celle des autres voiles. On ne pouvait l'estimer, mathématiquement, mais certainement la vitesse du traîneau ne devait pas être moindre de quarante milles à l'heure.

« Si rien ne casse, dit Mudge, nous arriverons ! »

Et Mudge avait intérêt à arriver dans le délai convenu, car Mr. Fogg, fidèle à son système, l'avait alléché par une forte prime.

La prairie, que le traîneau coupait en ligne droite, était plate comme une mer. On eût dit un immense étang glacé. Le rail-road qui desservait cette partie du territoire remontait, du sud-ouest au nord-ouest, par Grand-Island, Columbus, ville importante du Nebraska, Schuyler, Fremont, puis Omaha. Il suivait pendant tout son parcours la rive droite de Platte-river. Le traîneau.

abrégeant cette route, prenait la corde de l'arc décrit par le chemin de fer. Mudge ne pouvait craindre d'être arrêté par la Platte-river, à ce petit coude qu'elle fait en avant de Frémont, puisque ses eaux étaient glacées. Le chemin était donc entièrement débarrassé d'obstacles, et Phileas Fogg n'avait donc que deux circonstances à redouter : une avarie à l'appareil, un changement ou une tombée du vent.

Mais la brise ne mollissait pas. Au contraire. Elle souf-flait à courber le mât, que les haubans de fer mainte-naient solidement. Ces filins métalliques, semblables aux cordes d'un instrument, résonnaient comme si un archet eût provoqué leurs vibrations. Le traîneau s'enle-vait au milieu d'une harmonie plaintive, d'une intensité toute particulière.

« Ces cordes donnent la quinte et l'octave, » dit Mr. Fogg.

Et ce furent les seules paroles qu'il prononça pendant cette traversée. Mrs. Aouda, soigneusement empaque-tée dans les fourrures et les couvertures de voyage, était, autant que possible, préservée des atteintes du froid.

Quant à Passepartout, la face rouge comme le disque solaire quand il se couche dans les brumes, il humait cet air piquant. Avec le fond d'imperturbable confiance qu'il possédait, il s'était repris à espérer. Au lieu d'ar-river le matin à New-York, on y arriverait le soir, mais il y avait encore quelques chances pour que ce fût avant le départ du paquebot de Liverpool.

Passepartout avait même éprouvé une forte envie de serrer la main de son allié Fix. Il n'oubliait pas que c'était l'inspecteur lui-même qui avait procuré le traîneau à voiles, et, par conséquent, le seul moyen qu'il y eût de gagner Omaha en temps utile. Mais, par on ne sait quel pressentiment, il se tint dans sa réserve accoutumée.

En tout cas, une chose que Passepartout n'oublierait jamais, c'était le sacrifice que Mr. Fogg avait fait, sans hésiter, pour l'arracher aux mains des Sioux. A cela, Mr. Fogg avait risqué sa fortune et sa vie... Non ! son serviteur ne l'oublierait pas !

Pendant que chacun des voyageurs se laissait aller à des réflexions si diverses, le traîneau volait sur l'immense tapis de neige. S'il passait quelques creeks, affluents ou sous-affluents de la Little-Blue-river, on ne s'en apercevait pas. Les champs et les cours d'eau disparaissaient sous une blancheur uniforme. La plaine était absolument déserte. Comprise entre l'Union-Pacific-road et l'embranchement qui doit réunir Kearney à Saint-Joseph, elle formait comme une grande île inhabitée. Pas un village, pas une station, pas même un fort. De temps en temps, on voyait passer comme un éclair quelque arbre grimaçant, dont le blanc squelette se tordait sous la brise. Parfois, des bandes d'oiseaux sauvages s'enlevaient du même vol. Parfois aussi, quelques loups de prairies, en troupes nombreuses, maigres, affamés, poussés par un besoin féroce, luttaient de vitesse avec le traîneau. Alors Passepartout, le revolver à la main, se tenait prêt

à faire feu sur les plus rapprochés. Si quelque accident
eût alors arrêté le traîneau, les voyageurs, attaqués par
ces féroces carnassiers, auraient couru les plus grands
risques. Mais le traîneau tenait bon, il ne tardait pas à
prendre de l'avance, et bientôt toute la bande hurlante
restait en arrière.

A midi, Mudge reconnut à quelques indices qu'il passait le cours glacé de la Platte-river. Il ne dit rien, mais
il était déjà sûr que, vingt milles plus loin, il aurait atteint la station d'Omaha.

Et, en effet, il n'était pas une heure, que ce guide habile, abandonnant la barre, se précipitait aux drisses des
voiles et les amenait en bande, pendant que le traîneau,
emporté par son irrésistible élan, franchissait encore un
demi-mille à sec de toile. Enfin il s'arrêta, et Mudge,
montrant un amas de toits blancs de neige, disait :

« Nous sommes arrivés. »

Arrivés ! Arrivés, en effet, à cette station qui, par des
trains nombreux, est quotidiennement en communication
avec l'est des États-Unis !

Passepartout et Fix avaient sauté à terre et secouaient
leurs membres engourdis. Ils aidèrent Mr. Fogg et la
jeune femme à descendre du traîneau. Phileas Fogg
régla généreusement avec Mudge, auquel Passepartout
serra la main comme à un ami, et tous se précipitèrent
ers la gare d'Omaha.

C'est à cette importante cité du Nebraska que s'arrête
le chemin de fer du Pacifique proprement dit, qui met
le bassin du Mississipi en communication avec le grand

Océan. Pour aller d'Omaha à Chicago, le rail-road,
sous le nom de « Chicago-Rock-island-road », court directement dans l'est en desservant cinquante stations.

Un train direct était prêt à partir. Phileas Fogg et ses
compagnons n'eurent que le temps de se précipiter
dans un wagon. Ils n'avaient rien vu d'Omaha, mais
Passepartout s'avoua à lui-même qu'il n'y avait pas lieu
de le regretter, et que ce n'était pas de voir qu'il s'agissait.

Avec une extrême rapidité, ce train passa dans l'État
d'Iowa, par Council-Bluffs, des Moines, Iowa-city. Pendant la nuit, il traversait le Mississipi à Davenport, et par
Rock-Island il entrait dans l'Illinois. Le lendemain, 10,
à quatre heures du soir, il arrivait à Chicago, déjà relevée
de ses ruines, et plus fièrement assise que jamais sur les
bords de son beau lac Michigan.

Neuf cents milles séparent Chicago de New-York. Les
trains ne manquaient pas à Chicago. Mr. Fogg passa
immédiatement de l'un dans l'autre. La fringante locomotive du « Pittsburg-Fort-Wayne-Chicago-rail-road »
partit à toute vitesse, comme si elle eût compris que l'honorable gentleman n'avait pas de temps à perdre. Elle
traversa comme un éclair l'Indiana, l'Ohio, la Pensylva-
nie, le New-Jersey, passant par des villes aux noms antiques, dont quelques-unes avaient des rues et des tramways, mais pas de maisons encore. Enfin l'Hudson apparut, et, le 11 décembre, à onze heures un quart du
soir, le train s'arrêtait dans la gare, sur la rive droite du
fleuve, devant le « pier » même des steamers de la ligne

Cunard, autrement dite « British and north American royal mail steam packet Co. »

Le *China*, à destination de Liverpool, était parti depuis quarante-cinq minutes !

XXXII

DANS LEQUEL PHILEAS FOGG ENGAGE UNE LUTTE DIRECTE CONTRE LA MAUVAISE CHANCE.

En partant, le *China* semblait avoir emporté avec lui le dernier espoir de Phileas Fogg.

En effet, aucun des autres paquebots qui font le service direct entre l'Amérique et l'Europe, ni les Trans-atlantiques français, ni les navires du « White-Star-line », ni les steamers de la Compagnie Imman, ni ceux de la ligne Hambourgeoise, ni autres, ne pouvaient servir les projets du gentleman.

En effet, le *Pereire*, de la Compagnie transatlantique française, — dont les admirables bâtiments égalent en vitesse et surpassent en confortable tous ceux des autres lignes, sans exception, — ne partait que le surlende-main, 14 décembre. Et d'ailleurs, de même que ceux de la Compagnie hambourgeoise, il n'allait pas directement à Liverpool ou à Londres, mais au Havre, et cette traversée supplémentaire du Havre à Southampton, en retardant Phileas Fogg, eût annulé ses derniers efforts.

Quant aux paquebots Imman, dont l'un, le *City-of-Paris*, mettait en mer le lendemain, il n'y fallait pas songer. Ces navires sont particulièrement affectés au transport des émigrants, leurs machines sont faibles, ils naviguent autant à la voile qu'à la vapeur, et leur vitesse est médiocre. Ils employaient à cette traversée de New-York à l'Angleterre plus de temps qu'il n'en restait à Mr. Fogg pour gagner son pari.

De tout ceci le gentleman se rendit parfaitement compte en consultant son *Bradshaw*, qui lui donnait, jour par jour, les mouvements de la navigation transocéanienne.

Passepartout était anéanti. Avoir manqué le paquebot de quarante-cinq minutes, cela le tuait. C'était sa faute, à lui, qui, au lieu d'aider son maître, n'avait cessé de semer des obstacles sur sa route! Et quand il revoyait dans son esprit tous les incidents du voyage, quand il supputait les sommes dépensées en pure perte et dans son seul intérêt, quand il songeait que cet énorme pari, en y joignant les frais considérables de ce voyage devenu inutile, ruinait complétement Mr. Fogg, il s'accablait d'injures.

Mr. Fogg ne lui fit, cependant, aucun reproche, et, en quittant le pier des paquebots transatlantiques, il ne dit que ces mots :

« Nous aviserons demain. Venez. »

Mr. Fogg, Mrs. Aouda, Fix, Passepartout traversèrent

l'Hudson dans le Jersey-city-ferry-boat, et montèrent ans un fiacre, qui les conduisit à l'hôtel Saint-Nicolas, ans Broadway. Des chambres furent mises à leur disosition, et la nuit se passa, courte pour Phileas Fogg, qui dormit d'un sommeil parfait, mais bien longue pour Mrs. Aouda et ses compagnons, auxquels leur agitation ne permit pas de reposer.

Le lendemain, c'était le 12 décembre. Du 12, sept heures du matin, au 21, huit heures quarante-cinq minutes du soir, il restait neuf jours treize heures et quarante-cinq minutes. Si donc Phileas Fogg fût parti la veille par le *China*, l'un des meilleurs marcheurs de la ligne Cunard, il serait arrivé à Liverpool, puis à Londres, dans les délais voulus !

Mr. Fogg quitta l'hôtel, seul, après avoir recommandé à son domestique de l'attendre, et de prévenir Mrs. Aouda de se tenir prête à tout instant.

Mr. Fogg se rendit aux rives de l'Hudson, et parmi les navires amarrés au quai ou ancrés dans le fleuve, il rechercha avec soin ceux qui étaient en partance. Plusieurs bâtiments avaient leur guidon de départ et se préparaient à prendre la mer à la marée du matin, car dans cet immense et admirable port de New-York, il n'est pas de jour où cent navires ne fassent route pour tous les points du monde ; mais la plupart étaient des bâtiments à voile, et ils ne pouvaient convenir à Phileas Fogg.

Ce gentleman semblait devoir échouer dans sa dernière tentative, quand il aperçut, mouillé devant la Batterie, à une encâblure au plus, un navire de commerce à hélice, de formes fines, dont la cheminée, laissant échapper de gros flocons de fumée, indiquait qu'il se préparait à appareiller.

Phileas Fogg héla un canot, s'y embarqua, et, en quelques coups d'aviron, il se trouvait à l'échelle de l'*Henrietta*, steamer à coque de fer, dont tous les hauts étaient en bois.

Le capitaine de l'*Henrietta* était à bord. Phileas Fogg monta sur le pont et fit demander le capitaine. Celui-ci se présenta aussitôt.

C'était un homme de cinquante ans, une sorte de loup de mer, un bougon qui ne devait pas être commode. Gros yeux, teint de cuivre oxydé, cheveux rouges, forte encolure, — rien de l'aspect d'un homme du monde.

« Le capitaine ? demanda Mr. Fogg.

— C'est moi.

— Je suis Phileas Fogg, de Londres.

— Et moi, Andrew Speedy, de Cardiff.

— Vous allez partir ?...

— Dans une heure.

— Vous êtes chargé pour... ?

— Bordeaux.

— Et votre cargaison ?

— Des cailloux dans le ventre. Pas de fret. Je pars sur lest.

— Vous avez des passagers ?

— Pas de passagers. Jamais de passagers. Marchandise encombrante et raisonnante.

— Votre navire marche bien ?

— Entre onze et douze nœuds. L'*Henrietta*, bien connue.

— Voulez-vous me transporter à Liverpool, moi et trois personnes ?

— A Liverpool? Pourquoi pas en Chine?   .

— Je dis Liverpool.

— Non!

— Non?

— Non. Je suis en partance pour Bordeaux, et je vais à Bordeaux.

— N'importe quel prix ?

— N'importe quel prix. »

Le capitaine avait parlé d'un ton qui n'admettait pas de réplique.

« Mais les armateurs de l'*Henrietta*... reprit Phileas Fogg.

— Les armateurs, c'est moi, répondit le capitaine. Le navire m'appartient.

— Je vous l'affrète.

— Non.

— Je vous l'achète.

— Non. »

Phileas Fogg ne sourcilla pas. Cependant la situation était grave. Il n'en était pas de New-York comme de Hong-Kong, ni du capitaine de l'*Henrietta* comme du patron de la *Tankadère*. Jusqu'ici l'argent du gentleman avait toujours eu raison des obstacles. Cette fois-ci, l'argent échouait.

Cependant, il fallait trouver le moyen de traverser l'Atlantique en bateau, — à moins de le traverser en ballon, — ce qui eût été fort aventureux, et ce qui, d'ailleurs, n'était pas réalisable.

Il paraît, pourtant, que Phileas Fogg eut une idée, car il dit au capitaine :

« Eh bien, voulez-vous me mener à Bordeaux ?

— Non, quand même vous me payeriez deux cents dollars !

— Je vous en offre deux mille (10,000 fr.)

— Par personne?

— Par personne.

— Et vous êtes quatre?

— Quatre. »

Le capitaine Speedy commença à se gratter le front, comme s'il eût voulu en arracher l'épiderme. Huit mille dollars à gagner, sans modifier son voyage, cela valait bien la peine qu'il mît de côté son antipathie prononcée pour toute espèce de passager. Des passagers à deux mille dollars, d'ailleurs, ce ne sont plus des passagers, c'est de la marchandise précieuse.

« Je pars à neuf heures, dit simplement le capitaine Speedy, et si vous et les vôtres, vous êtes là?...

— A neuf heures, nous serons à bord ! » répondit non moins simplement Mr. Fogg.

Il était huit heures et demie. Débarquer de l'*Henrietta*, monter dans une voiture, se rendre à l'hôtel Saint-Nicolas, en ramener Mrs. Aouda, Passepartout, et même l'inséparable Fix, auquel il offrait gracieusement le passage, cela fut fait par le gentleman avec ce calme qui ne l'abandonnait en aucune circonstance.

Au moment où l'*Henrietta* appareillait, tous quatre étaient à bord.

Lorsque Passepartout apprit ce que coûterait cette dernière traversée, il poussa un de ces « Oh ! » prolongés, qui parcourent tous les intervalles de la gamme chromatique descendante !

Quant à l'inspecteur Fix, il se dit que décidément la Banque d'Angleterre ne sortirait pas indemne de cette affaire. En effet, en arrivant et en admettant que le sieur Fogg n'en jetât pas encore quelques poignées à la mer, plus de sept mille livres (175,000 fr.) manqueraient au ~~~c à bank-notes !

XXXIII

OU PHILEAS FOGG SE MONTRE A LA HAUTEUR DES CIRCONSTANCES.

Une heure après, le steamer *Henrietta* dépassait le Light-boat qui marque l'entrée de l'Hudson, tournait la pointe de Sandy-Hook et donnait en mer. Pendant la journée, il prolongea Long-Island, au large du feu de Fire-Island, et courut rapidement vers l'est.

Le lendemain, 13 décembre, à midi, un homme monta

sur la passerelle pour faire le point. Certes, on doit croire que cet homme était le capitaine Speedy! Pas le moins du monde. C'était Philéas Fogg, esq.

Quant au capitaine Speedy, il était tout bonnement enfermé à clef dans sa cabine, et poussait des hurlements qui dénotaient une colère, bien pardonnable, poussée jusqu'au paroxysme.

Ce qui s'était passé était très-simple. Philéas Fogg voulait aller à Liverpool, le capitaine ne voulait pas l'y conduire. Alors Philéas Fogg avait accepté de prendre passage pour Bordeaux, et, depuis trente heures qu'il était à bord, il avait si bien manœuvré à coups de banknotes, que l'équipage, matelots et chauffeurs, — équipage un peu interlope, qui était en assez mauvais termes avec le capitaine, — lui appartenait. Et voilà pourquoi Philéas Fogg commandait au lieu et place du capitaine Speedy, pourquoi le capitaine était enfermé dans sa cabine, et pourquoi enfin l'*Henrietta* se dirigeait vers Liverpool. Seulement, il était très-clair, à voir manœuvrer Mr. Fogg, que Mr. Fogg avait été marin.

Maintenant, comment finirait l'aventure, on le saurait plus tard. Toutefois, Mrs. Aouda ne laissait pas d'être inquiète, sans en rien dire. Fix, lui, avait été abasourdi tout d'abord. Quant à Passepartout, il trouvait la chose tout simplement adorable.

« Entre onze et douze nœuds, » avait dit le capitaine Speedy, et en effet l'*Henrietta* se maintenait dans cette moyenne de vitesse.

Si donc, — que de « si » encore! — si donc la mer ne

devenait pas trop mauvaise, si le vent ne sautait pas dans
l'est, s'il ne survenait aucune avarie au bâtiment, aucun
accident à la machine, l'*Henrietta*, dans les neuf jours
comptés du 12 décembre au 21, pouvait franchir les
trois mille milles qui séparent New-York de Liverpool. Il est vrai qu'une fois arrivé, l'affaire de l'*Henrietta* brochant sur l'affaire de la Banque, cela pouvait
mener le gentleman un peu plus loin qu'il ne voudrait.

Pendant les premiers jours, la navigation se fit dans
d'excellentes conditions. La mer n'était pas trop dure ;
le vent paraissait fixé au nord-est ; les voiles furent
établies, et, sous ses goëlettes, l'*Henrietta* marcha comme
un vrai transatlantique.

Passepartout était enchanté. Le dernier exploit de
son maître, dont il ne voulait pas voir les conséquences,
l'enthousiasmait. Jamais l'équipage n'avait vu un garçon
plus gai, plus agile. Il faisait mille amitiés aux matelots et les étonnait par ses tours de voltige. Il leur
prodiguait les meilleurs noms et les boissons les plus
attrayantes. Pour lui, ils manœuvraient comme des
gentlemen, et les chauffeurs chauffaient comme des
héros. Sa bonne humeur, très-communicative, s'impré-
gnait à tous. Il avait oublié le passé, les ennuis, les périls.
Il ne songeait qu'à ce but, si près d'être atteint, et parfois il bouillait d'impatience, comme s'il eût été chauffé
par les fourneaux de l'*Henrietta*. Souvent aussi, le digne
garçon tournait autour de Fix ; il le regardait d'un œil
« qui en disait long ! » mais il ne lui parlait pas, car il

n'existait plus aucune intimité entre les deux anciens amis.

D'ailleurs Fix, il faut le dire, n'y comprenait plus rien ! La conquête de l'*Henrietta*, l'achat de son équipage, ce Fogg manœuvrant comme un marin consommé, tout cet ensemble de choses l'étourdissait. Il ne savait plus que penser ! Mais, après tout, un gentleman qui commençait par voler cinquante-cinq mille livres pouvait bien finir par voler un bâtiment. Et Fix fut naturellement amené à croire que l'*Henrietta*, dirigée par Fogg, n'allait point du tout à Liverpool, mais dans quelque point du monde où le voleur, devenu pirate, se mettrait tranquillement en sûreté ! Cette hypothèse, il faut bien l'avouer, était on ne peut plus plausible, et le détective commençait à regretter très-sérieusement de s'être embarqué dans cette affaire.

Quant au capitaine Speedy, il continuait à hurler dans sa cabine, et Passepartout, chargé de pourvoir à sa nourriture, ne le faisait qu'en prenant les plus grandes précautions, quelque vigoureux qu'il fût. Mr. Fogg, lui, n'avait plus même l'air de se douter qu'il y eût un capitaine à bord.

Le 13, on passe sur la queue du banc de Terre-Neuve. Ce sont là de mauvais parages. Pendant l'hiver surtout, les brumes y sont fréquentes, les coups de vent redoutables. Depuis la veille, le baromètre, brusquement abaissé, faisait pressentir un changement prochain dans l'atmosphère. En effet, pendant la nuit, la température se modifia, le froid devint plus vif, et en même temps le vent sauta dans le sud-est.

C'était un contre-temps. Mr. Fogg, afin de ne point s'écarter de sa route, dut serrer ses voiles et forcer de vapeur. Néanmoins, la marche du navire fut ralentie, attendu l'état de la mer, dont les longues lames brisaient contre son étrave. Il éprouva des mouvements de tangage très-violents, et cela au détriment de sa vitesse. La brise tournait peu à peu à l'ouragan, et l'on prévoyait déjà le cas où l'*Henrietta* ne pourrait plus se maintenir debout à la lame. Or, s'il fallait fuir, c'était l'inconnu avec toutes ses mauvaises chances.

Le visage de Passepartout se rembrunit en même temps que le ciel, et, pendant deux jours, l'honnête garçon éprouva de mortelles transes. Mais Phileas Fogg était un marin hardi, qui savait tenir tête à la mer, et il fit toujours route, même sans se mettre sous petite vapeur. L'*Henrietta*, quand elle ne pouvait s'élever à la lame, passait au travers, et son pont était balayé en grand, mais elle passait. Quelquefois aussi l'hélice émergeait, battant l'air de ses branches affolées, lorsqu'une montagne d'eau soulevait l'arrière hors des flots, mais le navire allait toujours de l'avant.

Toutefois le vent ne fraîchit pas autant qu'on aurait pu le craindre. Ce ne fut pas un de ces ouragans qui passent avec une vitesse de quatre-vingt-dix milles à l'heure. Il se tint au grand frais, mais malheureusement il souffla avec obstination de la partie du sud-est et ne permit pas de faire de la toile. Et cependant, ainsi qu'on va le voir, il eût été bien utile de venir en aide à la vapeur!

Le 16 décembre, c'était le soixante-quinzième jour écoulé depuis le départ de Londres. En somme, l'*Henrietta* n'avait pas encore un retard inquiétant. La moitié de la traversée était à peu près faite, et les plus mauvais parages avaient été franchis. En été, on eût répondu du succès. En hiver, on était à la merci de la mauvaise saison. Passepartout ne se prononçait pas. Au fond, il avait espoir, et, si le vent faisait défaut, du moins il comptait sur la vapeur.

Or, ce jour-là, le mécanicien étant monté sur le pont, rencontra Mr. Fogg et s'entretint assez vivement avec lui.

Sans savoir pourquoi, — par un pressentiment sans doute, — Passepartout éprouva comme une vague inquiétude. Il eût donné une de ses oreilles pour entendre de l'autre ce qui se disait là. Cependant, il put saisir quelques mots, ceux-ci entre autres, prononcés par son maître :

« Vous êtes certain de ce que vous avancez?

— Certain, monsieur, répondit le mécanicien. N'oubliez pas que, depuis notre départ, nous chauffons avec tous nos fourneaux allumés, et si nous avions assez de charbon pour aller à petite vapeur de New-York à Bordeaux, nous n'en avons pas assez pour aller à toute vapeur de New-York à Liverpool!

— J'aviserai, » répondit Mr. Fogg.

Passepartout avait compris. Il fut pris d'une inquiétude mortelle.

Le charbon allait manquer!

« Ah! si mon maître pare celle-là, se dit-il, décidé
ment ce sera un fameux homme! »

Et ayant rencontré Fix, il ne put s'empêcher de le
mettre au courant de la situation.

« Alors, lui répondit l'agent les dents serrées, vous
croyez que nous allons à Liverpool!

— Parbleu!

— Imbécile! » répondit l'inspecteur, qui s'en alla,
haussant les épaules.

Passepartout fut sur le point de relever vertement le
qualificatif, dont il ne pouvait d'ailleurs comprendre la
vraie signification; mais il se dit que l'infortuné Fix
devait être très-désappointé, très-humilié dans son
amour-propre, après avoir si maladroitement suivi une
fausse piste autour du monde, et il passa condamnation.

Et maintenant quel parti allait prendre Phileas Fogg?
Cela était difficile à imaginer. Cependant, il paraît que
le flegmatique gentleman en prit un, car le soir même
il fit venir le mécanicien et lui dit:

« Poussez les feux et faites route jusqu'à complet
épuisement du combustible. »

Quelques instants après, la cheminée de l'*Henrietta* vo-
missait des torrents de fumée.

Le navire continua donc de marcher à toute vapeur;
mais ainsi qu'il l'avait annoncé, deux jours plus tard, le
18, le mécanicien fit savoir que le charbon manquerait
dans la journée.

« Que l'on ne laisse pas baisser les feux, répondit
Mr. Fogg. Au contraire. Que l'on charge les soupapes. »

Ce jour-là, vers midi, après avoir pris hauteur et calculé la position du navire, Phileas Fogg fit venir Passepartout, et il lui donna l'ordre d'aller chercher le
capitaine Speedy. C'était comme si on eût commandé
à ce brave garçon d'aller déchaîner un tigre, et il descendit dans la dunette, se disant :

« Positivement il sera enragé ! »

En effet, quelques minutes plus tard, au milieu de
cris et de jurons, une bombe arrivait sur la dunette.
Cette bombe, c'était le capitaine Speedy. Il était évident
qu'elle allait éclater.

« Où sommes-nous? » telles furent les premières paroles qu'il prononça au milieu des suffocations de la
colère, et certes, pour peu que le digne homme eût été
apoplectique, il n'en serait jamais revenu.

« Où sommes-nous! répéta-t-il la face congestionnée.

— A sept cent soixante-dix milles de Liverpool
(300 lieues), répondit Mr. Fogg avec un calme imperturbable.

— Pirate! s'écria Andrew Speedy.

— Je vous ai fait venir, monsieur...

— Ecumeur de mer!

— ....monsieur, reprit Phileas Fogg, pour vous prier
de me vendre votre navire.

— Non! de par tous les diables, non!

— C'est que je vais être obligé de le brûler.

— Brûler mon navire!

— Oui, du moins dans ses hauts, car nous manquons
de combustible.

« — Brûler mon navire ! s'écria le capitaine Speedy, qui ne pouvait même plus prononcer les syllabes. Un navire qui vaut cinquante mille dollars (250,000 fr.)!

— En voici soixante mille (300,000 fr.)! » répondit Phileas Fogg, en offrant au capitaine un liasse de bank-notes.

Cela fit un effet prodigieux sur Andrew Speedy. On n'est pas Américain sans que la vue de soixante mille dollars vous cause une certaine émotion. Le capitaine oublia en un instant sa colère, son emprisonnement, tous ses griefs contre son passager. Son navire avait vingt ans. Cela pouvait devenir une affaire d'or!... La bombe ne pouvait déjà plus éclater. Mr. Fogg en avait arraché la mèche.

« Et la coque en fer me restera, dit-il d'un ton singulièrement radouci.

— La coque en fer et la machine, monsieur. Est-ce conclu ?

— Conclu. »

Et Andrew Speedy, saisissant la liasse de bank-notes, les compta et les fit disparaître dans sa poche.

Pendant cette scène, Passepartout était blanc. Quant à Fix, il faillit avoir un coup de sang. Près de vingt mille livres dépensées, et encore ce Fogg qui abandonnait à son vendeur la coque et la machine, c'est-à-dir presque la valeur totale du navire! Il est vrai que la somme volée à la banque s'élevait à cinquante-cinq mille livres!

Quand Andrew Speedy eut empoché l'argent:

« Monsieur, lui dit Mr. Fogg, que tout ceci ne vous

16.

étonne pas. Sachez que je perds vingt mille livres, si je
ne suis pas rendu à Londres le 21 décembre, à huit
heures quarante-cinq du soir. Or, j'avais manqué le paquebot de New-York, et comme vous refusiez de me
conduire à Liverpool...

— Et j'ai bien fait, par les cinquante mille diables de
l'enfer, s'écria Andrew Speedy, puisque j'y gagne au
moins quarante mille dollars. »

Puis, plus posément:

« Savez-vous une chose, ajouta-t-il, capitaine?...

— Fogg.

— Capitaine Fogg, eh bien, il y a du Yankee en
vous. »

Et après avoir fait à son passager ce qu'il croyait
être un compliment, il s'en allait, quand Phileas Fogg
lui dit:

« Maintenant ce navire m'appartient? »

— Certes, de la quille à la pomme des mâts, pour tout
ce qui est « bois » s'entend!

— Bien. Faites démolir les aménagements intérieurs
et chauffez avec ces débris. »

On juge ce qu'il fallut consommer de ce bois sec pour
maintenir la vapeur en suffisante pression. Ce jour-là,
la dunette, les rouffles, les cabines, les logements, le
faux pont, tout y passa.

Le lendemain, 19 décembre, on brûla la mâture, les
drômes, les esparres. On abattit les mâts, on les débita à
coups de hache. L'équipage y mettait un zèle incroya-
ble. Passepartout, taillant, coupant, sciant, faisait l'ou-

vrage de dix hommes. C'était une fureur de démolition.

Le lendemain, 20, les bastingages, les pavois, les œuvres-mortes, la plus grande partie du pont, furent déve os. L'*Henrietta* n'était plus qu'un bâtiment rasé comi... i ponton.

Mais, ce jour-là, on avait eu connaissance de la côte d'Irlande et du feu de Fastenet.

Toutefois, à dix heures du soir, le navire n'était encore que par le travers de Queenstown. Phileas Fogg n'avait plus que vingt-quatre heures pour atteindre Londres ! Or, c'était le temps qu'il fallait à l'*Henrietta* pour gagner Liverpool, — même en marchant à toute vapeur. Et la vapeur allait manquer enfin à l'audacieux gentleman !

« Monsieur, lui dit alors le capitaine Speedy, qui avait fini par s'intéresser à ses projets, je vous plains vraiment. Tout est contre vous ! Nous ne sommes encore que devant Queenstown.

— Ah ! fit Mr. Fogg, c'est Queenstown, cette ville dont nous apercevons les feux ?

— Oui.

— Pouvons-nous entrer dans le port ?

— Pas avant trois heures. A pleine mer seulement.

— Attendons ! » répondit tranquillement Phileas Fogg, sans laisser voir sur son visage que, par une suprême inspiration, il allait tenter de vaincre encore une fois la chance contraire !

En effet, Queenstown est un port de la côte d'Irlande dans lequel les transatlantiques qui viennent des États-

Unis jettent en passant leur sac aux lettres. Ces lettres
sont emportées à Dublin par des express toujours prêts
à partir. De Dublin elles arrivent à Liverpool par des
steamers de grande vitesse, — devançant ainsi de
douze heures les marcheurs les plus rapides des com-
pagnies maritimes.

Ces douze heures que gagnait ainsi le courrier d'Amérique, Phileas Fogg prétendait les gagner aussi. Au lieu
d'arriver sur l'*Henrietta*, le lendemain soir, à Liverpool,
il y serait à midi, et, par conséquent, il aurait le temps
d'être à Londres avant huit heures quarante-cinq minutes du soir.

Vers une heure du matin, l'*Henrietta* entrait à haute
mer dans le port de Queenstown, et Phileas Fogg, après
avoir reçu une vigoureuse poignée de main du capitaine Speedy, le laissait sur la carcasse rasée de son
navire, qui valait encore la moitié de ce qu'il l'avait
vendue !

Les passagers débarquèrent aussitôt. Fix, à ce moment,
eut une envie féroce d'arrêter le sieur Fogg. Il ne le fit pas,
pourtant ! Pourquoi ? Quel combat se livrait donc en lui ?
Etait-il revenu sur le compte de Mr. Fogg ? Comprenait-il
enfin qu'il s'était trompé ? Toutefois, Fix n'abandonna
pas Mr. Fogg. Avec lui, avec Mrs. Aouda, avec Passepartout, qui ne prenait plus le temps de respirer, il montait dans le train de Queenstown à une heure et demie
du matin, arrivait à Dublin au jour naissant, et s'embarquait aussitôt sur un de ces steamers — vrais fu-
seaux d'acier, tout en machine — qui, dédaignant

de s'élever à la lame, passent invariablement au travers.

A midi moins vingt, le 21 décembre, Phileas Fogg débarquait enfin sur le quai de Liverpool. Il n'était plus
qu'à six heures de Londres.

Mais à ce moment, Fix s'approcha, lui mit la main
sur l'épaule, et, exhibant son mandat :

« Vous êtes bien le sieur Phileas Fogg? dit-il.

— Oui, monsieur.

— Au nom de la reine, je vous arrête ! »

XXXIV

QUI PROCURE A PASSEPARTOUT L'OCCASION DE FAIRE UN JEU DE MOTS ATROCE, MAIS PEUT-ÊTRE INÉDIT.

Phileas Fogg était en prison. On l'avait enfermé dans
le poste de Custom-house, la douane de Liverpool, et il
devait y passer la nuit en attendant son transfèrement à
Londres.

Au moment de l'arrestation, Passepartout avait voulu
se précipiter sur le détective. Des policemen le retinrent. Mrs. Aouda, épouvantée par la brutalité du fait,
ne sachant rien, n'y pouvait rien comprendre. Passepar-

tout lui expliqua la situation. Mr. Fogg, cet honnête et
courageux gentleman, auquel elle devait la vie, était arrêté comme voleur. La jeune femme protesta contre une
telle allégation, son cœur s'indigna, et des pleurs cou-
lèrent de ses yeux, quand elle vit qu'elle ne pouvait rien
faire, rien tenter, pour sauver son sauveur.

Quant à Fix, il avait arrêté le gentleman parce que
son devoir lui commandait de l'arrêter, fût-il coupable
ou non. La justice en déciderait.

Mais alors une pensée vint à Passepartout, cette pensée terrible qu'il était décidément la cause de tout ce
malheur ! En effet, pourquoi avait-il caché cette aventure
à Mr. Fogg ? Quand Fix avait révélé et sa qualité d'inspecteur de police et la mission dont il était chargé, pourquoi avait-il pris sur lui de ne point avertir son maître ?
Celui-ci, prévenu, aurait sans doute donné à Fix des
preuves de son innocence ; il lui aurait démontré son
erreur ; en tout cas, il n'eût pas véhiculé à ses frais et à
ses trousses ce malencontreux agent, dont le premier
soin avait été de l'arrêter, au moment où il mettait le pied
sur le sol du Royaume-Uni. En songeant à ses fautes, à
ses imprudences, le pauvre garçon était pris d'irrésis-
tibles remords. Il pleurait, il faisait peine à voir. Il voulait se briser la tête !

Mrs. Aouda et lui étaient restés, malgré le froid, sous
le péristyle de la douane. Ils ne voulaient ni l'un ni
l'autre quitter la place. Ils voulaient revoir encore une
fois Mr. Fogg.

Quant à ce gentleman, il était bien et dûment ruiné,

et cela au moment où il allait atteindre son but. Cette arrestation le perdait sans retour. Arrivé à midi moins vingt à Liverpool, le 21 décembre, il avait jusqu'à huit heures quarante-cinq minutes pour se présenter au Reform-Club, soit neuf heures quinze minutes, — et il ne lui en fallait que six pour atteindre Londres.

En ce moment, qui eût pénétré dans le poste de la douane eut trouvé Mr. Fogg, immobile, assis sur un banc de bois, sans colère, imperturbable. Résigné, on n'eût pu le dire, mais ce dernier coup n'avait pu l'émouvoir, au moins en apparence. S'était-il formé en lui une de ces rages secrètes, terribles parce qu'elles sont contenues, et qui n'éclatent qu'au dernier moment avec une force irrésistible? On ne sait. Mais Phileas Fogg était là, calme, attendant... quoi? Conservait-il quelque espoir? Croyait-il encore au succès, quand la porte de cette prison était fermée sur lui?

Quoi qu'il en soit, Mr. Fogg avait soigneusement posé sa montre sur une table, et il en regardait les aiguilles marcher. Pas une parole ne s'échappait de ses lèvres, mais son regard avait une fixité singulière.

En tout cas, la situation était terrible, et, pour qu ne pouvait lire dans cette conscience, elle se résumait ainsi:

Honnête homme, Phileas Fogg était ruiné.

Malhonnête homme, il était pris.

Eût-il alors la pensée de se sauver? Songea-t-il à chercher si ce poste présentait une issue praticable? Pensa-t-il à fuir? On serait tenté de le croire, car, à

un certain moment, il fit le tour de la chambre. Mais la
porte était solidement fermée et la fenêtre garnie de
barreaux de fer. Il vint donc se rasseoir, et il tira de son
portefeuille l'itinéraire du voyage. Sur la ligne qui portait
ces mots :

        « 21 décembre, samedi, Liverpool, »
il ajouta :

        « 80° jour, 11 h. 40 du matin, »
et il attendit.

Une heure sonna à l'horloge de Custom-house.
Mr. Fogg constata que sa montre avançait de deux
minutes sur cette horloge.

Deux heures ! En admettant qu'il montât en ce
moment dans un express, il pouvait encore arriver à
Londres et au Reform-Club avant huit heures quarante-
cinq du soir. Son front se plissa légèrement...

A deux heures trente-trois minutes, un bruit retentit
au dehors, un vacarme de portes qui s'ouvraient. On
entendait la voix de Passepartout, on entendait la voix
de Fix.

Le regard de Phileas Fogg brilla un instant.

La porte du poste s'ouvrit, et il vit Mrs. Aouda,
Passepartout, Fix, qui se précipitèrent vers lui.

Fix était hors d'haleine, les cheveux en désordre... Il
ne pouvait parler !

« Monsieur, balbutia-t-il, monsieur... pardon... une
ressemblance déplorable... Voleur arrêté depuis trois
   rs... vous... libre !... »

Phileas Fogg était libre ! Il alla au détective. Il le

regarda bien en face, et, faisant le seul mouvement rapide qu'il eût jamais fait et qu'il dût jamais faire de sa vie,
il ramena ses deux bras en arrière, puis, avec la précision
d'un automate, il frappa de ses deux poings le malheureux inspecteur.

« Bien tapé! » s'écria Passepartout, qui, se permettant
un atroce jeu de mots, bien digne d'un Français, ajouta:
« Pardieu! voilà ce qu'on peut appeler une « belle appli-
« cation de poings d'Angleterre! »

Fix, renversé, ne prononça pas un mot. Il n'avait que
ce qu'il méritait. Mais aussitôt Mr. Fogg, Mrs. Aouda,
Passepartout, quittèrent la douane. Ils se jetèrent dans
une voiture, et, en quelques minutes, ils arrivèrent à la
gare de Liverpool.

Phileas Fogg demanda s'il y avait un express prêt à
partir pour Londres...

Il était deux heures quarante.... L'express était parti
depuis trente-cinq minutes.

Phileas Fogg commanda alors un train spécial.

Il y avait plusieurs locomotives de grande vitesse en
pression; mais, attendu les exigences du service, le train
spécial ne put quitter la gare avant trois heures.

A trois heures, Phileas Fogg, après avoir dit quelques
mots au mécanicien d'une certaine prime à gagner,
filait dans la direction de Londres, en compagnie de la
jeune femme et de son fidèle serviteur.

Il fallait franchir en cinq heures et demie la distance
qui sépare Liverpool de Londres, — chose très-faisable,
quand la voie est libre sur tout le parcours. Mais il y eut

17

des retards forcés, et, quand le gentleman arriva à la gare, neuf heures moins dix sonnaient à toutes les horloges de Londres.

Phileas Fogg, après avoir accompli ce voyage autour du monde, arrivait avec un retard de cinq minutes !...

Il avait perdu

XXXV

DANS LEQUEL PASSEPARTOUT NE SE FAIT PAS RÉPÉTER DEUX FOIS L'ORDRE QUE SON MAÎTRE LUI DONNE.

Le lendemain, les habitants de Saville-row auraient été bien surpris, si on leur eût affirmé que Mr. Fogg avait réintégré son domicile. Portes et fenêtres, tout était clos. Aucun changement ne s'était produit à l'extérieur.

En effet, après avoir quitté la gare, Phileas Fogg avait donné à Passepartout l'ordre d'acheter quelques provisions, et il était rentré dans sa maison.

Ce gentleman avait reçu avec son impassibilité habituelle le coup qui le frappait. Ruiné ! et par la faute de ce maladroit inspecteur de police ! Après avoir marché d'un pas sûr pendant ce long parcours, après avoir renversé mille obstacles, bravé mille dangers, ayant encore trouvé le temps de faire quelque bien sur sa route, échouer au ort devant un fait brutal, qu'il ne pouvait prévoir, et contre lequel il était désarmé : cela était terrible! De la somme considérable qu'il avait emportée au départ, il ne lui restait qu'un reliquat insignifiant. Sa fortune ne se composait plus que des vingt mille livres déposées chez Baring frères, et ces vingt mille livres, il les devait à ses collègues du Reform-Club. Après tant de dépenses faites, ce pari gagné ne l'eût pas enrichi sans doute, et il est probable qu'il n'avait pas cherché à s'enrichir, — étant de ces hommes qui parient pour l'honneur, — mais ce pari perdu le ruinait totalement. Au surplus, le parti du gentleman était pris. Il savait ce qui lui restait à faire.

Une chambre de la maison de Saville-row avait été réservée à Mrs. Aouda. La jeune femme était désespérée. A certaines paroles prononcées par Mr. Fogg, elle avait compris que celui-ci méditait quelque projet funeste.

On sait, en effet, à quelles déplorables extrémités se portent quelquefois ces Anglais monomanes sous la pression d'une idée fixe. Aussi Passepartout, sans en avoir l'air, surveillait-il son maître.

Mais, tout d'abord, l'honnête garçon était monté dans sa chambre et avait éteint le bec qui brûlait depuis quatre-vingts jours. Il avait trouvé dans la boîte aux lettres une note de la compagnie du gaz, et il pensa qu'il était plus que temps d'arrêter ces frais dont il était responsable.

La nuit se passa. Mr. Fogg s'était couché, mais avait-il dormi ? Quant à Mrs. Aouda, elle ne put prendre un seul instant de repos. Passepartout, lui, avait veillé comme un chien à la porte de son maître.

Le lendemain, Mr. Fogg le fit venir et lui recommanda, en termes fort brefs, de s'occuper du déjeuner de Mrs. Aouda. Pour lui, il se contenterait d'une tasse de thé et d'une rôtie. Mrs. Aouda voudrait bien l'excuser pour le déjeuner et le dîner, car tout son temps était consacré à mettre ordre à ses affaires. Il ne descendrait pas. Le soir seulement, il demanderait à Mrs. Aouda la permission de l'entretenir pendant quelques instants.

Passepartout, ayant communication du programme de la journée, n'avait plus qu'à s'y conformer. Il regardait son maître toujours impassible, et il ne pouvait se décider à quitter sa chambre. Son cœur était gros, sa conscience bourrelée de remords, car il s'accusait plus que jamais de cet irréparable désastre. Oui ! s'il eût prévenu Mr. Fogg, s'il lui eût dévoilé les projets de l'agent Fix, Mr. Fogg n'aurait certainement pas traîné l'agent Fix jusqu'à Liverpool, et alors...

Passepartout ne put plus y tenir.

« Mon maître ! monsieur Fogg ! s'écria-t-il, maudissez-moi. C'est par ma faute que...

— Je n'accuse personne, répondit Phileas Fogg du ton le plus calme. Allez. »

Passepartout quitta la chambre et vint trouver la jeune femme, à laquelle il fit connaître les intentions de son maître.

« Madame, ajouta-t-il, je ne puis rien par moi-même
rien ! Je n'ai aucune influence sur l'esprit de mon maî
tre. Vous, peut-être...

— Quelle influence aurais-je, répondit Mrs. Aouda.
Mr. Fogg n'en subit aucune ! A-t-il jamais compris
que ma reconnaissance pour lui était prête à débor
der ! A-t-il jamais lu dans mon cœur !... Mon ami, il ne
faudra pas le quitter, pas un seul instant. Vous dites
qu'il a manifesté l'intention de me parler ce soir ?

— Oui, madame. Il s'agit sans doute de sauvegarder
votre situation en Angleterre.

— Attendons, » répondit la jeune femme, qui de
meura toute pensive.

Ainsi, pendant cette journée du dimanche, la maison de Saville-row fut comme si elle eût été inhabitée, et,
pour la première fois depuis qu'il demeurait dans cette
maison, Phileas Fogg n'alla pas à son club, quand onze
heures et demie sonnèrent à la tour du Parlement.

Et pourquoi ce gentleman se fût-il présenté au Reform-Club ? Ses collègues ne l'y attendaient plus. Puisque, la veille au soir, à cette date fatale du samedi
21 décembre, à huit heures quarante-cinq, Phileas Fogg
n'avait pas paru dans le salon du Reform-Club, son pari
était perdu. Il n'était même pas nécessaire qu'il allât
chez son banquier pour y prendre cette somme de vingt
mille livres. Ses adversaires avaient entre les mains un
chèque signé de lui, et il suffisait d'une simple écriture à
passer chez Baring frères, pour que les vingt mille livres
fussent portées à leur crédit.

Mr. Fogg n'avait donc pas à sortir, et il ne sortit pas. Il demeura dans sa chambre et mit ordre à ses affaires. Passepartout ne cessa de monter et de descendre l'escalier de la maison de Saville-row. Les heures ne marchaient pas pour ce pauvre garçon. Il écoutait à la porte de la chambre de son maître, et, ce faisant, il ne pensait pas commettre la moindre indiscrétion! Il regardait par le trou de la serrure, et il s'imaginait avoir ce droit! Passepartout redoutait à chaque instant quelque catastrophe. Parfois, il songeait à Fix, mais un revirement s'était fait dans son esprit. Il n'en voulait plus à l'inspecteur de police. Fix s'était trompé comme tout le monde à l'égard de Phileas Fogg, et, en le filant, en l'arrêtant, il n'avait fait que son devoir, tandis que lui... Cette pensée l'accablait, et il se tenait pour le dernier des misérables.

Quand, enfin, Passepartout se trouvait trop malheureux d'être seul, il frappait à la porte de Mrs. Aouda, il entrait dans sa chambre, il s'asseyait dans un coin sans mot dire, et il regardait la jeune femme, toujours pensive.

Vers sept heures et demie du soir, Mr. Fogg fit demander à Mrs. Aouda si elle pouvait le recevoir, et quelques instants après, la jeune femme et lui étaient seuls dans cette chambre.

Phileas Fogg prit une chaise et s'assit près de la cheminée, en face de Mrs. Aouda. Son visage ne reflétait aucune émotion. Le Fogg du retour était exactement le Fogg du départ. Même calme, même impassibilité.

Il resta sans parler pendant cinq minutes. Puis, levant les yeux sur Mrs. Aouda :

« Madame, dit-il, me pardonnerez-vous de vous avoir amenée en Angleterre?

— Moi, monsieur Fogg!... répondit Mrs. Aouda, en comprimant les battements de son cœur.

— Veuillez me permettre d'achever, reprit Mr. Fogg. Lorsque j'ai eu la pensée de vous entraîner loin de cette contrée, devenue si dangereuse pour vous, j'étais riche, et je comptais mettre une partie de ma fortune à votre disposition. Votre existence eût été heureuse et libre. Maintenant, je suis ruiné.

— Je le sais, monsieur Fogg, répondit la jeune femme, et je vous demanderai à mon tour : Me pardonnerez-vous de vous avoir suivi, et — qui sait? — d'avoir peut-être, en vous retardant, contribué à votre ruine?

— Madame, vous ne pouviez rester dans l'Inde, et votre salut n'était assuré que si vous vous éloigniez assez pour que ces fanatiques ne pussent vous reprendre.

—Ainsi, monsieur Fogg, reprit Mrs. Aouda, non content de m'arracher à une mort horrible, vous vous croyiez encore obligé d'assurer ma position à l'étranger?

— Oui, madame, répondit Fogg, mais les événements ont tourné contre moi. Cependant, du peu qui me reste, je vous demande la permission de disposer en votre faveur.

—Mais, vous, monsieur Fogg, que deviendrez-vous? demanda Mrs. Aouda.

—Moi, madame, répondit froidement le gentleman, je n'ai besoin de rien.

—Mais comment, monsieur, envisagez-vous donc le sort qui vous attend ?

—Comme il convient de le faire, répondit Mr. Fogg.

—En tout cas, reprit Mrs. Aouda, la misère ne saurait atteindre un homme tel que vous. Vos amis...

—Je n'ai point d'amis, madame.

—Vos parents....

—Je n'ai plus de parents.

—Je vous plains alors, monsieur Fogg, car l'isolement est une triste chose. Quoi! pas un cœur pour y verser vos peines. On dit cependant qu'à deux la misère elle-même est supportable encore !

—On le dit, madame.

—Monsieur Fogg, dit alors Mrs. Aouda, qui se leva et tendit sa main au gentleman, voulez-vous à la fois d'une parente et d'une amie ! Voulez-vous de moi pour votre femme ? »

Mr. Fogg, à cette parole, s'était levé à son tour. Il y avait comme un reflet inaccoutumé dans ses yeux, comme un tremblement sur ses lèvres. Mrs. Aouda la regardait. La sincérité, la droiture, la fermeté et la douceur de ce beau regard d'une noble femme qui ose tout pour sauver celui auquel elle doit tout, l'étonnèrent d'abord, puis le pénétrèrent. Il ferma les yeux un instant, comme pour éviter que ce regard ne s'enfonçât plus avant... Quand il les rouvrit :

« Je vous aime ! dit-il simplement. Oui, en vérité, par

tout ce qu'il y a de plus sacré au monde, je vous aime, et je suis tout à vous !

— Ah !... » s'écria Mrs. Aouda, en portant la main à son cœur.

Passepartout fut sonné. Il arriva aussitôt. Mr. Fogg tenait encore dans sa main la main de Mrs. Aouda. Passepartout comprit, et sa large face rayonna comme le soleil au zénith des régions tropicales.

Mr. Fogg lui demanda s'il ne serait pas trop tard pour aller prévenir le révérend Samuel Wilson, de la paroisse de Mary-le-Bone.

Passepartout sourit de son meilleur sourire.

« Jamais trop tard, » dit-il.

Il n'était que huit heures cinq.

« Ce serait pour demain, lundi ! dit-il.

— Pour demain lundi ? demanda Mr. Fogg en regardant la jeune femme.

— Pour demain lundi ! » répondit Mrs. Aouda.

Passepartout sortit, tout courant.

XXXVI

DANS LEQUEL PHILEAS FOGG FAIT DE NOUVEAU PRIME SUR LE MARCHÉ.

Il est temps de dire ici quel revirement de l'opinion s'était produit dans le Royaume-Uni, quand on apprit

17.

l'arrestation du vrai voleur de la Banque, —un certain James Strand, — qui avait eu lieu le 17 décembre, à Edimbourg.

Trois jours avant, Phileas Fogg était un criminel que la police poursuivait à outrance, et maintenant c'était le plus honnête gentleman, qui accomplissait mathématiquement son excentrique voyage autour du monde.

Quel effet, quel bruit dans les journaux! Tous les parieurs pour ou contre, qui avaient déjà oublié cette affaire, ressuscitèrent comme par magie. Toutes les transactions redevenaient valables. Tous les engagements revivaient, et, il faut le dire, les paris reprirent avec une nouvelle énergie. Le nom de Phileas Fogg fit de nouveau prime sur le marché.

Les cinq collègues du gentleman, au Reform-Club, passèrent ces trois jours dans une certaine inquiétude. Ce Phileas Fogg qu'ils avaient oublié reparaissait à leurs yeux! Où était-il en ce moment? Le 17 décembre, —jour où James Strand fut arrêté, — il y avait soixante-seize jours que Phileas Fogg était parti, et pas une nouvelle de lui! Avait-il succombé? Avait-il renoncé à la lutte, ou continuait-il sa marche suivant l'itinéraire convenu? Et le samedi, 21 décembre, à huit heures quarante-cinq du soir, allait-il apparaître, comme le dieu de l'exactitude, sur le seuil du salon du Reform-Club?

Il faut renoncer à peindre l'anxiété dans laquelle, pendant trois jours, vécut tout ce monde de la société anglaise. On lança des dépêches en Amérique, en Asie, pour avoir des nouvelles de Phileas Fogg! On envoya matin et soir observer la maison de Saville-row... Rien. La police elle-même ne savait plus ce qu'était devenu le détective Fix, qui s'était si malencontreusement jeté sur une fausse piste. Ce qui n'empêcha pas les paris de s'engager de nouveau sur une plus vaste échelle. Phileas Fogg, comme un cheval de course, arrivait au dernier tournant. On ne le cotait plus à cent, mais à vingt, mais à dix, mais à cinq, et le vieux paralytique, lord Albermale, le prenait, lui, à égalité.

Aussi, le samedi soir, y avait-il foule dans Pall-Mall et dans les rues voisines. On eût dit un immense attroupement de courtiers, établis en permanence aux abords du Reform-Club. La circulation était empêchée. On discutait, on disputait, on criait les cours « du Phileas Fogg », comme ceux des fonds anglais. Les policemen avaient beaucoup de peine à contenir le populaire, et à mesure que s'avançait l'heure à laquelle devait arriver Phileas Fogg, l'émotion prenait des proportions invraisemblables.

Ce soir-là, les cinq collègues du gentleman étaient réunis depuis neuf heures dans le grand salon du Reform-Club. Les deux banquiers, John Sullivan et Samuel Fallentin, l'ingénieur Andrew Stuart, Gauthier Ralph, administrateur de la Banque d'Angleterre, le brasseur Thomas Flanagan, tous attendaient avec anxiété.

Au moment où l'horloge du grand salon marqua huit heures vingt-cinq, Andrew Stuart, se levant, dit :

« Messieurs, dans vingt minutes, le délai convenu entre Mr. Phileas Fogg et nous sera expiré.

— A quelle heure est arrivé le dernier train de Liverpool ? demanda Thomas Flanagan.

— A sept heures vingt-trois, répondit Gauthier Ralph, et le train suivant n'arrive qu'à minuit dix.

— Eh bien, messieurs, reprit Andrew Stuart, si Phileas Fogg était arrivé par le train de sept heures vingt-trois, il serait déjà ici. Nous pouvons donc considérer le pari comme gagné.

— Attendons, ne nous prononçons pas, répondit Samuel Fallentin. Vous savez que notre collègue est un excentrique de premier ordre. Son exactitude en tout est bien connue. Il n'arrive jamais ni trop tard, ni trop tôt, et il apparaîtrait ici à la dernière minute, que je n'en serais pas autrement surpris.

— Et moi, dit Andrew Stuart, qui était, comme toujours, très-nerveux, je le verrais, je n'y croirais pas.

— En effet, reprit Thomas Flanagan, le projet de Phileas Fogg était insensé. Quelle que fût son exactitude, il ne pouvait empêcher des retards inévitables de se produire, et un retard de deux ou trois jours seulement suffisait à compromettre son voyage.

— Vous remarquerez, d'ailleurs, ajouta John Sullivan, que nous n'avons reçu aucune nouvelle de notre collègue, et, cependant, les fils télégraphiques ne manquaient pas sur son itinéraire.

— Il a perdu, messieurs, reprit Andrew Stuart, il a cent fois perdu ! Vous savez, d'ailleurs, que le *China* — le seul paquebot de New-York qu'il pût prendre pour venir à Liverpool en temps utile — est arrivé hier. Or, voici la liste des passagers, publiée par la *Shipping-Ga-zette*, et le nom de Phileas Fogg n'y figure pas. En ad-·mettant les chances les plus favorables, notre collègue est à peine en Amérique ! J'estime à vingt jours, au moins, le retard qu'il subira sur la date convenue, et le vieux lord Albermale en sera, lui aussi, pour ses cinq mille livres !

— C'est évident, répondit Gauthier Ralph, et demain nous n'aurons qu'à présenter chez Baring frères le chè-que de Mr. Fogg. »

En ce moment, l'horloge du salon sonna huit heures quarante.

« Encore cinq minutes, » dit Andrew Stuart.

Les cinq collègues se regardaient. On peut croire que les battements de leur cœur avaient subi une légère accélération, car enfin, même pour de beaux joueurs, la partie était forte ! Mais ils n'en voulaient rien laisser pa-raître, car, sur la proposition de Samuel Fallentin, ils prirent place à une table de jeu.

« Je ne donnerais pas ma part de quatre mille livres dans le pari, dit Andrew Stuart en s'asseyant, quand même on m'en offrirait trois mille neuf cent quatre-vingt-dix-neuf ! »

L'aiguille marquait, en ce moment, huit heures qua-rante-deux minutes.

Les joueurs avaient pris les cartes mais, à chaque instant, leur regard se fixait sur l'horloge. On peut affir-mer que, quelle que fût leur sécurité, jamais minutes ne leur avaient paru si longues !

« Huit heures quarante-trois, » dit Thomas Flanagan, en coupant le jeu que lui présentait Gauthier Ralph.

Puis un moment de silence se fit. Le vaste salon du club était tranquille. Mais, au dehors, on entendait le brouhaha de la foule, que dominaient parfois des cris aigus. Le balancier de l'horloge battait la seconde avec une régularité mathématique. Chaque joueur pouvait compter les divisions sexagésimales qui frappaient son oreille.

« Huit heures quarante-quatre ! » dit John Sullivan d'une voix dans laquelle on sentait une émotion involontaire.

Plus qu'une minute, et le pari était gagné. Andrew Stuart et ses collègues ne jouaient plus. Ils avaient abandonné les cartes ! Ils comptaient les secondes !

A la quarantième seconde, rien. A la cinquantième, rien encore !

A la cinquante-cinquième, on entendit comme un tonnerre au dehors, des applaudissements, des hurrahs, et même des imprécations, qui se propagèrent dans un roulement continu.

Les joueurs se levèrent.

A la cinquante-septième seconde, la porte du salon s'ouvrit, et le balancier n'avait pas battu la soixantième seconde, que Phileas Fogg apparaissait, suivi d'une foule en délire qui avait forcé l'entrée du club, et de sa voix calme :

« Me voici, messieurs, » disait-il.

XXXVII

DANS LEQUEL IL EST PROUVÉ QUE PHILEAS FOGG N'A RIEN
GAGNÉ A FAIRE CE TOUR DU MONDE, SI CE N'EST LE BON-
HEUR.

Oui! Phileas Fogg en personne.

On se rappelle qu'à huit heures cinq du soir, —
vingt-cinq heures environ après l'arrivée des voyageurs
à Londres, — Passepartout avait été chargé par son
maître de prévenir le révérend Samuel Wilson au sujet
d'un certain mariage qui devait se conclure le lendemain
même.

Passepartout était donc parti, enchanté. Il se rendit
d'un pas rapide à la demeure du révérend Samuel Wilson, qui n'était pas encore rentré. Naturellement, Passe-
tout attendit, mais il attendit vingt bonnes minutes au
moins.

Bref, il était huit heures trente-cinq quand il sortit de
la maison du révérend. Mais dans quel état ! Les cheveux
en désordre, sans chapeau, courant, courant, comme on
n'a jamais vu courir de mémoire d'homme, renversant
les passants, se précipitant comme une trombe sur les
trottoirs !

En trois minutes, il était de retour à la maison de Saville-row, et. il tombait, essoufflé, dans la chambre de Mr. Fogg.

Il ne pouvait parler.

« Qu'y a-t-il ? demanda Mr. Fogg.

— Mon maître... balbutia Passepartout... mariage... impossible.

— Imposible ?

— Impossible... pour demain.

— Pourquoi ?

— Parce que demain.... c'est dimanche !

— Lundi, répondit Mr. Fogg.

— Non... aujourd'hui... samedi.

— Samedi ? impossible !

— Si, si, si, si ! s'écria Passepartout. Vous vous êtes trompé d'un jour ! Nous sommes arrivés vingt-quatre heures en avance... mais il ne reste plus que dix minutes !... »

Passepartout avait saisi son maître au collet, et il l'entraînait avec une force irrésistible !

Phileas Fogg, ainsi enlevé, sans avoir le temps de réfléchir, quitta sa chambre, quitta sa maison, sauta dans un cab, promit cent livres au cocher, et après avoir écrasé deux chiens et accroché cinq voitures, il arriva au Reform-Club.

L'horloge marquait huit heures quarante-cinq, quand il parut dans le grand salon...

Phileas Fogg avait accompli ce tour du monde en quatre-vingts jours !...

Phileas Fogg avait gagné son pari de vingt mille livres !

Et maintenant, comment un homme si exact, si méti-
culeux, avait-il pu commettre cette erreur de jour? Comment se croyait-il au samedi soir, 21 décembre, quand il
débarqua à Londres, alors qu'il n'était qu'au vendredi,
20 décembre, soixante-dix-neuf jours seulement après
son départ?

Voici la raison de cette erreur. Elle est fort simple.

Phileas Fogg avait, « sans s'en douter, » gagné un jour
sur son itinéraire, — et cela uniquement parce qu'il
avait fait le tour du monde en allant vers l'*est*, et il
eût, au contraire, perdu ce jour en allant en sens in-
verse, soit vers l'*ouest*.

En effet, en marchant vers l'est, Phileas Fogg allait
au-devant du soleil, et, par conséquent, les jours dimi-
nuaient pour lui d'autant de fois quatre minutes qu'il
franchissait de degrés dans cette direction. Or, on compte
trois cent soixante degrés sur la circonférence terrestre,
et ces trois cent soixante degrés, multipliés par quatre minutes, donnent précisément vingt-quatre heures, —c'est-
à-dire ce jour inconsciemment gagné. En d'autres termes,
pendant que Phileas Fogg, marchant vers l'est, voyait le
soleil passer *quatre-vingts fois* au méridien, ses collègues
restés à Londres ne le voyaient passer que *soixante-
dix-neuf fois*. C'est pourquoi, ce jour-là même, qui
était le samedi et non le dimanche, comme le croyait
Mr. Fogg, ceux-ci l'attendaient dans le salon du Reform-
Club.

Et c'est ce que la fameuse montre de Passepartout —
qui avait toujours conservé l'heure de Londres — eût

constaté si, en même temps que les minutes et les heures, elle eût marqué les jours !

Phileas Fogg avait donc gagné les vingt mille livres. Mais comme il en avait dépensé en route environ dix-neuf mille, le résultat pécuniaire était médiocre. Toutefois, on l'a dit, l'excentrique gentleman n'avait, en ce pari, cherché que la lutte, non la fortune. Et même, les mille livres restant, il les partagea entre l'honnête Passepartout et le malheureux Fix, auquel il était incapable d'en vouloir. Seulement, et pour la régularité, il retint à son serviteur le prix des dix-neuf cent vingt heures de gaz dépensées par sa faute.

Ce soir-là même, Mr. Fogg, aussi impassible, aussi flegmatique, disait à Mrs. Aouda :

« Ce mariage vous convient-il toujours, madame ?

— Monsieur Fogg, répondit Mrs. Aouda, c'est à moi de vous faire cette question. Vous étiez ruiné, vous voici riche...

— Pardonnez-moi, madame, cette fortune vous appartient. Si vous n'aviez pas eu la pensée de ce mariage, mon domestique ne serait pas allé chez le révérend Samuel Wilson, je n'aurais pas été averti de mon erreur, et...

— Cher monsieur Fogg... dit la jeune femme.

— Chère Aouda... » répondit Phileas Fogg.

On comprend bien que le mariage se fit quarante-huit heures plus tard, et Passepartout, superbe, resplendissant, éblouissant, y figura comme témoin de la jeune femme. Ne l'avait-il pas sauvée, et ne lui devait-on pas cet honneur ?

Seulement, le lendemain, dès l'aube, Passepartout frappait avec fracas à la porte de son maître.

La porte s'ouvrit, et l'impassible gentleman parut.

« Qu'y a-t-il, Passepartout?

— Ce qu'il y a, monsieur! Il y a que je viens d'apprendre à l'instant...

— Quoi donc?

— Que nous pouvions faire le tour du monde en soixante-dix-huit jours seulement.

— Sans doute, répondit Mr. Fogg, en ne traversant pas l'Inde. Mais si je n'avais pas traversé l'Inde, je n'aurais pas sauvé Mrs. Aouda, elle ne serait pas ma femme, et... »

Et Mr. Fogg ferma tranquillement la porte.

Ainsi donc Phileas Fogg avait gagné son pari. Il avait accompli en quatre-vingts jours ce voyage autour du monde! Il avait employé pour ce faire tous les moyens de transport, paquebots, railways, voitures, yachts, bâtiments de commerce, traîneaux, éléphants. L'excentrique gentleman avait déployé dans cette affaire ses merveilleuses qualités de sang-froid et d'exactitude. Mais après? Qu'avait-il gagné à ce déplacement? Qu'avait-il rapporté de ce voyage?

Rien, dira-t-on? Rien, soit, si ce n'est une charmante femme, qui — quelque invraisemblable que cela puisse paraître — le rendit le plus heureux des hommes !

En vérité, ne ferait-on pas, pour moins que cela, le Tour du Monde?

FIN

TABLE DES MATIÈRES

FIN DE LA TABLE DES MATIÈRES.

Paris. — Imprimerie Gauthier-Villars, quai des Gr.-Augustins, 55. — 1124-72

CATALOGUE
DE
J. HETZEL & CIE

LIBRAIRIE SPÉCIALE
De l'Enfance et de la Jeunesse

BIBLIOTHÈQUE D'ÉDUCATION ET DE RÉCRÉATION
A L'USAGE DE L'ENFANCE, DE LA JEUNESSE,
DES INSTITUTIONS DE JEUNES GENS ET DE JEUNES FILLES,
BIBLIOTHÈQUES PUBLIQUES, SCOLAIRES ET POPULAIRES,
LIVRES DE PRIX. — LIVRES D'ÉTRENNES.

BIBLIOTHÈQUE DES PROFESSIONS INDUSTRIELLES
COMMERCIALES ET AGRICOLES

MAGASIN ILLUSTRÉ D'ÉDUCATION
ET DE RÉCRÉATION

BROCHÉS 266 fr.   Collection complète, 38 vol.   CARTONNÉS 380 fr.

CAHIERS D'UNE ÉLÈVE DE SAINT-DENIS
COURS GRADUÉ D'INSTRUCTION EN SIX ANNÉES

17 volumes et un atlas. — Brochés, 65 francs. — Cartonnés, 69 fr. 50

LIBRAIRIE GÉNÉRALE
Poésies — Romans — Voyages — Histoire
Sciences et Arts

PARIS
18, RUE JACOB, 18

Envoi *franco* contre mandat pour toute demande au-dessus de 15 fr.

Catalogue BX.

COLLECTION COMPLÈTE
DES TRENTE-HUIT PREMIERS VOLUMES DU
MAGASIN D'ÉDUCATION
ET DE RÉCRÉATION
PUBLIÉ SOUS LA DIRECTION DE
MM. JEAN MACÉ — P.-J. STAHL — JULES VERNE
Prix : 266 francs
Payables en 9 termes à répartir en deux ans

Les trente-huit premiers volumes illustrés parus du *Magasin d'Éducation et de Récréation* constituent à eux seuls toute une bibliothèque de l'enfance et de la jeunesse. L'examen du catalogue général du *Magasin*, que nous tenons toujours à la disposition des parents, leur montrera que les œuvres principales, et pour ainsi dire complètes, de JULES VERNE, de P.-J. STAHL, de JULES SANDEAU, de E. LEGOUVÉ, d'ERCKMANN, de J. MACÉ, de L. BLANC et de bien d'autres; que les plus heureuses séries de dessins de Frœlich, Fromont et d'un grand nombre d'artistes éminents, écrites ou dessinées avec un soin scrupuleux, à l'usage spécial de la jeunesse et de la famille, sont contenues dans les trente-huit volumes déjà parus.

Cette collection grand in-8° représente par le fait la matière de plus de cent volumes in-18 ordinaires. Elle est en outre illustrée de plus de quatre mille dessins, créés expressément pour le *Magasin d'Éducation*.

Le *Magasin d'Éducation* s'est tenu avec soin en dehors de ce qu'on appelle l'actualité, dont l'intérêt passe et vieillit, pour ne laisser entre les mains de ses lecteurs que des œuvres d'un intérêt durable et permanent. Les premiers volumes, à ce titre, présentent donc un intérêt égal aux derniers, et offrir aux enfants les premières années, s'ils ne les connaissent pas, leur assure des lectures aussi agréables que si on leur donnait les dernières.

•LES TOMES I à XXX
RENFERMENT COMME ŒUVRES PRINCIPALES

Les Aventures du Capitaine Hatteras, Les Enfants du Capitaine Grant, Vingt mille lieues sous les mers, Aventures de trois Russes et de trois Anglais, Le pays des Fourrures, L'Île mystérieuse, Michel Strogoff, Hector Servadac, Les Cinq cents millions de la Bégum, de Jules VERNE. — La Morale familière, Les Contes Anglais, La Famille Chester, L'Histoire d'un Ane et de deux jeunes Filles, Une Affaire difficile à arranger, Maroussia, Un pot de crème pour deux, de P.-J. STAHL. — La Roche aux Mouettes, de Jules SANDEAU. — Le Nouveau Robinson Suisse, de STAHL et MULLER. — Romain Kalbris, d'Hector MALOT. — Histoire d'une Maison, de VIOLLET-LE-DUC. — Les Serviteurs de l'Estomac, Le Géant d'Alsace, Le Gulf-Stream, etc., de Jean MACÉ. — Le Denier de la France, La Chasse, Le Travail et la Douleur, A Madame la Reine, La Fée Boquillotte, Un premier Symptôme, Sur la Politesse, Lettre à Mlle Lili, etc., de E. LEGOUVÉ. — Le Livre d'un père, de Victor DE LAPRADE. — La Jeunesse des Hommes célèbres, de MULLER. — Aventures d'un jeune Naturaliste, Entre Frères et Sœurs, Voyages et Aventures de deux enfants dans un parc, Les Voyages involontaires, de Lucien BIART. — Causeries d'Économie pratique, de Maurice BLOCK. — La Justice des choses, de Lucie B*** — Les Aventures d'un Grillon, La Gileppe, par le docteur CANDÈZE. — Vieux Souvenirs, Départ pour la Campagne, Abbé aime le rouge, etc., de Gustave DROZ. — Le Pacha berger, par E. LABOULAYE. — La Musique au foyer, par LACOME. — Histoire d'un Aquarium, Les Clients d'un vieux Poirier, de E. VAN BRUYSSEL. — Le Chalet des Sapins, de Prosper CHAZEL. — L'Odyssée de Pataud et de son chien Friout, de P.-J. STAHL et CHAM. — Le petit Roi, de S. BLANDY. — L'Ami Kips, de G. ASTON. — La Grammaire de Mlle Lili, de Jean MACÉ. — Histoire de mon oncle et de ma tante, par A. DRUYER. — L'Embranchement de Mughy, Histoire de Babette, Une lettre inutile, Septante fois sept, de Ch. DICKENS, etc., etc. — C'est-à-dire une Bibliothèque complète de l'Enfance et de la Jeunesse.

Les petites Sœurs et petites Mamans, Les Tragédies enfantines, Les Scènes familières et autres séries de dessins, par FRŒLICH, FROMENT, DETAILLE; textes de STAHL.

*TOMES XXXI à XXXVIII

La Maison à vapeur, La Jangada, L'École des Robinsons, Kéraban-le-Têtu, par JULES VERNE. — Leçons de Lecture, par E. LEGOUVÉ. — Les Quatre filles du docteur Marsch, La Première Cause de l'avocat Juliotto, Jack et Jane, La Petite Rose, par P.-J. STAHL. — La Vie de collège en Angleterre, Mémoires d'un collégien, par André LAURIE. — Le Théâtre de famille, par GENNEVRAYE. — Marco et Tonino, Les Pigeons de St-Marc, par M. GÉNIN. — Le livre de Trotty, par CRÉTIN-LEMAIRE. — La Patrie avant tout, par F. DIÉNY, etc., etc. — Contes et nouvelles, par C. LEMONNIER, LERMONT, BENTZON, DUPIN DE SAINT-ANDRÉ, NICOLE, BLANDY, BENEDICT, BERTHE VADIER, SPARK.

PREMIER AGE. — Bibliothèque de Mlle Lili et de son cousin Lucien

53 ALBUMS-STAHL IN-8°

Prix: relié toile, à biseaux, 5 fr.; cart. bradel, 3 fr.

L. BECKER	L'Alphabet des Oiseaux.
—	† Alphabet des Insectes.
COINCHON (A.)	Histoire d'une Mère.
DETAILLE	Les bonnes Idées de Mlle Rose.
FATH	La Famille Gringalet. — Gribouille.
	Pierrot à l'école. — Les Méfaits de
	Polichinelle. — Jocrisse et sa sœur.
	— Une Folle Soirée chez Paillasse.
FRŒLICH	Alphabet de mademoiselle Lili.
—	Arithmétique de mademoiselle Lili.
— (texte de Macé) . .	Grammaire de mademoiselle Lili.
—	L'A perdu de mademoiselle Babet.
—	Bonsoir, petit père.

FRŒLICH.	Les Caprices de Manette.
—	Commandements du Grand-Papa.
—	La Crème au Chocolat.
—	Un drôle de chien. — La Fête de Papa.
—	Journée de mademoiselle Lili.
—	Jujules à l'École. — Le petit Diable.
—	Le Jardin de M. Jujules.
—	Mademoiselle Lili aux eaux.
—	Mademoiselle Lili à la campagne.
—	La Fête de Mlle Lili. — M. Tac-Tac.
—	Premier Cheval et première Voiture.
—	Premières armes de Mlle Lili.
—	L'Ours de Sibérie. — Cerf agile.
—	La Salade de la grande Jeanne.
—	Le 1er Chien et le 1er Pantalon.
—	† Les Jumeaux.
FROMENT.	La Boîte au lait.
—	Histoire d'un pain rond.
—	La petite Devineresse.
—	Le petit Escamoteur.
GEOFFROY	Le Paradis de M. Toto.
—	La première Cause de l'avocat Juliette.
JUNDT.	L'École buissonnière.
LALAUZE.	Le Rosier du petit frère.
LAMBERT.	Chiens et Chats.
LANÇON.	Caporal, le Chien du régiment.
MAHIR.	Le petit Tyran.
M TEUIS.	† Les deux Sœurs.
MÉAULLE.	Petits Robinsons de Fontainebleau.
PIRODON.	Histoire de Bob aîné.
—	Histoire d'un Perroquet.
—	La Pie de Marguerite.
SCHULER (TH.)	Les Travaux d'Alsa.
VALTON.	Mon petit Frère.

13 ALBUMS-STAHL IN-8°

Prix : relié toile à biseaux, 7 fr. 50; cartonné bradel, 5 fr.

CHAM.	Odyssée de Pataud.
FRŒLICH.	Mlle Mouvette. — La Révolte punie.
—	Petites Sœurs et petites Mamans.
—	Monsieur Jujules.
—	Voyage de Mlle Lili autour du monde.
—	Voyage de découvertes de Mlle Lili.
FROMENT et STAHL.	La belle petite princesse Ilsée.
—	La Chasse au volant.
GRISET.	Aventures de trois vieux Marins.
—	Pierre le Cruel.
SCHULER (TH.)	Le premier Livre des petits enfants.
VAN BRUYSSEL	Histoire d'un aquarium.

35 ALBUMS-LIVRES IN-4° EN COULEURS

EN CHROMOTYPOGRAPHIE ET CHROMOLITHOGRAPHIE

Prix : relié toile, tranches dorées, 3 fr.; cartonné bradel, 1 fr. 50

TROJELLI . . . . Alphabet musical de Mlle Lili.

FRŒLICH | *Contes et bruits de l'Enfance* : Au clair de la lune. — La Boulangère. — Le bon roi Dagobert. — Cadet-Roussel. — Compère Guilleri. — Il était une Bergère. — Giroflé-Girofla. — Malbrough s'en va-t-en guerre. — La Marmotte en vie. — La Mère Michel. — M. de la Palisse. — Nous n'irons plus au bois. — Le Pont d'Avignon. — La Tour, prends garde.

Moulin à paroles.
La Bride sur le cou.
Le Cirque à la maison.
Hector le Fanfaron.

Monsieur César.
Le Pommier de Robert.
Mademoiselle Furet.
La Revanche de François.

Jean le Hargneux (16 pl. chromo).

ROS . . . . Leçon d'Équitation.
COURBE . . . . † L'anniversaire de Lucy.
GROFFROY . . . . Monsieur de Crac.
— . . . . Don Quichotte. — Gulliver.
DE LUCHT . . . . La Pêche au tigre.
MARIE . . . . Mademoiselle Suzon.
MATTHIS . . . . Métamorphoses du papillon.
TINANT . . . . Les Pêcheurs ennemis.
— . . . . Une chasse extraordinaire.
— . . . . † La guerre sur les toits.

Cours d'études complet et gradué d'Éducation

POUR JEUNES FILLES ET JEUNES GARÇONS, A SUIVRE EN SIX ANNÉES
SOIT DANS LA PENSION SOIT DANS LA FAMILLE

CAHIERS
D'UNE ÉLÈVE DE SAINT-DENIS

PAR DEUX ANCIENNES ÉLÈVES DE LA MAISON DE LA LÉGION D'HONNEUR
ET PAR
LOUIS BAUDE, ancien professeur au Collège Stanislas.

La collection complète : Brochée, 65 fr. — Cartonnée, 69 fr. 50

Chaque volume se vend séparément

Sommaire des 12 cahiers. — Introduction. — Grammaire française. — Dictées. — Histoire sainte. — Mappemonde. — Géographie de l'Histoire sainte. — Anciennes divisions de la France par provinces. — Division de la France par départements. — Table

chronologique des rois de France. — Arithmétique. — Système
métrique. — Lectures et exercices de mémoire. — Étymologies. —
Histoire ancienne. — Ères chronologiques. — Mythologie. — Études
préparatoires à l'Histoire de France. — Cosmographie. — Géographie
de l'Asie Mineure. — Départements et arrondissements de la France.
— Géographie de la France. — Histoire romaine. — Histoire de
l'Église. — Paris et ses monuments. — Récapitulation de l'Histoire
ancienne. — Histoire du moyen âge. — Géographie moderne. —
Géographie de l'Europe. — Histoire naturelle. — Précis de l'histoire
de la langue française. — Traité de versification. — Histoire moderne.
— Géographie de l'Amérique et de l'Océanie. — Curiosités historiques.
— Botanique. — Zoologie. — Principales inventions et découvertes.
— Principes de littérature. — Histoire de la littérature ancienne et
française. — Philosophie. — Table chronologique des principaux
événements de l'histoire contemporaine depuis 1789. — Bibliographie.
— Philologie des langues européennes. — Précis de l'Histoire générale des études. — Biographie des femmes célèbres. — Notions
géographiques complémentaires. — Morceaux choisis.

Sommaire des 4 cahiers préliminaires. — Religion. —
Éducation. — Instruction. — Notions sur les trois règnes de la
nature. — Connaissance des chiffres et des nombres. — Lectures. —
Exercices de mémoire. — Cours d'écriture (avec modèles).

Sommaire du cahier complémentaire. — Considérations
générales. — Histoire de l'Architecture. — De la Sculpture. — De
la Peinture. — Gravure. — Lithographie. — Histoire de la Musique.
— Astronomie. — Archéologie. — Numismatique. — Paléographie.
— Minéralogie. — Algèbre et Géométrie. — De la Vapeur et de ses
applications. — Télégraphie électrique. — Galvanoplastie. — De la
Chloroformisation. — De la Photographie et de l'Aérostation.

ATLAS COMPLÉMENTAIRE
DES CAHIERS D'UNE ÉLÈVE DE SAINT-DENIS

Atlas classique de Géographie universelle, composé
de 24 planches en plusieurs couleurs, dressées par M. Dudail, ex-
professeur adjoint de géographie à l'École de Saint-Cyr. — 1 volume
grand in-8, cartonné bradel. Prix : 8 fr.

ÉTUDES D'APRÈS LES GRANDS MAITRES
Dessins par A. COLIN
Professeur de dessin à l'École polytechnique
ALBUM IN-FOLIO, 20 PLANCHES. — Cartonné bradel, 20 francs
Cartonné toilé, tranches dorées, 22 francs
Chaque planche collée sur carton, avec texte au dos, 1 fr. 25.

Les programmes d'admission aux Écoles de l'État se trouvent dans les *Grandes
écoles civiles et militaires de France*, par MORTIMER D'OCAGNE. — Un beau
vol. in-18, 5 fr. (Voir page 20.)
Voir pour les *Classiques français*, p. 18.

BIBLIOTHÈQUE DES FAMILLES

ÉDUCATION
ET RÉCRÉATION

VOLUMES ILLUSTRÉS GRAND IN-8°

ŒUVRES COMPLÈTES
parues:
23 VOLUMES
Brochés. 203 fr.
Toile... 271
Reliés.. 316

JULES VERNE
(ŒUVRES COMPLÈTES)

ŒUVRES COMPLÈTES
parues:
23 VOLUMES
Brochés. 203 fr.
Toile... 271
Reliés.. 316

Voyages Extraordinaires

COURONNÉS PAR L'ACADÉMIE

TRÈS BELLE ÉDITION POPULAIRE ILLUSTRÉE

Cinq Semaines en Ballon, illustré de 80 dessins et vignettes par Riou. 1 vol. in-8°, toile, tr. dorées, 7 fr.; broché . . . .   5 »

Voyage au Centre de la Terre, illustré de 56 dessins par Riou. 1 vol. in-8°, toile, tr. dorées, 7 fr.; broché . . . .   5 »

    Ces deux ouvrages réunis en un seul volume grand in-8°. Relié, tr. dor., 14 fr.; toile, tr. dor., 12 fr.; broché. . . . .   9 »

Les Aventures du capitaine Hatteras (LES ANGLAIS AU POLE NORD et LE DÉSERT DE GLACE), illustré de 261 dessins et vignettes par Riou. 1 vol. gr. in-8°. Relié, tr. dorées, 14 fr.; cart. toile, tr. dorées, 12 fr.; broché. . . . .   9 »

*Vingt mille lieues sous les Mers, 111 dessins par DE NEUVILLE. 1 vol. grand in-8°. Relié, tr. dorées, 14 fr.; toile, tr. dorées, 12 fr.; broché . . . . .   9 »

Les Enfants du capitaine Grant (VOYAGE AUTOUR DU MONDE), 177 dessins de Riou. 1 vol. grand in-8°. Relié, tr. dorées, 15 fr.; toile, tr. dorées, 13 fr.; broché. . . . .   10 »

JULES VERNE

(ŒUVRES COMPLÈTES. — SUITE)

*L'Île mystérieuse, 1 vol. grand in-8, illustré de 154 dessins par Férat. Relié, tr. dorées, 15 fr.; toile, tr. dor., 13 fr.; broché . . . .   10 »

*De la Terre à la Lune, 43 dessins par de Montaut. 1 vol. grand in-8, toile, tranches dorées, 7 fr.; broché . . . . . .   5 »

**Autour de la Lune (suite de la Terre a la Lune), 45 dessins par Émile Bayard et de Neuville. 1 vol. grand in-8, toile, tranches dorées, 7 fr.; broché. . . . .   5 »

   Ces deux ouvrages réunis en un seul volume grand in-8. Relié, tranches dorées, 14 fr.; toile, tranches dorées, 12 fr.; broché . .   9 »

**Aventures de trois Russes et de trois Anglais, 52 dessins par Férat. 1 vol. grand in-8°, toile, tranches dorées, 7 fr.; broché. . . . .   5 »

**Une Ville flottante, suivie des Forceurs de Blocus. 44 dessins par Férat. 1 vol. gr. in-8°, toile, tranches dorées, 7 fr.; broché. . . . . .   5 »

   Ces deux ouvrages réunis en un seul volume grand in-8. Relié, tranches dorées, 14 fr.; toile, tranches dorées, 12 fr.; broché. . .   9 »

*Le Pays des Fourrures, 105 dessins par Férat et de Beaurepaire. 1 vol. grand in-8°. Rel., tr. dorées, 14 fr.; toile, 12 fr.; broché . . .   9 »

*Les Indes-Noires, 1 vol. illustré de 45 dessins, par Férat. Cartonné toile, tr. dorées, 7 fr.; broché . . .   5 »

*Le Chancellor, 1 vol. illustré de 58 dessins par Riou et Férat. Cartonné toile, tr. dorées, 7 fr.; broché.   5 »

   Ces deux ouvrages réunis en un seul volume grand in-8. Relié, 14 fr.; toile, 12 fr.; broché. . . . .   9 »

*Le Tour du Monde en 80 jours, 80 dessins par de Neuville et L. Benett. 1 vol. grand in-8°, toile, tranches dorées, 7 fr.; broché. . . . .   5 »

*Le Docteur Ox. 1 volume illustré de 58 dessins par Schuler, Bayard, Frœlich, Marie. Prix: cart. toile, tr. dorées, 7 fr.; broché. . . . . .   5 »

   Ces deux ouvrages réunis en un seul volume grand in-8. Relié, tr. dorées, 14 fr.; toile, tr. dor., 12 fr.; broché. .   9 »

*Michel Strogoff. 1 vol. illustré de 95 dessins par Férat. Prix : relié, tranches dorées, 14 fr.; toile, 12 fr.; broché . . . .   9 »

Hector Servadac, voyages et aventures à travers le monde solaire. 1 beau vol. illustré de 100 dessins, par Philippoteaux. Prix : relié, tr. dorées, 14 fr.; toile, tr. dorées, 12 fr.; broché . . . .   9 »

Un Capitaine de 15 ans, 1 beau vol. illustré de 93 dessins par MEYER. Prix relié, tr. dorées, 14 fr.; toile, tr. dorées, 12 fr.; broché . . . .   9 »

Les Cinq cents millions de la Bégum, 1 vol. illustré de 48 dessins, par BENETT. Prix cartonné, toile, tr. dorées, 7 fr.; broché . . . .   5 »

Les Tribulations d'un Chinois en Chine, 1 vol. illustré de 52 dessins, par BENETT. Prix : cartonné, toile, tr. dorées, 7 fr.; broché . . . .   5 »

    Ces deux ouvrages réunis en un seul volume grand in-8°. Relié, tr. dorées, 14 fr.; toile, tr. dorées, 12 fr.; broché . . . .   9 »

La Maison à vapeur, 1 beau volume in-8° illustré de 101 dessins, par BENETT, relié, tr. dorées, 14 fr.; toile, tr. dorées, 12 fr.; broché . . . .   9 »

La découverte de la Terre, 1 beau vol. illustré de 117 dessins et cartes par PHILIPPOTEAUX, BENETT, MATTHIS et DUBAIL. Prix, relié, tr. dorées, 12 fr.; toile, tr. dorées, 10 fr.; broché. . . . .   7 »

Les grands Navigateurs du XVIII° siècle, 1 beau vol. illustré de 116 dessins et cartes, par P. PHILIPPOTEAUX et MATTHIS. Prix : relié, tr. dorées, 12 fr.; toile, tr. dorées, 10 fr.; broché. . . . .   7 »

Les Voyageurs du XIX° siècle, 1 beau vol. in-8° illustré de 108 dessins et cartes, par BENETT. Prix : relié, tr. dorées, 12 fr.; toile, tr. dorées, 10 fr.; broché . . . .   7 »

La Jangada (HUIT CENTS LIEUES SUR L'AMAZONE), 1 beau vol. in-8° illustré de 95 dessins par BENETT. Prix : relié, tr. dor., 14 fr.; toile. 12 fr.; broché . . .   9 »

L'Ecole des Robinsons, 1 vol. illustré de 51 dessins par BENETT. Prix : cart. toile, tr. dorées, 7 fr.; broché,   5 »

Le rayon vert, 1 vol. illustré de 44 dessins par BENETT et une carte. Prix : cartonné toile, 7 fr.; broché. . .   5 »

    Ces deux ouvrages réunis en un seul volume grand in-8°. Relié, tr. dorées, 14 fr.; toile, tr. dorées, 12 fr.; broché . . . .   9 »

†**Kéraban-le-Têtu**, 1 vol. illustré de 101 dessins par BENETT. Prix : relié, tr. dorées, 14 fr.; cartonné toile, tr. dorées, 12 fr.; broché . . . .   9 »

D'ENNERY & JULES VERNE. Les Voyages au Théâtre. 1 beau vol. in-8° illustré de 65 dessins, par BENETT et MEYER. Prix : relié, tr. dorées, 11 fr.; toile, tr. dorées, 10 fr.; broché. . . . .   7 »

JULES VERNE & THÉOPHILE LAVALLÉE.
Géographie illustrée de la France et de ses Colonies. Nouvelle édition revue et complétée par DUBAIL. 108 grav. par CLERGET et RIOU, et 100 cartes par CONSTANS et SÉDILLE. 1 vol. grand in-8°. Relié, tr. dor., 15 fr.; cart. toile, tr. dor., 13 fr.; broché.   10 »

PETITE BIBLIOTHÈQUE BLANCHE

VOLUMES ILLUSTRÉS GRAND IN-16 COLOMBIER

Chaque volume toile, genre aquarelle, tranches dorées,
3 fr.; broché . . . . 2 fr.;

BAUDE (L.). Mythologie de la jeunesse. . . . . . 1 vol.
BIGNON. † Un singulier petit homme. . . . . 1 »
DE LA BÉDOLLIÈRE. Histoire de la mère
  Michel et de son Chat. . . . . 1 »
CHAZEL (PROSPER). Riquette . . . . 1 »
CRETIN (E.-M.). Le Livre de Trotty . . . . . 1 »
DEVILLERS. Les Souliers de mon Voisin . . . . 1 »
CH. DICKENS. L'Embranchement de Mugby. 1 »
DIENY. La Patrie avant tout . . . . 1 »
A. DUMAS. *La Bouillie de la Comtesse Berthe. 1 »
OCTAVE FEUILLET. La Vie de Polichinelle. 1 »
M. GÉNIN. Le petit Tailleur Bouton. . . . . 1 »
    —   Marco et Tonino. . . . . 1 »
    —   Les Pigeons de Saint-Marc. . . . . . 1 »
GENNEVRAYE. † Petit théâtre de famille. . . . . 1 »
GOZLAN (LÉON). Aventures du prince
  Chènevis. 1 »
KARR (ALPHONSE). Les Fées de la Mer. . . . . 1 »
LACOME (P.). La Musique en famille . . . . 1 »
LEMOINE. La Guerre pendant les vacances. 1 »
LEMONNIER (C.). Bébés et Joujoux . . . . 1 »
MACÉ (JEAN). La France avant les Francs. 1 »
P. DE MUSSET. Mr le Vent et Mme la Pluie . . . . 1 »
NODIER (CHARLES). Trésor des fèves et fleur
  des pois. 1 »
NOEL (EUGÈNE) † La Vie des Fleurs. . . . . 1 »
E. OURLIAC. Le Prince Coqueluche. . . . . 1 »
SAND (GEORGE). Histoire du véritable
  Gribouille . . . . 1 »
P.-J. STAHL. Les Aventures de Tom Pouce 1 »
VAN BRUYSSEL. ** Les Clients d'un vieux
  Poirier . . . . 1 »
JULES VERNE.** Un Hivernage dans les glaces. 1 »
    —   Christophe Colomb . . . . 1 »
VIOLLET-LE-DUC. Le Siège de la Rochepont. 1 »

VOLUMES ILLUSTRÉS IN-8 CAVALIER

ALDRICH (traduction BENTZON). **Un Ecolier américain.** 1 vol. toile, tr. dorées, 7 fr.; broché. .   5 »

G. ASTON. **L'Ami Kips,** 1 vol. toile, tr. dor., 7 fr.; br.   5 »

BIART (LUCIEN). † **Voyages et Aventures de deux enfants dans un parc,** 1 vol. toile, tr. dor. 7 fr.; br.   5 »

A. DE BREHAT. **Aventures de Charlot,** 1 vol. toile, tr. dor., 7 fr.; br. . . . .   5 »

CAHOURS ET RICHE. ***Chimie des Demoiselles,** 1 vol. in-8° avec figures dans le texte, toile, tranches dorées, 7 fr.; broché . . . .   5 »

CHAZEL (PROSPER). **Le Chalet des Sapins,** 1 beau vol. in-8°, illustré par Th. SCHULER. Relié, tr. dor., 11 fr.; toile, 10 fr., broché . . . .   7 »

CRÉTIN-LEMAIRE. † **Les Expériences de la petite Madeleine,** 1 vol. toile, tr. dorées, 7 fr.; broché. .   5 »

DE CHERVILLE. ***Histoire d'un trop bon chien,** 1 vol. toile, tranches dorées, 7 fr.; broché . . . . . .   5 »

A. DEQUET. **Histoire de mon oncle et de ma tante,** 1 vol. toile, tr. dorées, 7 fr.; broché. . . . .   5 »

ERCKMANN-CHATRIAN. **Les Vieux de la Vieille,** 1 vol. toile, tranches dorées, 7 fr.; broché.   5 »

M. GENIN. **La Famille Martin,** 1 vol. toile, tr. dor., 7 fr.; broché. . . . .   5 »

A. KÆMPFEN. **La Tasse à thé,** 1 vol. toile, tr. dor., 7 fr.; broché . . . .   5 »

NERAUD. **La Botanique de ma fille,** 1 vol. toile, tranches dorées, 7 fr.; broché . . . .   5 »

RATISBONNE (LOUIS). **Dernières scènes de la Comédie enfantine,** 1 vol. toile, tr. dor. 7 fr.; broch.   5 »

RECLUS (E.) **Histoire d'une Montagne,** 1 vol. toile, tr. dorées, 7 fr.; broché . . . .   5 »

————   **Histoire d'un Ruisseau,** 1 vol. toile, tr. dorées, 7 fr.; broché . . . .   5 »

P.-J. STAHL. **La Famille Chester** (adaptation), 1 vol. toile, tr. dor., 7 fr.; broché. . . . .   5 »

————   ***Mon premier voyage en mer,** 1 vol. toile, tr. dorées, 7 fr.; broché. . . . .   5 »

P.-J. STAHL ET DE WAILLY (LÉON). **Contes célèbres de la Littérature anglaise,** 1 vol. toile, tranches dorées, 7 fr.; broché. . . . .   5 »

RENÉ VALLERY-RADOT. * **Journal d'un volontaire d'un an** *(ouvrage couronné),* 1 vol. toile, tr. dorées, 7 fr.; broché. . . . .   5 »

VOLUMES ILLUSTRÉS, GRAND IN-8 RAISIN et JÉSUS

BENTZON. **Yette;** *Histoire d'une jeune Créole,* 1 vol. in-8°, illustré par M. MEYER. Relié, tr. dorées, 11 fr.; toile, tr. dorées, 10 fr.; broché. . . . .   7 »

BIART (LUCIEN). ** **Aventures d'un jeune**

Naturaliste, 1 beau vol. grand in-8°, orné de 156 dessins par BENETT. Relié, tr. dorées, 14 fr.; toile, tr. dorées, 12 fr.; broché. . . . . 9 »

BIART (LUCIEN) ** **Entre frères et sœurs,** 1 beau vol. in-8°, ill. par LALAUZE. Relié, tranches dorées, 11 fr.; toile tranches dorées, 10 fr.; broché. 7 »

—— **Deux Amis,** 1 beau vol. in-8°, ill. par G. BOUTET. Relié, 11 fr.; toile, 10 fr.; broché. . 7 »

• **Les Voyages involontaires** {
Monsieur Pinson, 1 vol. in-8° illustré, par H. MEYER, relié, 11 fr.; toile, 10 fr.; broché . . . . 7 »
La Frontière indienne, 1 vol. in-8°, illustré par H. MEYER, relié, 11 fr.; toile, 10 fr.; broché. 7 »
Le Secret de José, 1 vol. in-8°, illustré par H. MEYER, relié 11 fr.; toile, 10 fr.; broché.. . . . . 7 »
Lucia, 1 vol. in-8° ill. par H. MEYER, relié, 11 fr.; toile, 10 fr.; broché. 7 »
}

BLANDY (S.). **Le Petit Roi,** 1 vol. in-8°, illustré par BAYARD. Relié, tr. dor., 11 fr.; toile, tr. dor, 10 fr.; br. 7 »

—— **Les Epreuves de Norbert.** 1 beau vol. in-8° illustré par A. BORGET et BENETT, relié, tr. dorées, 14 fr.; toile, tr. dorées, 12 fr.; broché. . . . 9 »

MADAME B. BOISSONNAS. *Une famille pendant la guerre 1870-71 (*ouvr. couronné par l'Académie française*), 1 beau vol. in-8°, ill. par P. PHILIPPO-TEAUX. Relié, tr. dor., 11 fr.; toile, tr. dor, 10 fr.; br. 7 »

BRÉHAT (ALFRED DE). * **Les Aventures d'un petit Parisien,** 1 vol. in-8°, ill. par MORIN. Relié, tranches dorées, 11 fr.; toile, tr. dor., 10 fr.; br. . . . 7 »

CANDÈZE (DOCTEUR). **La Gileppe,** 1 vol. illustré, par C. RENARD, relié, tr. dorées, 11 fr.; toile, tr. dorées, 10 fr.; broché. . . . . 7 »

—— **Aventures d'un Grillon,** 1 beau vol. in-8°, illustré par C. RENARD. Relié, tr. dorées, 11 fr.; toile, tr. dorées, 10 fr.; broché. . . . . 7 »

CAUVAIN (HENRI). †**Le Grand Vaincu,** 1 beau vol. illustré, par MAILLART, relié, 11 fr.; toile, 10 fr.; br. 7 »

CLÉMENT (CHARLES). **Michel-Ange. — Raphaël. — Léonard de Vinci,** 167 dessins d'après les grands maîtres. 1 magnifique volume gr. in-8, rel. tr. dorées 15 fr., toile, tr. dorées, 13 fr.; broché. . . . . 10 »

DAUDET (ALPHONSE). **Histoire d'un enfant** (*le Petit Chose*), édition spéciale à la jeunesse. 1 beau vol. illustré par P. PHILIPPOTEAUX. Relié, tr. dor., 11 fr.; toile, tr. dor., 10 fr.; br. . . . . 7 »

DESNOYERS (LOUIS). **Aventures de Jean-Paul Choppart,** 1 vol. illustré de nombreuses vignettes par GIACOMELLI, nouv. édit. augmentée de gravures

hors texte par CHAM. 1 vol. in-8°. Relié, tranches
dorées, 11 fr.; toile, tranches dorées, 10 fr.; broché..   **7 »**
FATH (GEORGES). **Un drôle de voyage,** 1 beau vol.
in-8° ill. Relié, tr. dor. 11 fr.; toile, tr. dor., 10 fr.; br.   **7 »**
FLAMMARION (CAMILLE). **Histoire du Ciel,** 1 vol.
Nombreuses grav. et une carte sidérale par BENETT.
Gr. in-8°. Rel., tr. dor., 14 fr.; toile. tr. dor., 12fr.; br.   **9 »**
GENNEVRAYE. **Théâtre de famille.** 1 beau vol.
in-8°, illustré par GEOFFROY. Relié, tr. dorées, 11 fr.;
toile, tr. dorées, 10 fr.; broché. . . . .   **7 »**
GRAMONT (LE COMTE DE). **Les Bébés,** poésies
de l'enfance, illustrées par OSCAR PLETSCH. 1 vol.
in-8°. Relié, tr. dor., 11 fr.; toile, tr. dor., 10 fr.; br.   **7 »**
— **Les bons petits Enfants** (volume en prose),
vignettes par LUDWIG RICHTER. 1 vol. in-8°. Relié,
tr.dorées, toile, tr.dorées, 10 fr.; broché . . . .   **7 »**
GRIMARD (ED.). **La Plante,** 1 vol. in-8°, illustré
de nombreuses vignettes. Relié, tranches dorées,
11 fr.; toile, tr. dor., 10 fr.; broché . . . .   **7 »**
— **Le Jardin d'acolimatation** (*Le Tour du Monde
d'un naturaliste*), 1 vol. grand in-8°, illustré de nombreux dessins par BENETT, LALLEMAND, etc. Relié,
tr. dorées, 14 fr.; toile, tr. dorées, 12 fr.; broché...   **9 »**
HUGO (VICTOR). ***Le livre des Mères** (*les Enfants*),
la fleur des poésies de Victor Hugo ayant trait à l'enfance, illustré par FROMENT. 1 vol. in-8°. Relié, tr.
dorées, 11 fr.; toile, tr. dorées, 10 fr.; broché. . . .   **7 »**
LAPRADE (VICTOR DE). *** Le Livre d'un Père,**
1 vol. in-8°, illustré par FROMENT. Relié, tranches
dorées, 11 fr.; toile, tranches dorées, 10 fr.; broché. ..   **7 »**
LAURIE (ANDRÉ). **Mémoires d'un collégien.**
1 vol. in-8° illustré par GEOFFROY. Relié, tr. dorées
11 fr.; toile tr. dorées, 10 fr.; broché. . . . .   **7 »**
— **La vie de collège en Angle-
terre,** 1 vol. in-8°, illustré par PHILIPPOTEAUX.
Relié, tr. dorées, 11 fr.; toile, tr. dorées, 10 fr.; broché.   **7 »**
— **† Une année de collège à Pa-
ris,** 1 vol. in-8° illustré par GEOFFROY, relié, tranches
dorées, 11 fr.; toile, tr. dorées, 10 fr.; broché. . . . .   **7 »**
LEGOUVÉ(E.). **La Lecture en famille.** 1 vol. in-8°
illustré par BÉNETT, GEOFFROY, TONY JOHANNOT,
etc. Relié, tr. dor., 11 fr.; toile, tr. dor., 10 fr.; broché   **7 »**
— *** Nos Filles et nos Fils,** 1 vol.
in-8°, illustré par PHILIPPOTEAUX. Relié, tranches
dorées, 11 fr.; toile, tranches dorées, 10 fr.; broché.   **7 »**
MACÉ (JEAN). *** Histoire d'une Bouchée de
pain,** illustrée par FRŒLICH. 1 vol. in-8°. Relié,
tr. dorées, 11 fr.; toile, tr. dorées, 10 fr.; broché.. . .   **7 »**
— ***Les Serviteurs de l'Estomac,** 1 beau
vol.in-8°, illustré par FRŒLICH. Relié, tr. dor., 11 fr.;
toile, tr. dor., 10 fr.; broché . . . .   **7 »**

JEAN MACÉ **Les Contes du Petit Château, ill. par BERTALL. 1 beau vol. in-8°. Relié, tranches dorées, 11 fr.; toile, tranches dorées, 10 fr.; broché.   7 »

—— * Le Théâtre du Petit-Château, 1 beau vol. in-8° sur vélin, illustré par FROMENT. Relié, tr. dorées, 11 fr.; toile, tranches dorées, 10 fr.; broché.   7 »

—— *Histoire de deux petits marchands de pommes (Arithmétique du Grand-Papa), illustrations de YAN'DARGENT. 1 vol. in-8°. Relié, tranches dorées, 11 fr.; toile, tranches dorées, 10 fr.; broché.   7 »

MALOT (HECTOR). * Romain Kalbris, dessins de E. BAYARD. 1 vol. in-8°. Relié, tr. dor., 11 fr.; toile, tr. dor., 10 fr.; broché . . . .   7 »

—— Sans Famille, couronné par l'Académie française, dessins de E. BAYARD, 1 vol. in-8° jésus, relié, tr. dor., 15 fr.; toile, tr. dor., 18 fr.; broché   10 »

MARELLE (CHARLES). Le Petit Monde, 1 vol. in-8°, illustré de nombreux dessins et vignettes. Relié, tr. dor., 11 fr.; toile, tr. dor., 10 fr.; br. . . .   7 »

MAYNE-REID. (AVENTURES DE TERRE ET DE MER.)
Éditions adoptées pour la jeunesse.

**Les Robinsons de terre ferme, 1 vol. in-8°, illustré par H. MEYER. Relié, tranches dorées, 11 fr.; toile, tr. dorées, 10 fr.; broché . . . .   7 »

—— * William le Mousse, 1 vol. in-8°, illustré par RIOU. Relié, tr. dor., 11 fr.; toile, tr. dor., 10 fr.; br. .   7 »

—— Les Jeunes Esclaves, 1 vol. in-8°, illustré par RIOU. Relié, tr. dor., 11 fr.; toile, tr. dor., 10 fr.; br.   7 »

—— **Le Désert d'eau, 1 vol. in-8°, illustré par BENETT. Relié, tr. dorées, 11 fr.; toile, tr. dor., 10 fr.; br.   7 »

—— Les Naufragés de l'île de Bornéo, 1 vol. illustré par FÉRAT. Relié, tr. dorées, 11 fr.; toile, tr. dorées, 10 fr.; broché   7 »

—— La Sœur perdue, 1 vol. in-8°, illustré par RIOU. Relié, tr. dor., 11 fr.; toile, tr. dor., 10 fr.; br. . . .   7 »

—— ** Les Planteurs de la Jamaïque, 1 vol. in-8° ill. par FÉRAT. Relié, tranches dorées, 11 fr.; toile, tranches dorées, 10 fr.; broché . . . .   7 »

—— * Les deux Filles du squatter, 1 vol. in-8°, ill. par JOHN DAVIS. Relié, tranches dorées, 11 fr.; toile, tranches dorées, 10 fr.; broché. . . . .   7 »

—— Les jeunes Voyageurs, 1 vol. in-8°, ill. par JOHN DAVIS. Relié, tranches dorées, 11 fr.; toile, tr. dorées, 10 fr.; broché. . . . .   7 »

—— Les Chasseurs de chevelures, 1 vol. in-8° ill. par PHILIPPOTEAUX. Relié, tranches dorées, 11 fr.; toile, tranches dorées, 10 fr.; broché. . . . .   7 »

—— Le Petit Loup de Mer, 1 vol. in-8° illustré par BENETT, relié, tr. dor., 11 fr.; toile, tr. dor., 10 fr.; br.   7 »

MAYNE REID. Le Chef au bracelet d'or, 1 vol. in-8°, ill. p. BENETT, rel., tr. dor., 11 fr.; toile, tr. dor., 10 fr.; br.   7 »

MAYNE-REID. Les Exploits des Jeunes Boërs, 1 vol. in-8 illustré par Riou, relié tranches dorées, 11 fr.; toile, tranches dorées, 10 fr.; broché. . . . . 　7 »

—— **La Montagne perdue**, 1 vol. in-8° ill. par Riou. Rel. tr. dor., 11 fr.; toile, tr.dor.,10fr.; br. 　7 »

DE MEISSAS (L'ABBÉ), chapelain de Sainte-Geneviève. **Histoire Sainte**, comprenant l'Ancien et le Nouveau Testament, avec nombreuses vignettes par Gérard Séguin. 1 vol. gr. in-8°. Relié, tr. dorées, 14 fr.; toile, tranches dorées, 12 fr.; broché. . . . . 　9 »

MULLER (EUGÈNE). **La Jeunesse des Hommes célèbres, illustrations par Bayard. 1 vol. in-8°. Relié, tr. dorées, 11 fr.; toile, tr. dor., 10 fr.; br. . . . 　7 »

—— **La Morale en action par l'Histoire**, 1vol. in-8°, illustrations par P. Philippoteaux. Relié, tranches dor., 11 fr.; toile, tr. dor., 10 fr.; broché. . 　7 »

—— † **Les Animaux célèbres**, illustrations par Geoffroy, 1 vol. in-8°, relié, tr. dorées, 11 fr.; toile, tranches dorées, 10 fr.; broché. . . . . 　7 »

RATISBONNE (LOUIS). **La Comédie enfantine (couronnée par l'Académie française). PREMIÈRES ET DERNIÈRES SCÈNES, RÉUNIES EN UN VOLUME IN-8°, AVEC TOUTES LES GRAVURES DE FROMENT ET DE GOBERT de la première édition. Relié, tranches dorées, 11 fr.; toile, tranches dorées, 10 fr.; broché. 　7 »

SAINTINE (X.-B.). **Picciola, 47ᵉ édition, illustré à nouveau par Flameng. 1 vol. in-8°. Relié, tranches dorées, 11 fr.; toile, tranches dorées, 10 fr.; broché. 　7 »

SANDEAU (J.). ** La Roche aux Mouettes, illustré par Bayard et Férat. 1 vol. in-8°. Relié, tr. dorées, 11 fr.; cart. toile, tr. dor., 10 fr.; broché. 　7 »

—— **Madeleine**, illus. par Bayard, 1 vol. in-8°. Rel.,tr. dor., 11 fr.; cart. toile, tr. dor., 10 fr.; broché 　7 »

—— † **Mˡˡᵉ de la Seiglière**, 1 beau vol. in-8°, ill. par Bayard, relié, tr. dor., 11 fr.; toile, tr. dor., 10 fr.; br. 　7 »

SAUVAGE (ÉLIE). La Petite Bohémienne, illustrations par Frœlich. 1 vol. in-8°. Relié, tr. dor., 11 fr.; toile, tr. dorées, 10 fr.; br. . . . . . . 　7 »

SÉGUR (LE COMTE ANATOLE DE). Fables, illustrées par Frœlich. 1 beau vol. in-8°. Rel., tr. dor., 11 fr.; cart. toile, tr. dor., 10 fr.; br. . . . . . . 　7 »

P.-J. STAHL. * Contes et Récits de Morale familière (couronnés par l'Académie française), illustrés par Schuler, Bayard, de la Charlerie, Frœlich, etc. 1 vol. in-8°. Relié, tr. dor. 11 fr.; toile, tr. dor., 10 fr.; broché . . . . 　7 »

—— ** **Histoire d'un Ane et de deux jeunes Filles** (couronnée par l'Académie française). Vignettes par Th. Schuler. 1 vol. in-8°. Relié, tr. dorées, 11 fr.; toile, tranches dorées, 10 fr.; broché. 　7 »

P.-J. STAHL. *Les Patins d'argent (Histoire d'une famille hollandaise), *ouvrage couronné par l'Académie française*, d'après M. MAPES DODGE. 1 vol. in-8°, illustré par Th. SCHULER. Relié, tr. dor., 11 fr.; toile, tr. dor., 10 fr.; broché . . . . . . 7 »

—— ** Maroussia *(ouvrage couronné par l'Académie française)*, d'après MARKOVITZOU, 1 vol. in-8°, ill. par Th. SCHULER. Relié tr. dorées, 11 fr.; toile, tr. dorées, 10 fr.; broché . . . . 7 »

—— *Les Histoires de mon Parrain, 1 vol. in-8°, illustré par FROELICH. Relié, tr. dorées, 11 fr.; toile, tranches dorées, 10 fr.; broché . . . . 7 »

—— Les Quatre Filles du docteur Marsch, 1 vol. in-8° illustré par A. MARIE, relié, tr. dorées, 11 fr.; toile, tr. dorées, 10 fr.; broché . . . . 7 »

—— † Jack et Jane, 1 vol. in-8° illustré par GEOFFROY, rel. tr. dor., 11 fr.; toile, tr. dor., 10 fr.; broché. 7 »

P.-J. STAHL ET MULLER. * Le nouveau Robinson Suisse, revu et traduit par P.-J. STAHL et MULLER, mis au courant de la science moderne par JEAN MACÉ, environ 150 dessins de YAN'DARGENT. 1 vol. gr. in-8°. Relié, tr. dorées, 14 fr.; toile, tr. dor., 12 fr.; broché . . . . 9 »

LOUIS DU TEMPLE, CAPITAINE DE FRÉGATE. Les Sciences usuelles et leurs applications mises à la portée de tous. 1 vol. gr in-8° orné de 300 fig. Relié, tranches dorées, 11 fr.; toile, tr. dor., 10 fr.; broché. 7 »

—— **Communications et transmissions de la pensée. 1 vol. in-8° orné de 180 fig. Relié, tranches dorées, 11 fr.; toile, tranches dorées, 10 fr.; broché. . 7 »

VIOLLET-LE-DUC. *Histoire d'un Dessinateur, texte et dessins par VIOLLET-LE-DUC, 1 vol. in-8°, relié, tr. dorées, 11 fr.; toile, tr. dor., 10 fr.; broché. 7 »

—— **Histoire d'une Maison. Texte et dessins par VIOLLET-LE-DUC. 1 vol. in-8°. Relié, tranches dorées, 11 fr.; toile, tranches dorées, 10 fr.; broché. . 7 »

—— *Histoire d'une Forteresse. Texte et dessins par VIOLLET-LE-DUC. 1 vol. in-8°. Relié, tr. dorées, 14 fr.; toile, tranches dorées, 12 fr.; broché . . . . . . 9 »

—— *Histoire de l'Habitation humaine. Texte et dessins par VIOLLET-LE-DUC. 1 vol. in-8°. Relié, tr. dorées, 14 fr.; toile, tr. dor., 12 fr.; broché . . . . . . 9 »

—— * Histoire d'un Hôtel de ville et d'une Cathédrale. Texte et dessins par VIOLLET-LE-DUC. 1 vol. in-8°. Relié, tranches dorées, 14 fr.; toile, tranches dorées, 12 fr.; broché. . . . . 9 »

GRANDS CLASSIQUES ILLUSTRÉS
PERRAULT — GUSTAVE DORÉ
Splendide édition, 40 planches, Préface de P. J. Stahl., — Reliure d'amateur 30 fr., reliure à l'anglaise . . . . 25 »

DON QUICHOTTE - TONY JOHANNOT
Édition spéciale à la Jeunesse, par Lucien Biart. — 316 dessins, 1 vol. gr. in-8o. Relié, tr. dor., 16 fr. ; toile, tr. dor., 13 fr. ; broché.   10 »

* MOLIÈRE COMPLET
(Édition Tony Johannot et Sainte-Beuve)
800 vignettes, 1 vol. gr. in-8o. Relié, 15 fr.; toile, 13 fr.; broché . . 10 »

FABLES DE LA FONTAINE
(115 grands dessins, d'Eugène Lambert)
1 beau vol. gr. in-8o. Relié, 15 fr. ; toile, 13 fr.; broché . . . . 10 »

BIBLIOTHÈQUE
DES
JEUNES FRANÇAIS
VOLUMES GR. IN-16 A 1 FR. 50, BROCHÉS
CARTONNÉS TOILE, TRANCHE JASPÉE, 2 FRANCS

BLOCK (Maurice). . . . . * Petit Manuel d'Économie pratique (ouvrage couronné).
— ENTRETIENS FAMILIERS SUR L'ADMINISTRATION DE NOTRE PAYS — La France. — Le Département. — La Commune. — Paris, Organisation municipale. — Paris, Institutions administratives. — Le Budget. — L'Impôt.—L'Industrie.—L'Agriculture.—Le Commerce.
GUICHARD (V.) . . . . Conférences sur le Code civil.
J. MICHELET.. . . . . . La Prise de la Bastille et la Fête des Fédérations. — Les Croisades.— François Iᵉʳ et Charles-Quint. — Henri IV.
PONTIS. . . . . . . Petite Grammaire de la prononciation.

COLLECTION DES CLASSIQUES FRANÇAIS
Dédiée à la Jeunesse.
CHAQUE VOLUME BROCHÉ, 3 FR. ; CARTONNÉ BRADEL, 3 FR. 25

BOILEAU	Œuvres poétiques.	2 v.
BOSSUET	Oraisons funèbres.	1 v.
—	Discours sur l'Histoire universelle.	2 v.
P. CORNEILLE .	Œuvres dramatiques.	3 v.
FÉNELON	Les Aventures de Télémaque . . .	2 v.
LA BRUYÈRE . .	Les Caractères	2 v.
LA FONTAINE .	Fables	2 v.
RACINE.	Œuvres dramatiques.	3 v.

Prix — Étrennes — Bibliothèques populaires — etc.

BIBLIOTHÈQUE

3 Fr.
Broché

D'ÉDUCATION & DE RÉCRÉATION

4 Fr.
Cartonné

VOLUMES IN-18

Brochés, 3 fr.—Cartonnés toile, tranches dorées, 4 fr.

AMPÈRE (A.-M.).	*Journal et correspondance.	1 v.
ANDERSEN.	Nouveaux Contes suédois.	1 v.
ASTON (G.).	L'Ami Kips.	1 v.
BENTZON.	Yette.	1 v.
BERTRAND (J.).	*Les Fondateurs de l'astronomie	1 v.
BIART (Lucien)	**Avent. d'un jeune naturaliste.	1 v.
—	**Entre frères et sœurs.	1 v.
— Voyages	(Monsieur Pinson.	1 v.
— involontaires	La Frontière indienne.	1 v.
—	(† Le Secret de José.	1 v.
BLANDY (S.).	**Le petit Roi.	1 v.
BOISSONNAS (Mme B.).	*Une famille pendant la guerre 1870-71 (ouv. cour.)	1 v.
BRACHET (A.).	**Grammaire historique (préface de LITTRÉ) (ouv. couronné).	1 v.
BRÉHAT (de).	**Aventures d'un petit Parisien.	1 v.
—	Aventures de Charlot.	1 v.
CANDÈZE (Dr).	Aventures d'un Grillon.	1 v.
—	La Gileppe	1 v.
CHAZEL (Prosper).	Le Chalet des Sapins.	1 v.
CLÉMENT (Ch.).	**Michel-Ange, Raphaël, et Léonard de Vinci.	1 v.
DEQUET.	Histoire de mon Oncle.	1 v.
DESNOYERS (Louis).	Jean-Paul Choppart	1 v.
DURAND (Hip.).	Les grands Prosateurs.	1 v.
—	Les grands Poètes.	1 v.
EGGER	Histoire du Livre.	1 v.
ERCKMANN-CHATRIAN	*Le Fou Yégof ou l'Invasion.	1 v.
—	*Madame Thérèse.	1 v.
—	*Histoire d'un Paysan :	
—	Les États généraux (1789).	1 v.
—	La Patrie en danger (1772).	1 v.
—	L'An I de la République (93)	1 v.
—	Le Citoyen Bonaparte (1794-1815).	1 v.
FATH (G.).	Un drôle de Voyage.	1 v.
FOUCOU.	Histoire du travail.	1 v.
GÉNIN.	La Famille Martin.	1 v.
GRAMONT (Comte de).	Les Vers français et leur prosodie (ouv. cour.)	1 v.

GRATIOLET (P.).	*De la physionomie.	1 v.
GRIMARD.	Histoire d'une goutte de sève.	1 v.
—	Le Jardin d'Acclimatation . .	1 v.
HIPPEAU (Mᵐᵉ).	*Cours d'économie domestique.	1 v.
HUGO (Victor).	*Les Enfants (le Livre du Mère). . . .	1 v.
IMMERMANN.	La Blonde Lisbeth.	1 v.
LAPRADE (V. de)	*Le Livre d'un père.	1 v.
LAURIE (André)	†La Vie de collège en Angleterre	1 v.
LAVALLÉE (Th.).	Histoire de la Turquie.	2 v.
LEGOUVÉ (E.).	*L'Art de la Lecture.	1 v.
—	La Lecture en action	1 v.
—	*Conférences parisiennes	1 v.
—	*Les Pères et les Enfants au XIXᵉ siècle (Enfance et Adolescence). .	1 v.
—	*Les Pères et les Enfants au XIXᵉ siècle (LA JEUNESSE). .	1 v.
—	*Nos Filles et nos Fils	1 v.
LOCKROY (Mᵐᵉ).	*Contes à mes Nièces	1 v.
MACAULAY.	*Histoire et Critique.	1 v.
MACÉ (Jean).	*Arithmétique du Grand-Papa.	1 v.
—	**Contes du Petit Château	1 v.
—	*Histoire d'une Bouchée de pain.	1 v.
—	*Les Serviteurs de l'estomac .	1 v.
MAURY (commandant).	*Géographie physique.	1 v.
—	*Le Monde où nous vivons . .	1 v.
MORTIMER D'OCAGNE. .	Les Grandes Écoles de France	1 v.
MULLER (Eugène). . . .	**Jeunesse des Hommes célèbres	1 v.
—	**Morale en action par l'histoire	1 v.
NOEL (Eugène)	La Vie des Fleurs.	1 v.
ORDINAIRE.	Dictionnaire de mythologie. . .	1 v.
—	Rhétorique nouvelle.	1 v.
RATISBONNE (Louis). .	**Comédie enfantine (ouv. cour.)	1 v.
RECLUS (Elisée).	*Histoire d'un Ruisseau.	1 v.
—	Histoire d'une Montagne . . .	1 v.
RENARD.	**Le Fond de la Mer	1 v.
ROULIN (F.).	*Histoire naturelle.	1 v.
SANDEAU (Jules). . . .	**La Roche aux Mouettes . . .	1 v.
SAYOUS.	*Conseils à une mère sur l'éducation littéraire	1 v.
—	*Principes de littérature.	1 v.
SIMONIN.	*Histoire de la Terre	1 v.
STAHL (P.-J.).	*Contes et récits de Morale familière (ouv. couronné).	1 v.
—	**Histoire d'un Ane et de deux jeunes Filles (ouv. cour.).	1 v.
—	*Les Patins d'argent (ouv. cour.).	1 v.
—	La famille Chester, adaptation.	1 v.
—	*Les Histoires de mon parrain.	1 v.
—	**Maroussia (ouv. cour.)	1 v.
—	. Les 4 Peurs de notre général .	1 v.
—	Les 4 Filles du Dʳ Marsch . .	1 v.
—	**Mon 1ᵉʳ Voyage en mer.	1 v.

STAHL ET MULLER. . .	*Le nouveau Robinson suisse.	1 v.
STAHL et DE WAILLY.	*Les Vacances de Riquet et	
	Madeleine.	1 v.
—	Mary Bell, William et Lafaine.	1 v.
SUSANE (général). . . .	Histoire de la Cavalerie	3 v.
THIERS.	*Histoire de Law.	1 v.
VALLERY-RADOT (René)	*Journal d'un Volontaire d'un	
	an (ouvr. couronné)	1 v.
VERNE (Jules).	Voyages extraordinaires (couronnés) :	
—	**Aventures de 3 Russes et de 3 Anglais.	1 v.
	AVENTURES DU CAPITAINE HATTERAS :	
—	— **Les Anglais au pôle Nord	1 v.
—	— **Le Désert de Glace	1 v.
—	*Le Chancellor	1 v.
—	**Cinq semaines en ballon (ouvr. cour.) . .	1 v.
—	*De la Terre à la Lune (ouvr. cour.) . . .	1 v.
—	*Autour de la Lune (ouvr. cour.)	1 v.
—	*Le docteur Ox	1 v.
	LES ENFANTS DU CAPITAINE GRANT :	
—	— **L'Amérique du Sud.	1 v.
—	— **L'Australie	1 v.
—	— **L'Océan Pacifique	1 v.
	L'ILE MYSTÉRIEUSE	
—	— *Les Naufragés de l'air	1 v.
—	— *L'Abandonné.	1 v.
—	— *Le Secret de l'ile	1 v.
—	*Le Pays des Fourrures.	2 v.
—	*Vingt mille lieues sous les Mers (cour.)	2 v.
—	*Le Tour du Monde en 80 jours.	1 v.
—	**Une Ville flottante	1 v.
—	*Voyage au centre de la Terre(ouv. cour.) .	1 v.
—	*Michel Strogoff	2 v.
—	*Les Indes-Noires.	1 v.
—	Hector Servadac	2 v.
—	**Un Capitaine de quinze ans.	2 v.
—	Les Cinq Cents Millions de la Bégum.	1 v.
—	Les Tribulations d'un Chinois en Chine.	1 v.
—	La Maison à vapeur.	2 v.
—	La Jangada	2 v.
—	L'Ecole des Robinsons.	1 v.
—	Le Rayon-Vert.	1 v.
—	†Kéraban-le-Têtu	2 v.
	HIST. DES GRANDS VOYAGES ET DES GR. VOYAGEURS :	
—	— **Découverte de la Terre	2 v.
—	— **Les gr. Navigateurs du XVIIIe siècle	2 v.
—	— Les Voyageurs au XIXe siècle	2 v.
ZURCHER ET MARGOLLÉ.	*Les Tempêtes	1 v.
—	**Histoire de la Navigation. . .	1 v.
—	**Le Monde sous-marin	1 v.

VOLUMES IN-18, AVEC OU SANS GRAVURES
BROCHÉS, 3 fr. 50. — CARTONNÉS, TR. DORÉES, 4 fr. 50
(Suite de la Collection *Éducation et Récréation*.)

ANQUEZ.	**Histoire de France.	1 v.
AUDOYNAUD.	Entretiens sur la Cosmograph.	1 v.
BERTRAND (Alex.)	**Lettres sur les révol. du globe	1 v.
BOISSONNAS (B.)	*Un Vaincu.	1 v.
FARADAY (M.).	*Histoire d'une Chandelle.	1 v.
FRANKLIN (J.).	Vie des Animaux.	6 v.
HIRTZ (Mᵐᵉ)	Méthode de coupe et de confection pour les vêtements de femmes et d'enfants. 154 gr.	1 v.
LAVALLÉE (Th.).	Frontières de la France (*cour.*)	1 v.
MAYNE-REID.	*William le Mousse.	1 v.
—	Les Jeunes Esclaves.	1 v.
—	**Le Désert d'eau.	1 v.
—	†Les Exploits des jeunes Boërs	1 v.
—	*Les Chasseurs de Girafes	1 v.
—	*Les Naufragés de l'île de Bornéo	1 v.
—	La Sœur perdue.	1 v.
—	**Les Planteurs de la Jamaïque.	1 v.
—	*Les deux Filles du Squatter.	1 v.
—	Les Jeunes voyageurs.	1 v.
—	**Les Robinsons de Terre ferme.	1 v.
—	Les Chasseurs de Chevelures.	1 v.
—	Le Chef au bracelet d'or	1 v.
—	Le petit Loup de mer.	1 v.
MICKIEWICS (Adam).	Histoire de la Pologne	1 v.
NODIER (Ch.).	Contes choisis.	2 v.
PARVILLE (de).	Un Habitant de la planète Mars.	1 v.
SILVA (de).	Le Livre de Maurice.	1 v.
SUSANE (général)	Histoire de l'Artillerie.	1 v.
TYNDALL.	**Dans les Montagnes	1 v.
WENTWORTH-HIGGINSON	Histoire des États-Unis.	1 v.

VOLUMES IN-18. — PRIX DIVERS
(Suite de la Collection *Éducation et Récréation*.)

A. BRACHET.	*Dictionnaire étymologique de la langue franç. (*ouo. cour.*).	8 fr.
CHENNEVIÈRES (de)	Aventures du petit roi saint Louis devant Bellesme.	5 fr.
CLAVÉ (J.)	Principes d'économie politique	2 fr.
DUBAIL.	*Géogr. de l'Alsace-Lorraine.	1 fr.
GRIMARD (Ed.).	*La Botanique à la campagne.	5 fr.
LEGOUVÉ (E.).	*Petit Traité de la lecture.	1 fr.
—	L'art de la lecture (complément)	1 fr.
MACÉ (Jean).	*Théâtre du Petit-Château.	2 fr.
—	*Arithmétique du Grand-Papa (édit. populaire)	1 fr.
PETIT (A.).	Grammaire de la Ponctuation.	2 50
—	Extr. de la gram. de la Ponct.	» 50
SOUVIRON	Dict. des termes techniques.	6 fr.

LIBRAIRIE GÉNÉRALE

VICTOR HUGO

ŒUVRES COMPLÈTES· (Ne varietur)

Édition définitive

SUR LES MANUSCRITS ORIGINAUX

DEVANT COMPRENDRE TOUTES LES ŒUVRES PARUES ET A PARAITRE

Les œuvres suivantes :

POÉSIE

*Odes et Ballades.
*Les Orientales.
*Les Feuilles d'automne.   } 1 vol.
*Les Chants du crépuscule.
*Les Voix intérieures.   } 1 vol
*Les Rayons et les Ombres.
*Les Châtiments.
*Les Contemplations.   2 vol.
*La Légende des Siècles.   4 vol.
*Les Chansons des Rues et
   des Bois.
*L'Année terrible.
*L'Art d'être Grand-Père.
*Le Pape.   )
*La Pitié suprême.   } 1 vol.
*Religion et Religions.   )
*L'Ane.
*Les Quatre Vents de l'Esprit   2 vol.

HISTOIRE

*Histoire d'un Crime.   2 vol.
*Napoléon le Petit.
 Paris.

PHILOSOPHIE

*Littérature et Philosophie
   mêlées.
*William Shakspeare.

DRAME

*Cromwell.   1 vol.
*Hernani.
*Marion de Lorme.   1 vol.
*Le Roi s'amuse.
*Lucrèce Borgia.
*Marie Tudor.   1 vol.
*Angelo, tyran de Padoue.   )
*La Esmeralda.   }
*Ruy Blas.   1 vol.
*Les Burgraves.
 Torquemada.

ROMAN

*Han d'Islande.
*Bug-Jargal.
*Le dernier Jour d'un }
   Condamné.   } 1 vol.
*Claude Gueux.   )
*Notre-Dame de Paris   2 vol.
*Les Misérables.   5 vol.
*Les Travailleurs de la mer.   2 vol.
*L'Homme qui rit,   2 vol.
*Quatre-vingt-treize.

ACTES ET PAROLES

*Avant l'Exil.
*Pendant l'Exil.
 Depuis l'Exil.

 Le Rhin.

formeront environ 45 volumes grand in-8° cavalier de 5 à 600 pages

IMPRIMÉS AVEC LE PLUS GRAND LUXE SUR PAPIER SPÉCIAL

Prix de chaque volume : 7 fr. 50

*Les ouvrages parus le 1er décembre 1883 sont marqués d'un**

ÉDITIONS POPULAIRES ILLUSTRÉES

VICTOR HUGO

LES TRAVAILLEURS DE LA MER
70 DESSINS PAR CHIFFLART.
L'ouvrage complet : *Broché, 4 fr.; cartonné toile, 6 fr. 50 c.*

ROMANS ILLUSTRÉS
158 DESSINS DE BRION, GAVARNI, BEAUCÉ ET RIOU.
Un volume grand in-8°, contenant : **Notre-Dame-de-Paris — Han d'Islande. — Bug-Jargal. — Dernier jour d'un Condamné et Claude Gueux.**

Broché, 9 fr.; toile, tr. dorées, 12 fr.; relié, tr. dorées, 14 fr.

POÉSIES ILLUSTRÉES
ILLUSTRÉES PAR BEAUCÉ, E. LORSAY, GÉRARD SÉGUIN.
Odes et Ballades. 1 80. — Voix intérieures. Les Rayons et les Ombres, 1 35. — Les Orientales. » 75. — Les Feuilles d'automne. Les Chants du Crépuscule. 1 35.
QUATRE SÉRIES RÉUNIES EN UN VOLUME CONTENANT 77 DESSINS
Br., 4 fr. 50; cart. toile, tr. dor., 7 fr.

LE RHIN
120 Dessins par BEAUCÉ et LANCELOT. — Un vol. gr. in-8 illustré
Br., 4 fr. 50; toile, tr. dor., 7 fr.; relié, tr. dor., 9 fr.

LES CHATIMENTS
22 Dessins par THÉOPHILE SCHULER. — Broché, 1 franc 30

ŒUVRE POÉTIQUE ELZÉVIRIENNE
FORMANT 10 VOL. IN-18 RAISIN
57 fr. 50 Édition elzévirienne sur papier vergé de Hollande **57 fr. 50**

Dessins et Ornements par E. FROMENT.
Chaque volume se vend séparément :

Odes et Ballades. 1 vol.	7 50
Orientales. 1 vol.	4 »
Feuilles d'automne. 1 vol.	4 »
Chants du crépuscule. 1 vol.	4 »
Voix intérieures. 1 vol.	4 »
Rayons et Ombres. 1 vol.	4 »
Contemplations. 2 vol. à 7 fr. 50.	15 »
La Légende des siècles. 1 vol.	7 50
Les Chansons des rues et des bois. 1 vol.	7 50

Les 10 volumes : 57 fr. 50. — Reliure d'amateur : 97 fr. 50.

CONTES ET ROMANS POPULAIRES
Illustrés par BAYARD, BENETT, GLUCK et TH. SCHULER.

Maître Daniel Rock............... 1 volume à 20
L'illustre docteur Matheus .....   — 1 40
Hugues le Loup................   — 1 40
Contes des bords du Rhin..........   — 1 30
Joueur de clarinette..............   — 1 60
Maison forestière ....   — 1 20
L'ami Fritz...................   — 1 50
Le Juif polonais.................   — 1 30

Un très beau volume grand in-8° illustré de 171 dessins.
Broché, **10** *fr.; toile, tr. dor.,* **13** *fr.; relié, tr. dor.,* **15** *fr.*

*HISTOIRE D'UN PAYSAN
La Révolution française racontée par un paysan
Illustrations de Théophile SCHULER. L'ouvrage complet, en 1 volume,
broché. **7** fr.; toile, tr. dor., **10** fr.; relié. **12** fr.

CONTES ET ROMANS ALSACIENS
Illustrés par SCHULER.

*Histoire du Plébiscite........... 1 volume à ...... 2 »
Les Deux frères................   — 1 50
*Histoire d'un sous-maître ......   — 1 30
**Le brigadier Frédéric..........   — 1 20
Une campagne en Kabylie.......   — 1 40
*Maître Gaspard Fix ....   —   ...... 2 »
Souvenirs d'un ancien Chef de chantier — 1 10

Un très beau volume grand-in-8° illustré de 1 3 3 dessins par Schuler.

2 figures allégoriques par MATTHIS, 4 cartes par SÉDILLE.
Broché, **10** *francs; toile, tr. dor.,* **13** *francs; relié,* **15** *francs.*

Contes Vosgiens, illustrés par PHILIPPOTEAUX, ... **1 fr. 30**

Le Grand-Père Lebigre, illustré par LALLEMAND et BENETT, **1 fr. 30**

Les Vieux de la Vieille, illustré par LIX, ... **1 fr. 40**

LE BANNI, illustré par LIX .... **1 fr. 20**

Quelques mots sur l'esprit humain, 1 vol. in-8°, non illustré. **1 fr.**

*Les œuvres d'ERCKMANN-CHATRIAN sont publiées aussi en 31 volumes in-18
à 3 fr. chacun et 2 volumes in-18 à 1 fr. 50. — Voir p. 28.*

OUVRAGES DIVERS :

GAVARNI-GRANDVILLE

Le Diable à Paris, *Paris à la plume et au crayon,*
1,508 dessins, dont 600 grandes scènes et types avec
légendes de GAVARNI et 908 dessins par GRAND-
VILLE, BERTALL, CHAM, DANTAN, etc.; texte par
BALZAC, ALFRED DE MUSSET, VICTOR HUGO,
GEORGE SAND, STAHL, BARBIER, SUE, LAPRADE,
SOULIÉ, NODIER, GOZLAN, GUSTAVE DROZ,
ROCHEFORT, VILLEMOT, Mᵐᵉ DE GIRARDIN, etc.
L'ouvrage complet forme 4 beaux volumes grand
in-8°. Relié, tranches dorées, 44 fr.; toile, tranches
dorées, 40 fr.; broché..................... 28 »
    Prix de chaque vol. : relié, tranches dorées,
11 fr.; toile, tranches dorées, 10 fr.; broché. .... 7 »

GRANDVILLE

Les Animaux peints par eux-mêmes, scènes de la vie privée et publique des animaux, sous la direction de P.-J. STAHL, avec la collaboration de BALZAC, GUSTAVE DROZ, BENJAMIN FRANKLIN, JULES JANIN, ALFRED DE MUSSET, EUGÈNE SUE, CHARLES NODIER, GEORGE SAND, P.-J. STAHL. 1 vol. grand in-8°, contenant 320 dessins. Chef-d'œuvre de Grandville. Relié, tranches dorées, 14 fr.; cartonné toile, tranches dorées, 12 fr.; broché . . . .   9 »

GŒTHE (KAULBACH)

Le Renard, traduit par E. GRENIER, illustré de 60 belles compositions par KAULBACH. 1 vol. gr. in-8°. Relié, tranches dorées, 11 fr.; toile, tranches dorées, 10 fr.; broché. . . . .   7 »
    Le même ouvrage, en édition populaire grand in-8°. Toile, tranches dorées, 5 fr.; broché. 2 50

GEORGE SAND

Romans champêtres. — 2 beaux vol. in-8°, illustrés par T. JOHANNOT. *La petite Fadette, la Fauvette du Docteur, André, la Mare au Diable, François le Champi, Promenades autour d'un Village*. Chaque vol., rel. tranches dorées, 15 fr.; toile, tranches dorées, 13 fr.; broché . . . . 10 »

TOUSSENEL

L'Esprit des bêtes, 1 vol. toile, tr. dor., 7 fr.; broché.   5 »

HISTOIRE, POÉSIE, VOYAGES, ROMANS, LITTÉRATURE
FRANÇAISE ET ÉTRANGÈRE

VOLUMES IN-18 A 3 FR.

AUDEVAL	Les Demi-Dots	1 v.
—	La Dernière	1 v.
BADIN (Adolphe)	Marie Chassaing	1 v.
BENTZON (Th.).	Un Divorce	1 v.
LUCIE B.	Une maman qui ne punit pas.	1 v.
—	Aventures d'Édouard et justice des choses.	1 v.
BIART (Lucien)	Le Bizco	1 v.
—	Benito Vasquez.	1 v.
—	La Terre chaude.	1 v.
—	La Terre tempérée.	1 v.
—	Pile et Face	1 v.
—	Les Clientes du D' Bernagius.	1 v.
BIXIO (BEPPA).	Vie du Général Nino Bixio. Traduction de l'italien. . . .	1 v.

BUGEAUD (Gérôme)...	Jacquet Jacques........	1 v.
CERVANTES.......	Don Quichotte (trad. nouvelle par Lucien Biart).....	4 v.
CHAMFORT........	(Édition Stahl).........	1 v.
COLOMBEY.......	Esprit des voleurs.......	1 v.
DAUDET (Alphonse)...	Le Petit Chose..........	1 v.
—	Lettres de mon moulin.....	1 v.
DOMENECH (l'abbé)...	La Chaussée des Géants....	1 v.
—	Voyages et avent. en Irlande..	1 v.
DURANDE (Amédée)...	Carl, Joseph et Horace Vernet.	1 v.
ERCKMANN-CHATRIAN.	**Le Blocus...........	1 v.
—	**Le Brigadier Frédéric.....	1 v.
—	Une Campagne en Kabylie..	1 v.
—	Confidences d'un joueur de clarinette..........	1 v.
—	Contes de la montagne.....	1 v.
—	Contes des bords du Rhin...	1 v.
—	Contes populaires........	1 v.
—	Contes Vosgiens.........	1 v.
—	*Le Fou Yégof.........	1 v.
—	La Guerre...........	1 v.
—	Histoire d'un Conscrit de 1813.	1 v.
—	Hist. d'un homme du peuple.	1 v.
—	*Hist. d'un paysan, compl. en	4 v.
—	*Histoire d'un sous-maître...	1 v.
—	L'illustre docteur Mathéus..	1 v.
—	*Madame Thérèse......	1 v.
—	— Edition allemande avec les dessins hors texte, 1 v., 3 fr.	
—	*Maître Gaspard Fix.......	1 v.
—	Le Grand-Père Lebigre....	1 v.
—	La Maison forestière......	1 v.
—	Maitre Daniel Rock......	1 v.
—	Waterloo............	1 v.
—	*Histoire du plébiscite......	1 v.
—	*Les Deux Frères........	1 v.
—	Souvenirs d'un ancien chef de chantier...........	1 v.
—	L'ami Fritz, pièce........	1 v.
—	Alsace............	1 v.
—	Les Vieux de la Vieille....	1 v.
—	Le Banni...........	1 v.
ESQUIROS (Alph.)...	L'Angleterre et la vie anglaise.	5 v.
FAVRE (Jules)......	Discours du bâtonnat......	1 v.
FLAVIO..........	Où mènent les chemins de traverse...........	1 v.
GENEVRAY........	Une Cause secrète........	1 v.
GORDON (Lady).....	Lettres d'Égypte.......	1 v.
GOURNOT........	Essai sur la jeunesse contemporaine...........	1 v.

Gorlan (Léon)	Émotions de Polydore Maras-	
	quin.	1 v.
Gramont (comte de)	Les Gentilshommes pauvres	1 v.
—	Les Gentilshommes riches	1 v.
Janin (Jules)	La Fin d'un monde. Le neveu	
	de Rameau	1 v.
	Variétés littéraires	1 v.
Kœchlin-Schwartz	Un Touriste au Caucase	1 v.
Lavallée (Théophile)	Jean sans Peur	1 v.
Muller (Eugène)	La Mionette	1 v.
Morale universelle	Esprit des Allemands	1 v.
—	— Anglais	1 v.
—	— Espagnols	1 v.
—	— Grecs	1 v.
—	— Italiens	1 v.
—	— Latins	1 v.
—	— Orientaux	1 v.
Officier en retraite (un)	L'Armée française en 1879	1 v.
Olivier (Juste)	Le Batelier de Clarens	2 v.
Pichat (Laurent)	Gaston	1 v.
	Les Poètes de combat	1 v.
—	Le Secret de Polichinelle	1 v.
Poujard'hieu	Les Chemins de fer	1 v.
	La Liberté et les intérêts ma-	
	tériels	1 v.
Princesse palatine	Lettres inéd.(trad. par Roland)	1 v.
Quatrelles	Les Mille et une Nuits matri-	
	moniales	1 v.
—	Voyage autour du grand monde	1 v.
—	La Vie à grand orchestre	1 v.
—	Sans Queue ni Tête	1 v.
—	L'Arc-en-ciel	1 v.
—	Petit Manuel du parfait Cau-	
	seur parisien	1 v.
—	Casse-Cou	1 v.
—	†Tout feu tout flamme	1 v.
Rive (de la)	Souvenirs sur M. de Cavour	1 v.
Robert (Adrien)	Le Nouveau Roman comique	1 v.
Rolland (A.)	Mendelssohn (Lettres)	1 v.
Roquerplan	Parisine	1 v.
Sand (George)	Promenades autour d'un	
	village	1 v.
Sourdeval (de)	Le Cheval à côté de l'homme	
	et dans l'histoire	1 v.
Stahl (P.-J.)	Les bonnes fortunes pari-	
	siennes :	
	— Les Amours d'un pierrot	1 v.
	— Les Amours d'un notaire	1 v.
—	Histoire d'un homme enrhumé. Voyage d'un étudiant	1 v.
—	Histoire d'un Prince et Voyage où il vous plaira	1 v.

STAHL (P.-J.)	L'Esprit des Femmes et les Femmes d'esprit	1 v.
—	De l'Amour et de la Jalousie	
TEXIER et KÆMPFEN. .	Paris capitale du monde . . .	1 v.
TOURGUÉNEFF (J.) . . .	Dimitri Roudine.	1 v.
—	Fumée (préface de MÉRIMÉE) .	1 v.
—	Une Nichée de gentilshommes.	1 v.
—	Nouvelles moscovites	1 v.
—	Histoires étranges.	1 v.
—	Les Eaux Printanières. . . .	1 v.
—	Les Reliques vivantes.	1 v
—	Terres vierges.	1 v.
TROCHU (Général). . . .	Pour la vérité et pour la justice	1 v.
—	La politique et le siège de Paris	1 v.
VALLERY RADOT(René).	L'Étudiant d'aujourd'hui. . .	1 v.
VILARS (François) . . .	†Un homme heureux.	1 v.
WILKIE COLLINS.	La Femme en blanc	2 v.
—	Sans Nom.	2 v.
H. WOOD (Mᵐᵉ).	Lady Isabel	2 v.

LIVRES IN-18 EN COMMISSION (3 FR.)

ANONYME.	Mary Briant.	1 v.
ARAGO (Etienne).	Les Bleus et les Blancs. . . .	2 v.
BAIGNIÈRES.	Histoires modernes	1 v.
—	Histoires anciennes.	1 v.
BASTIDE (A.).	Le Christianisme et l'esprit moderne	1 v.
BERCHÈRE	*L'Isthme de Suez	1 v.
BOULLON (E.)	Chez nous	1 v.
CARTERON (C.)	Voyage en Algérie	1 v.
CHAUFFOUR.	Les Réformateurs du XVIᵉ siècle	2 v.
DOLLFUS (Charles) . . .	La Confession de Madeleine.	1 v.
DUVERNET	La Canne de Mᵉ Desrieux . . .	1 v.
FAVIER (F.)	L'Héritage d'un misanthrope.	1 v.
GRENIER	Poèmes dramatiques.	1 v.
HABENECK (Ch.).	Chefs-d'œuvre du théâtre espagnol.	1 v.
HUET (F.).	Histoire de Bordas Dumoulin.	1 v.
LANCRET (A.)	Les Fausses Passions	1 v.
LAVALLEY (Gaston). . .	Aurélien.	1 v.
LAVERDANT (Désiré) . .	Don Juan converti	1 v.
—	Le Renaissance de don Juan.	2 v.
LEFÈVRE (André). . . .	La Flûte de Pan	1 v.
—	La Lyre intime. . . . . . . :	1 v.
—	Les Bucoliques de Virgile. . .	1 v.
LESAACK (Dʳ).	Les Eaux de Spa.	1 v.
NAGRIEN (X.)	Prodigieuse Découverte	1 v.
RÉAL (Antony).	Les Atomes	1 v.
SIMONIN (Louis).	Les Pays lointains	1 v.
STEEL.	Haôma	1 v.
VALLORY (Mᵐᵉ)	A l'aventure en Algérie. . . .	1 v.
WORMS DE ROMILLY . .	Horace (traduction).	1 v.

LIVRES EN COMMISSION
Prix divers

ANONYME.	Le Prisme de l'âme.	6 fr.
—	Mademoiselle Segeste.	2 fr.
—	Rome.	6 fr.
ANTULLY (Albéric d') .	Fantaisie.	2 fr.
BRUIÈRE (S.), ...	Une Saison en Allemagne. . .	1 fr.
GUIMET (Émile).	L'Orient d'Europe au fusain, in-18	2 fr.
—	Esquisses scandinaves, 1 vol. in-18	3 fr.
—	Aquarelles africaines.	2 50
LAVERDANT (Désiré) . .	Appel aux artistes	1 fr.
PAULTRE (E.).	Capharnaüm.	6 fr.
PIRMEZ	Jours de solitude, 1 vol. in-8.	6 fr.
RAYNALD	*Histoire de la Restauration. .	5 fr.
RIVE (DE LA).	Souvenir de M. de Cavour. .	6 fr.
SCHNÉEGANS (A.)	Contes. 1 vol. in-18	2 fr.

VOLUMES IN-18 A PRIX DIVERS

ARAGO (E.).	L'Hôtel de Ville et le Gouvernement du 4 sept^bre 1870-71.	3 50
L. AUBERT.	Lettres sur l'instruct. oblig. .	» 50
BERTHET (André). . . .	Mes Lunes.	2 »
CHEVREUX (Mme).	André Marie et J.-J. Ampère. 2 vol. à 3 fr. 50.	7 »
CHARRAS (colonel). . . .	Hist. de la Guerre de 1815. 2 vol. avec atlas	7 »
A. DECOURCELLE	Les Formules du docteur Grégoire (Diction. du Figaro).	2 »
ERCKMANN-CHATRIAN. .	Juif polonais, pièce en 3 actes.	1 50
— —	Lettre d'un électeur à son député	» 50
— —	Quelques mots sur l'esprit humain.	1 50
FAVRE (Jules).	Conferences et mélanges . . .	3 50
FERAY (Jules).	Les affaires de Tunisie.	2 »
J. HETZEL	Aux députés, sur la reprise des échéances.	» 50
HUGO (Victor).	Les Châtiments. 1 vol. in-18. .	2 »
—	Napoléon le Petit. 1 vol. in-18.	2 »
JAUBERT	Souvenirs de Me Jaubert. . . .	3 50
LEGOUVÉ (E.)..	Samson et ses Elèves.	2 »
—	*Lamartine.	1 50
—	Maria Malibran.	» 75
—	La question des femmes. . . .	1 »
MACÉ (Jean).	Morale en action	1 »
—	Anniv. de Waterloo. 1 v. in-32.	» 15
—	La Ligue de l'enseig.,n°s 1, 2, 4, à	» 25

Macé (Jean)	Une carte de France ; le Gulf-Stream. 1ʳ vol. in-32.	» 25
Merson (Olivier). . . .	Ingres, sa Vie et ses Œuvres, 1 vol. in-32.	1 50
Nadar	Le Droit au vol	1 »
Proudhon.	La Guerre et la Paix. 2 vol.	2 »
Quatrelles.	Une date fatale.	1 »
—	Les Amours extravagantes de la princesse Djalavann.. . .	3 50
Sée (C.)	La loi Camille Sée.	3 50
Stahl (P.-J.)	Entre bourgeois.	» 50
Susane (Général). . . .	L'artillerie avant et depuis la guerre.	» 50
Verne (Jules).	Neveu d'Amérique, comédie en 3 actes.	1 50
Viollet-le-Duc. . .	Exposé des faits relatifs au Musée de Pierrefonds. . . .	» 50

VOLUMES IN-8, A PRIX DIVERS

About (Edmond). . . .	Rome contemporaine	5 »
—	La Question romaine.	4 »
Anonyme	Vingt mois de présidence. . .	5 »
Bertrand (J.).	Arago et sa vie scientifique..	1 »
—	Les Fondateurs de l'astronomie.	6 »
—	*L'Académie et les Académiciens.	7 50
Blanc et Artom	Œuvre parlementaire du comte de Cavour.	7 50
Charras (Colonel). . .	Histoire de la guerre de 1813. .	7 50
Delahante (A.)	Une famille de finance au XVIIIᵉ siècle, 2 vol.	20 »
Erckmann-Chatrian .	Le Fou Chopine (pièce)	» 50
Lafond (Ernest)	Les Contemporains de Shakspeure :	
—	Ben Johnson (2 vol.).	6 »
—	Massinger —	6 »
—	Beaumont et Fletcher..	6 »
—	Webster et Ford	6 »
Pallain..	Traité de la Législation du Trésor (épuisé).	8 »
Richelot	*Gœthe, ses Mém. et sa Vie (4 vol.) à	6 »
Strauss (D..F.). . . .	Nouv. Vie de Jésus (traduite par Ch. Dollfus et A. Nefftzer), 2 vol. à	6 »
Trochu.	L'Empire et la Défense de Paris	8 »
Verne (Jules).	Le Tour du Monde en 80 jours (pièce)	» 50
—	*Les Enfants du capitaine. Grant (pièce).	» 50
—	*Michel Strogoff (pièce). . . .	» 50

ENSEIGNEMENT PROFESSIONNEL
Bibliothèque des Professions
INDUSTRIELLES, COMMERCIALES
ET AGRICOLES

Le cartonnage de chaque volume se paye 0 50 c. en sus des prix marqués

SÉRIE A. — SCIENCES EXACTES

P. Leprince. Principes d'algèbre, 1 vol. . . . . 5 »
Lenoir (A.). Calculs et comptes faits, 1 vol. . . . . 4 »
Ch. Rozan. Leçons de géométrie, 1 vol. et 1 atlas . . . . 6 »
Ortolan et Mesta. Dessin linéaire, 1 vol. avec atlas. . . . 6 »

SÉRIE B. — SCIENCES D'OBSERVATION
CHIMIE — PHYSIQUE — ÉLECTRICITÉ

Dr Sace. Éléments de chimie, 2 vol. . . . . 7 »
Hetet. Chimie générale élémentaire, 2 vol. . . . . 10 »
Chevalier. L'étudiant photographe, 1 vol. . . . . 3 »
Gaudry. Essai des matières industrielles, 1 vol. . . . . . 4 »
B. Miege. Télégraphie électrique, 1 vol. . . . . 2 »
Du Temple. Introduction à l'étude de la Physique, 1 vol. . 4 »
Fresenius. Potasses, soudes, 1 vol. . . . . 2 »
Liebig. Introduction à l'étude de la Chimie. 1 vol. . . . . 3 »
J. Brun. Fraudes et maladies du vin, 1 vol. . . . . 3 »
Dr Lunel. Les falsifications, 1 vol. . . . . 5 »
Noguès. Minéralogie appliquée, 2 vol. . . . . 10 »
Du Temple. Transmissions de la pensée et de la voix, 1 vol. 4 »
Snow-Harris. Leçons d'électricité, 1 vol. . . . . 3 »
Laffineur. Hydraulique et hydrologie, 1 vol 3 50
R. Clausius. Théorie mécanique de la chaleur, 2 vol. . . . 15 »

SÉRIE C. — ART DE L'INGÉNIEUR
PONTS ET CHAUSSÉES — CONSTRUCTIONS CIVILES

Guy. Guide du géomètre arpenteur, 1 vol. . . . . 4 »
Birot. Guide du conducteur des Ponts et Chaussées et de
l'agent voyer, 1 vol. avec atlas . . . . 8 »
G Cornet. Album des chemins de fer, 1 vol. . . . . 10 »
Viollet-le-Duc. Comment on construit une maison, 1 vol. 4 »
Frochot. Cubage et estimation des bois, 1 vol. . . . . . . 4 »
Pernot. Guide du constructeur, 1 vol. . . . . 5 »
Demanet. Maçonnerie, 1 vol. . . . . 5 »
Bouniceau. Constructions à la mer, 1 vol. et 1 atlas. . . 18 »
Emion. Exploitation des chemins de fer. Voyageurs, 1 vol. . 4 »
— — Marchandises, 1 vol. 4 »
Vanalphen. Poids des métaux, 1 vol. . . . . 5 »

SÉRIE D. — MINES & MÉTALLURGIE
GÉOLOGIE — HISTOIRE NATURELLE

Dana. Manuel du géologue, 1 vol. . . . . 4 »
D.-L. Métallurgie pratique, 1 vol. . . . . 4 »
Fairbairn. Le fer, 1 vol. . . . . 4 »
J.-B.-J. Dessoye. Emploi de l'acier, 1 vol. . . . . 4 »

Landrin. Traité de l'acier. 1 vol. . . . . 3 »
C. et A. Tissier. Aluminium et métaux alcalins. 1 vol. . . 3 »
Guettier. Alliages métalliques. 1 vol. . . . . 3 »
Drapiez. Minéralogie usuelle. 1 vol. . . . . 3 »
Malo. Asphalte et bitumes. 1 vol. . . . . 4 »

SÉRIE E. — MACHINES MOTRICES
Laffineur. Roues hydrauliques. 1 vol. 3 50
Dinée. Engrenages. 1 vol. 3 50

SÉRIE F. — PROFESSIONS MILITAIRES & MARITIMES
Doneaud. Droit maritime, 1 vol. . . . . 3 »
Bousquet. Architecture navale. 1 vol. . . . . 2 »
Tartara. Code des bris et naufrages. 1 vol. . . . . 7 »
Steerk. Poudres et salpêtres. 1 vol. . . . . 6 »

SÉRIE G. — ARTS & MÉTIERS
PROFESSIONS INDUSTRIELLES
Basset. Culture et alcoolisation de la betterave. 1 vol. . . 3 »
Rouland. Nouveaux barèmes de serrurerie. 1 vol. . . . . . 4 »
Dubief. Guide du féculier et de l'amidonnier. 1 vol. . . . 4 »
Souviron. Dictionnaire des termes techniques. 1 vol. . . . 6 »
Dromart. Carbonisation des bois. 1 vol. . . . . 4 »
A. Ortolan. Guide de l'ouvrier mécanicien. 1 vol. avec atlas 12 »
Jaunez. Manuel du chauffeur. 1 vol. . . . . 3 »
Violette. Fabrication des vernis. 1 vol. . . . . 6 »
Th. Chateau. Corps gras industriels. 1 vol. . . . . 5 »
Mulder. Guide du brasseur. 1 vol. . . . . 6 »
Houzé (J.-P.). Le livre des *Métiers manuels*, 1 vol. . . . 5 »
J.-F. Merly. Livre du charpentier. 1 vol. . . . . 5 »
Fol. Guide du teinturier. 1 vol. . . . . 8 »
Leroux. Filature de la laine. 1 vol. . . . . 13 »
De Courten. Collodion sec au tannin. 1 vol. . . . . 4 »
Moreau, L. Guide du bijoutier. 1 vol. . . . . 2 »
Laffineur. Hydraulique urbaine et agricole. 1 vol. . . . . 2 »
Dr Lunel. Guide du parfumeur. 1 vol. . . . . 5 »
—   Guide de l'épicerie. 1 vol. . . . . 3 »
Monier. Essai et analyse des sucres. 1 vol. . . . . 3 »
Dubief. Fabrication des liqueurs. 1 vol. . . . . 5 »
—   Vinification. 1 vol. . . . . 6 »

SÉRIE H. — AGRICULTURE
JARDINAGE, HORTICULTURE, EAUX ET FORÊTS, CULTURES INDUSTRIELLES, ANIMAUX DOMESTIQUES, APICULTURE, PISCICULTURE, ETC.
Grimard. Manuel de l'herboriseur. 1 vol. . . . . 5 »
Laffineur. Guide de l'ingénieur agricole. 1 vol. . . . . . 3 »
Gayot. Habitations des animaux. Écuries et étables. 1 vol. 3 »
—   —   Bergeries, porcheries. 1 v. 3 »
Pouriau. Sciences physiques appliquées à l'agriculture.
  2 vol. . . . . 14 »
Kielmann. Drainage. 1 vol. . . . . 2 »
Gobin. Entomologie agricole. 1 vol. . . . . 5 »
Serigne. La vigne et ses maladies. 1 vol. . . . . 3 »

Gossin. Conférences agricoles. 1 vol. . . . . 1 »
Bourgoin-d'Orli. Cultures exotiques, 1 vol. . . . . 4 »
Dubos. Choix de la vache laitière. 1 vol. . . . . 2 »
Dubief. Le trésor des vignerons et marchands de vins. 1 v. 4 »
Mariot-Didieux. L'Éducateur de lapins. 1 vol. 2 50
—   Éducation des poules. 1 vol. 3 50
—   —   Oies, canards. 1 vol. . . . 2 50
—   . Le chasseur médecin. 1 vol. . 2 »
Courtois-Gérard. Culture maraîchère. 1 vol. . . . . . . 5 »
Gobin. Culture des plantes fourragères. 2 vol. . . . . . 6 »
J. Reynaud. Culture de l'olivier. 1 vol. . . . . 4 »
Fleury-Lacoste. Le Vigneron. 1 vol. . . . . 3 »
Courtois Gérard. Jardinage. 1 vol. . . . . 5 »
Koltz. Culture du saule et du roseau. 1 vol. . . . . . . 2 »
Sicard. Culture du cotonnier. 1 vol. . . . . 2 »
Lunel. Acclimatation des animaux domestiques. 1 vol. . . 3 »
F. Fraîche. Guide de l'ostréiculteur. 1 vol. . . . . 3 »
Touchet. Vidange agricole. 1 vol. . . . . 1 »
Pouriau. Chimiste agriculteur. 1 vol. . . . . 6 »
Lerolle. Botanique appliquée. 1 vol. . . . . 6 »

SÉRIE I. — ÉCONOMIE DOMESTIQUE
COMPTABILITÉ, LÉGISLATION, MÉLANGES

Dubief. Fabrication des vins factices. 1 vol. . . . . . . 2 »
Lunel. Economie domestique. 1 vol. . . . . 2 »
Germinet. Chauffage par le gaz. 1 vol. . . . . 4 »
Dubief. Le liquoriste des dames. 1 vol. . . . . 3 »
Hirtz. Coupe et confection des vêtements de femmes et
d'enfants. 1 vol. 3 50
Dufréné. Droits des inventeurs. 1 vol. . . . . 3 »
Baude. Calligraphie. 1 vol. . . . . 2 »
Lescure. Traité de géographie. 1 vol. . . . . 3 »
Block (Maurice). Premiers principes de législation pra-
tique, 1 vol. . . . . 4 »
Emion. Manuel des expropriés. 1 vol. . . . . 1 »
Lunel. Hygiène et médecine usuelle. 1 vol. . . . . 2 »
J. d'Omalius d'Halloy. Manuel d'Ethnographie. 1 vol. . . 4 »

SÉRIE J. — FONCTIONS
EMPLOIS DE L'ÉTAT, DÉPARTEMENTAUX ET COMMUNAUX, SERVICES PUBLICS

Mortimer d'Ocagne. Les grandes écoles de France. 1 v. 3 »
J. Albiot. (Code départemental.) Manuel des conseillers
généraux. 1 vol. . . . . 4 »
Lelay. Lois et règlements sur la douane. 1 vol. . . . . . 4 »
Lafolay. Nouveau manuel des octrois. 1 vol. . . . . . . 4 »

SÉRIE K. — BEAUX-ARTS, DÉCORATION
ARTS GRAPHIQUES, ETC.

Viollet-le-Duc. Comment on devient un dessinateur. 1 vol.
orné de 110 dessins par l'auteur. . . . . 4 »
Pellegrin. Perspective. 1 vol. . . . . 4 »

LIVRES D'AMATEURS

GRAND LUXE

ÉDITIONS ILLUSTRÉES

Contes de Perrault, illustrés par GUSTAVE DORÉ, la
grande édition in-folio. Cartonnage riche . . . .   70 »

Daphnis et Chloé. Traduction d'AMYOT, complétée
par P.-L. COURIER. 42 compositions au trait, en couleur dans le texte, par BURTHE. Préface par AMAURY
DUVAL. Magnifique édition in-folio en deux couleurs,
imprimée par CLAYE. Cartonnage riche. . . . .   50 »

Lemercier (ALFRED) et **Bocquin.** — GAVARNI, aqua
relles fac-similé (chromolithographies), album en
feuilles composé de 6 planches. Prix. . . . .   30 »

Gavarni. — Œuvres CHOISIES, album in-folio. Cartonné.
Quelques exemplaires seulement. . . . . .   22 »

Grandville et **Kaulbach.** — Œuvres CHOISIES, album
in-folio. Broché. . . . .   20 »
    —   Cartonné. . . . .   23 »

L'Oraison dominicale, dessins de FRŒLICH. Album
in-4°, contenant 10 planches à l'eau-forte, relié, toile.   18 »

Sept Fables de La Fontaine, dessins de FRŒLICH.
Album in-4°, illustré de 10 planches, broché . . . . .   5 »

Les Richesses gastronomiques de la France —
LORBAC (CH. DE), texte.—LALLEMAND (CH.), illustrations : LES VINS DE BORDEAUX, 1ʳᵉ partie. *Généralités,
cultures, vendanges, classification, châteaux vini-
coles*, CRUS CLASSÉS. Broché.. . . . .   25 »

— SAINT-EMILION, *son histoire, ses monuments et ses
vins.* Broché . . . .   8 »

IMPRIMERIES RÉUNIES, C. — MOTTEROZ, ADMINISTRATEUR-DIRECTEUR

www.ingramcontent.com/pod-product-compliance
Lightning Source LLC
Chambersburg PA
CBHW070327030726
47505CB00004B/1119